Stadt, Raum und Gesellschaft

Herausgegeben von
I. Breckner, Hamburg
A. Farwick, Bochum
S. Frank, Dortmund
M. Rodenstein, Frankfurt
U.-J. Walther, Berlin
J. Wurtzbacher, Berlin

1991 gegründet, erscheint die Schriftenreihe „Stadt, Raum und Gesellschaft" seit 2003 im Springer VS.

In dieser Reihe werden Texte publiziert, die Grundkonzepte und aktuelle Probleme der Stadt- und Raumentwicklung aus sozialwissenschaftlicher Perspektive analysieren. Dies beinhaltet zeitdiagnostische wie historisch orientierte Darstellungen von Stadtentwicklungsprozessen in ihrem gesellschaftlichen Kontext. Eingegangene Manuskripte werden in einem Peer-Review-Verfahren begutachtet.

Herausgegeben von
Prof. Dr. Ingrid Breckner, HCU Hamburg
Prof. Dr. Andreas Farwick, Ruhr-Universität Bochum
Prof. Dr. Susanne Frank, Technische Universität Dortmund
Prof. Dr. Marianne Rodenstein, Goethe-Universität Frankfurt
Prof. Dr. Uwe-Jens Walther, Technische Universität Berlin
Prof. Dr. Jens Wurtzbacher, Katholische Hochschule für Sozialwesen Berlin

Norbert Gestring • Renate Ruhne
Jan Wehrheim (Hrsg.)

Stadt und soziale Bewegungen

 Springer VS

Herausgeber
Dr. Norbert Gestring
Universität Oldenburg
Deutschland

Prof. Dr. Jan Wehrheim
Universität Duisburg-Essen
Deutschland

PD Dr. Renate Ruhne
Universität Bern
Schweiz

ISBN 978-3-658-01397-4   ISBN 978-3-658-01398-1 (eBook)
DOI 10.1007/978-3-658-01398-1

Die Deutsche Nationalbibliothek verzeichnet diese Publikation in der Deutschen Natio-
nalbibliografie; detaillierte bibliografische Daten sind im Internet über http://dnb.d-nb.de
abrufbar.

Springer VS
© Springer Fachmedien Wiesbaden 2014

Lektorat: Dr. Cori A. Mackrodt, Stefanie Loyal

Gedruckt auf säurefreiem und chlorfrei gebleichtem Papier

Springer VS ist eine Marke von Springer DE. Springer DE ist Teil der Fachverlagsgruppe
Springer Science+Business Media.
www.springer-vs.de

Inhalt

Einleitung

Norbert Gestring / Renate Ruhne / Jan Wehrheim

1. Stadt als Bühne, Mobilisierungsraum und Ursprung sozialer Bewegungen

Wir leben heute nicht nur in einer zunehmend sich verstädternden Welt, sondern auch „in einer ‚Bewegungsgesellschaft'" (Haunss/Ullrich 2013: 290). Urbanisierungsprozesse und eine zunehmende Bedeutung sozialer Bewegungen sind zwei zentrale, eng miteinander verflochtene Trends: Der „Kampf in den Städten" (Castells 2012) rückt heute ins Zentrum des Interesses, Städte scheinen vor allem „[r]ebellische Städte" (Harvey 2013) zu sein. Sowohl auf nationaler als auch internationaler Ebene gibt es viele aktuelle Anlässe für eine Beschäftigung mit dem Zusammenhang von Stadt und sozialen Bewegungen: man denke etwa an die Blockupy-Aktionen in den verschiedensten Metropolen der Welt, an die Proteste gegen ‚Stuttgart 21' (den Abriss des alten Kopfbahnhofs und den Neubau eines unterirdischen Durchgangsbahnhofs), an die Proteste in brasilianischen Städten gegen aktuelle Preiserhöhungen im öffentlichen Nahverkehr und weitere mit der geplanten Ausrichtung der Fußballweltmeisterschaft 2014 einhergehende Zumutungen für große Teile der Stadtbevölkerung, an die Krisenproteste in Athen und Lissabon, an die Aneignung des Tahrir-Platzes in Kairo durch die neue Demokratiebewegung, an die Proteste gegen die Überbauung des Gezi-Parks in Istanbul und nicht zuletzt an die zahlreich im städtischen Kontext sich formierenden, wenn auch häufig umstrittenen NIMBY – *not in my backyard* – Initiativen, in denen sich häufig nachbarschaftsorientierte Interessen artikulieren. An den zuletzt genannten Beispielen des Tahrir-Platzes, des Gezi-Parks und der NIMBYs lässt sich die Vielfalt des Zusammenhangs von Stadt und sozialen Bewegungen exemplarisch erläutern.[1]

Seinen Namen als ‚Platz der Befreiung' – so die Übersetzung – bekam der Tahrir-Platz 1954 nach dem Putsch durch General Nasser. Die Namensgebung

---

[1] Die folgenden Darstellungen stützen sich auf aktuelle Medienberichte (online vor allem Spiegel, Zeit, Guardian) und auf die deutsch- und englischsprachige Wikipedia, in der sich zu beiden Plätzen und den jeweiligen politischen Auseinandersetzungen instruktive Einträge mit einer Vielzahl von Quellen finden.

sollte an die Befreiung von Fremdherrschaft (als britische Kolonie bis 1936) und Monarchie (Sturz König Faruks 1952) erinnern. Schon 1946 war der spätere Tahrir-Platz Ort von Protesten – damals gegen die Anwesenheit britischer Truppen – und auch nach der Umbenennung war er immer wieder der Ort, an dem bedeutende politische Manifestationen stattfanden wie die ‚Brotunruhen' in den 1970er Jahren und die Proteste gegen die Intervention der US-Armee in den Irak im Jahr 1991. Im Rahmen des ‚arabischen Frühlings' 2011 wurde der Tahrir-Platz zum Zentrum der Revolution und dadurch weltberühmt. Die sich neu formierende Demokratiebewegung machte aus dem großen, zentralen Platz, an dem sich der einzige U-Bahn-Knotenpunkt der Stadt befindet und um dessen Grünflächen sich im Alltag regelmäßig die Autos stauen, das Zentrum ihrer Forderungen nach Sturz des Diktators Mubarak, gesellschaftlicher Teilhabe und Demokratie. Die Großdemonstrationen, die am 25. Januar 2011 mit 15.000 Teilnehmer/inne/n begannen und in einer Besetzung des Platzes mündeten, wurden zu einem breiten Aufstand gegen das politische Regime, der schon am 11. Februar 2011 erfolgreich war, als Präsident Husni Mubarak zurücktrat. Die folgenden Auseinandersetzungen um die Verfassungsreform und die Wahl eines neuen Präsidenten wurden immer wieder von Demonstrationen auf dem Tahrir-Platz begleitet. Und mit der am 30. Juni 2011 stattfindenden Vereidigung des Muslimbruders Mohammed Mursi zum Präsidenten fand auch das – zumindest vorläufige – Ende der Demokratiebewegung hier seinen Ort.

Der Tahrir-Platz und der hier sich konstituierende Aufstand versinnbildlichen die Stadt als *Mobilisierungsraum* und *Bühne* für soziale Bewegungen. Die Mega-Stadt Kairo bietet schon allein aufgrund ihrer Größe gute Chancen, Unterstützung für politische Aktionen zu gewinnen. Die Zentralität, Größe und nicht zuletzt die symbolische Bedeutung als ‚Platz der Befreiung' machten ihn auch im Jahr 2011 wieder zu einem prädestinierten Ort des politischen Protestes. Eine städtische soziale Bewegung in dem Sinne, dass Anlass und Gegenstand des Protestes in städtischen Konflikten gründen, ist die Demokratiebewegung nicht. Ihre Hintergründe und Ziele sind ganz offensichtlich von nationaler Bedeutung, und die Bewegung vom Tahrir-Platz wurde Vorbild für soziale Bewegungen in arabischen Städten und für die Blockupy-Bewegungen von New York bis Frankfurt.

Ähnlich wie die Demokratiebewegung in Ägypten nutzte auch die in Istanbul im Frühjahr 2013 um den Gezi-Park entstandene Protestbewegung die Stadt als zentralen Mobilisierungsraum und als Bühne für ihre Anliegen. Im Unterschied zur Tahrir-Platz-Bewegung war der Ausgangspunkt der Proteste hier allerdings ein ‚klassischer' *städtisch-lokaler Konflikt*, der seinen *Ursprung* in der Stadt hatte. Die Proteste im Gezi-Park sind so nicht nur als Proteste *in der Stadt*

Taksim-Platz und die Stadt Istanbul sind nicht nur Austragungsorte grundlegender gesellschaftspolitischer Konflikte, sondern es geht in der kritischen Perspektive der Bewegung explizit um die Verbindung von gesellschaftlichen Entwicklungen, nationaler Politik *und* der Qualität des Städtischen. Der von Castells (1977) betonte Gebrauchswert der Stadt und ihrer Infrastruktur ist gleichermaßen relevant. Den als NIMBYs bezeichneten Initiativen wiederum ist gemein, dass ihr primärer Fokus sich auf das Lokale richtet und hier auch verbleibt. Es geht explizit *nicht* um eine kritische Auseinandersetzung mit gesamtgesellschaftlichen Veränderungen. Gesellschaftspolitische Fragen wie etwa zur Automobilisierung von Gesellschaft, zur sozialen Stellung von Kindern oder zum Umgang mit Drogen kommen hier nicht in den Blick. Themen und kritische Einschätzungen von Entwicklungen interessieren nur vor Ort.

Die drei Beispiele des Tahrir-Platzes, des Gezi-Parks und der NIMBYs unterscheiden sich somit vor allem im Hinblick auf die jeweils relevanten gesellschaftlich-räumlichen Ebenen. In Bezug auf den Zusammenhang von Stadt und sozialen Bewegungen geht es also auch darum, inwieweit lokal artikulierte Proteste gesamtgesellschaftlich kontextualisiert werden.

2. Was sind soziale Bewegungen?

Die wissenschaftliche Untersuchung sozialer Phänomene erfordert es, den Gegenstand zu definieren, nur so ist eine Kommunikation darüber möglich, worüber genau geforscht wird. Jede Definition schließt bestimmte Phänomene ein und andere aus. Je enger eine Definition, desto präziser kann ein Gegenstand erfasst werden, desto mehr Phänomene werden aber auch aus dem Gegenstandsbereich ausgeschlossen, wodurch sich das Risiko erhöht, relevante gesellschaftliche Phänomene aus dem Blick zu verlieren. Damit ist ein möglicher Ausgangspunkt für eine kritische Auseinandersetzung mit Definitionen genannt. Ein zweiter Ausgangspunkt ist dem sozialen Wandel geschuldet. Die Gegenstände der Sozialwissenschaften – gesellschaftliche Phänomene – verändern sich, so dass es notwendig ist, Begriffe, Definitionen, Charakterisierungen dahingehend zu überprüfen, ob sie die gesellschaftliche Wirklichkeit noch in angemessener Weise zu beschreiben in der Lage sind.

Den Begriff ‚soziale Bewegungen' gibt es seit der Französischen Revolution, er bezieht sich auf gesellschaftliche Kräfte, die in den sozialen Wandel mit dem Ziel eingreifen, bestimmte gesellschaftliche Entwicklungen zu verhindern, zu forcieren oder zu verändern (Lahusen 2013: 717). Mit dieser sehr abstrakten Begriffsbestimmung fallen so unterschiedliche politische Kräfte in eine Katego-

rie wie die ‚alte' Arbeiterbewegung des 19. und frühen 20. Jahrhunderts, die fa-
schistischen Bewegungen in Deutschland und Italien, die die Machtübernahme
der Nationalsozialist/inn/en respektive Faschist/inn/en vorbereiteten, und die sogenannten ‚neuen' sozialen Bewegungen, zu denen eine Reihe von politischen
Mobilisierungen zählen wie die Studenten-, die Frauen-, die Friedens-, die Anti-
AKW-, die Häuserkampf- oder auch die DDR-Bürgerbewegung, um nur die wichtigsten zu nennen. Wurden soziale Bewegungen noch in den 1970er und 1980er
Jahren trotz ihrer Präsenz und Verbreitung als Ausnahmeerscheinungen betrachtet, die irritierten und die beispielsweise in der Bundesrepublik Deutschland vor
dem Hintergrund einer parlamentarischen Demokratie, deren Repräsentant/inn/
en sich nicht selten von einem als illegitim empfundenen ‚Druck der Straße' dis-
tanzierten, kaum einschätzbar waren, sind sie in den folgenden Jahren nicht zuletzt infolge ihrer Vielzahl zur gesellschaftlichen Normalität geworden. Und so
ist auch „das gesellschaftliche Interesse an kompetenten Einschätzungen zum
Protestgeschehen in den vergangenen Jahren kontinuierlich gestiegen" (Haunss/
Ullrich 2013: 294).

In der Bundesrepublik Deutschland begannen sich Sozialwissenschaftler/in-
nen mit dem Aufkommen der sogenannten ‚neuen' sozialen Bewegungen ab den
1970er Jahren mit dem Thema zu befassen. Die ersten Veröffentlichungen waren noch davon geprägt, dass der Bewegungsbegriff im Nachkriegsdeutschland
aufgrund der nationalsozialistischen Herrschaft, deren Grundlage ja eine soziale
Bewegung gewesen war, lange Zeit desavouiert war. In der politischen und auch
der wissenschaftlichen Auseinandersetzung bedurfte es deshalb erst zahlreicher
Klarstellungen und Abgrenzungen, um den Begriff für die in den 1970er Jahren
aufkommenden Proteste angemessen verwenden zu können (Rammstedt 1978).
Soziale Bewegungen wurden nun primär als emanzipatorische begriffen und in
der sich als kritisch begreifenden Wissenschaft positiv konnotiert. Der Begriff
klammerte damit jedoch die „‚häßliche Fratze' des Aufstandes" (Bareis et al. 2010:
802, vgl. auch Bertram 2013: 172), wie etwa Bewegungen von Neonazis, aus.

Die Begriffsdefinitionen der sozialwissenschaftlichen Bewegungsforschung
orientierten sich notwendigerweise am empirischen Material, das heißt an den
vorfindbaren Protesten und Mobilisierungen, die als soziale Bewegung eingeordnet werden:

> „Soziale Bewegung ist ein mobilisierender kollektiver Akteur, der mit einer gewissen Kon-
> tinuität auf der Grundlage hoher symbolischer Integration und geringer Rollenspezifikation
> mittels variabler Organisations- und Aktionsformen das Ziel verfolgt, grundlegenden sozialen
> Wandel herbeizuführen, zu verhindern oder rückgängig zu machen" (Roth/Rucht 1987: 21).

Diese Definition von Roth und Rucht, die sich über Jahrzehnte mit sozialen Bewegungen aus sozialwissenschaftlicher Perspektive befasst haben, hat sich im Wesentlichen in der Bewegungsforschung durchgesetzt (vgl. Lahusen 2012), und auch ihre Definition aus jüngerer Zeit baut auf dieser ersten auf:

> „Wir sprechen [...] von sozialen Bewegungen, wenn ein Netzwerk von Gruppen und Organisationen, gestützt auf eine kollektive Identität, eine gewisse Kontinuität sichert" und eine „Gestaltung des gesellschaftlichen Wandels" anstrebt, wodurch sie sich abgrenzen lässt von „Protestepisoden, Modeströmungen und Zufallskonstellationen" (Roth/Rucht 2008: 13).

Lahusen (2012: 717f.) charakterisiert basierend auf einer ganz ähnlichen Definition soziale Bewegungen mit vier Merkmalen. *Erstens*, Träger von sozialen Bewegungen sind Organisationen wie Initiativen, Vereine etc., mit denen sie allerdings nicht identisch sind, denn sie „bestehen aus einem breiten Netzwerk von Organisationen, und nicht-formalisierten Gruppierungen sowie aus einer Vielzahl von mobilisierten, aber nicht notwendigerweise organisierten Menschen." *Zweitens* unterscheiden sich soziale Bewegungen von „Moden und Szenen" durch ihre Ausrichtung auf gesellschaftliche Kritik und sozialen Wandel, „unabhängig davon, ob es ihnen um Revolution, Reform oder Restauration geht." *Drittes* Merkmal sind „kollektive Aktionen", die sich von konventionellen Formen politischer Beteiligung – wie etwa Wahlen – deutlich unterscheiden: „Es umschließt zumeist demonstrative, konfrontative und gewalttätige Aktivitäten (z.B. Demonstrationen, Blockaden oder Sabotagen)." *Viertens* sind soziale Bewegungen ein „relativ strukturiertes und dauerhaftes Handlungsgeflecht, das durch [...] kollektive Identitätsmerkmale stabilisiert wird." Von „kurzlebigen und losen Protestereignissen (z.B. Revolten, Kommunikationskampagnen)" unterscheiden sie sich darüber hinaus durch die Adressierung grundlegender gesellschaftlicher Konflikte, das Handeln als kollektiver Akteur und das Verständnis, einer längerfristigen gemeinsamen Aufgabe zu folgen. Demnach unterscheidet vor allem die Dauer die Bewegung von der Revolte.

> „Oft überdauern Revolten kaum den Moment der Empörung, des ‚Jetzt reicht's'. Von sozialen Bewegungen hingegen reden wir erst dann, wenn sie Dauer gewinnen, sich einen ‚Namen' geben, Sprecher/innen herausbilden und Forderungen an staatliche Instanzen, Unternehmen oder andere Institutionen richten. Die Formen der Organisierung und die Forderungen sind diskutierbar, ‚diskurs- und verhandlungswürdig', wie [...] die Stuttgarter Proteste zeigen. Das Losschlagen aus dem Gefühl des ‚Jetzt reicht's', das beispielsweise Jugendliche aus den französischen Vorstädten immer wieder – zuletzt im Herbst 2010 am Rande der Proteste gegen die Rentenreform – in Konfrontation mit der Polizei praktizieren, ist es nicht" (Bareis et al. 2010: 795).

Die zitierten Definitionen und Charakterisierungen von sozialen Bewegungen zeichnen ein hoch voraussetzungsvolles Bild der Akteur/e/innen sozialer Bewegungen. Zumindest drei Voraussetzungen sind zu nennen. *Erstens*, Akteur/e/innen, die eine soziale Bewegung initiieren wollen, müssen über eine ausgeprägte gesellschaftliche *‚Diagnosefähigkeit'* verfügen, die sie dazu befähigt, gesellschaftlich relevante Probleme und potentielle Konflikte, in die soziale Bewegungen intervenieren könnten, zu erkennen und zu bezeichnen. *Zweitens* müssen die Akteur/e/innen in der Lage sein, ihr Anliegen so zu *artikulieren*, dass verständlich wird, worum es ihnen geht, welche Ziele sie haben und wie sie diese Ziele erreichen wollen. Dabei kommt es nicht nur auf die Fähigkeiten an, die Konstruktion eines sozialen Sachverhalts als soziales Problem zu initiieren (vgl. Schetsche 2008), sondern vor allem darauf, dass die Kritik und die hieraus abgeleiteten Forderungen nicht als ein offensichtlich partikulares Interesse erscheinen, sondern als ein bedeutsames gesellschaftliches Anliegen und dessen Lösung als Gewinn für das Gemeinwohl. Die Akteur/e/innen müssen nicht nur die politischen Verhältnisse in Stadt und Gesellschaft gut kennen, sie müssen auch wissen, wie man ein politisches Anliegen in die Öffentlichkeit bringt und vor allem, wie man die Aufmerksamkeit der Medien erlangt. Eine zentrale Frage ist insofern, ob es ihnen gelingt, als „primary definers" (Hall et al. 1978) *agenda setting* zu betreiben und Deutungen hegemonial werden zu lassen. Das ‚Problem' muss als solches anerkannt werden. *Dritte* Voraussetzung ist die Kompetenz, Aktionen zu *organisieren*. Petitionen, Kundgebungen, Demonstrationen und ähnliche Protestformen durchzuführen und langfristig zu etablieren erfordert ein Wissen darüber, wie dabei vorzugehen ist, und es erfordert soziale Netzwerke als unabdingliche Voraussetzung für nennenswerte Mobilisierungen.

Soziale Bewegungen im Sinne der zitierten Definitionen und Charakterisierungen erfordern deshalb kulturelles und soziales Kapital in einem Ausmaß, wie es typischerweise bei Angehörigen der akademisch gebildeten Mittelschicht gegeben ist. Proteste oder Revolten von sozial benachteiligten oder gar marginalisierten Gruppen haben damit kaum Chancen, in den Blick der Bewegungsforschung zu kommen, da sie die genannten Kriterien der Dauerhaftigkeit, der allgemeingesellschaftlich relevanten Inhalte und nicht zuletzt der Organisationsfähigkeit in der Regel nicht erfüllen.

Mit der von den Autoren Roth, Rucht und Lahusen vollzogenen – im Sinne einer handhabbaren Definition begründeten – Abgrenzung gegenüber „kurzlebigen und losen Protestereignissen" (Lahusen 2012: 718) wird ein sozialer Bias zugunsten bestimmter Bewegungen in Kauf genommen. Dadurch besteht die Gefahr, dass benachteiligte und marginalisierte Gruppen und ihre Protestformen, die nicht dem definitorisch gezeichneten Bild der sozialen Bewegungen entsprechen, von der sozialwissenschaftlichen Bewegungsforschung systematisch vernachläs-

sigt werden. Kurze Revolten und nicht öffentlich repräsentierte alltägliche Praktiken geraten so nicht nur aus dem Blick, sie unterliegen zusätzlich der Gefahr,
auch entpolitisiert zu werden (vgl. auch Mayer 2013). Fragestellungen, Begriffe und wissenschaftliche Perspektiven sind immer auch von den Deutungen und
eigenen Normalitäten der Forscher/innen abhängig – mit weitreichenden Folgen
für zugrunde gelegte Kategorisierungen, Fragestellungen und Forschungsbefun-
de (vgl. Wehrheim 2013). Vor dem Hintergrund aktueller, weltweit feststellbarer
und vor allem auch stark krisenbehafteter gesellschaftlicher Wandlungsprozesse,
stellt sich die Frage, ob nicht auch der Bewegungsbegriff als eine zentrale Grundlage der Forschung heute eines Wandels bedarf: Wenn derzeit in EU-Ländern wie
Griechenland und Portugal ein Prozess zu beobachten ist, der mit dem Begriff
der Prekarisierung nur unzureichend beschrieben ist, dann ist zu erwarten, dass
auch Protestformen jenseits der sozialen Bewegungen im Sinne der Definitionen
an Bedeutung gewinnen, ohne dass die Bewegungsforschung das in hinreichen-
der Weise untersuchen würde. Zu diskutieren ist deshalb, ob die Begriffsdefinitionen aus den 1980er Jahren noch eine hinreichende Grundlage für die sozial-
wissenschaftliche Forschung sein können.

3. Perspektiven auf soziale Bewegungen in Städten

Für Aktivist/inn/en sozialer Bewegungen in Städten ebenso wie für Forschende
stellen sich heute zahlreiche neue Herausforderungen. Eine zunehmende Neoliberalisierung, transnationale Migrationsbewegungen, verstärkte Prozesse der Individualisierung und Lebensstilisierung gehen mit einer Heterogenisierung der
Gesellschaft sowie der Akteur/e/innen und Formen sozialer Bewegungen einher.
‚Gegenpart‘ bzw. Bezugsgröße ist heute nicht mehr nur der Nationalstaat und die
lokale Kommune, wie dies noch im Fordismus überwiegend der Fall war, sondern in den Blick kommen heute neue Akteur/e/innen wie internationale, lokal
oft kaum verortbare Investoren (vgl. Mayer 2013), die sich im Gegensatz zu lokalen Akteur/inn/en kaum Gedanken über ihr Image und ihren Rückhalt in der
jeweiligen Stadt machen müssen.

Schon ein kurzer Blick auf aktuelle soziale Bewegungen in Städten offenbart
eine Vielzahl von Protestformen, Organisationen, Zielsetzungen und Reichweiten des Protestes. Am Beispiel der Proteste gegen die Bebauung des Gezi-Parks
wurde gezeigt, dass städtische soziale Bewegungen über lokale Anlässe hinaus
gesellschaftspolitisch relevant werden können. Andere Bewegungen, wie z. B. die
NIMBY-Initiativen, haben dagegen lokal begrenzte Reichweiten und zerfallen,
wenn das konkrete Ziel erreicht wurde oder sich als unerreichbar herausstellt.

Wiederum andere Bewegungen haben auch im städtischen Kontext eine weit darüber hinausgehende, globale Ausrichtung, wenn sie sich erklärtermaßen gegen neoliberale Zumutungen der Stadtpolitik richten.

Die Vielfalt von Bewegungen, Motivationen, Zielen, Akteur/inn/en, Mobilisierungs- und Protestformen macht es heute sehr schwierig, generalisierende Aussagen über Perspektiven und politische Reichweiten gesellschaftlicher Veränderungen zu machen. Während es hinsichtlich der ‚alten‘ Arbeiterbewegung in der Marx'schen Revolutionstheorie eine Einheit von Akteuren (Arbeiterklasse), Problemdefinition (Ausbeutung), Handlungsmacht (Arbeiter als Produzenten des gesellschaftlichen Reichtums) und Zielsetzung (klassenlose Gesellschaft) gab, ist in der post-industriellen resp. postfordistischen Gesellschaft jeder Gedanke an eine solche theoretisch einheitliche Perspektive obsolet. Die Vielfalt der Bewegungen und Proteste kann als Spiegel einer Gesellschaft verstanden werden, in der die vertikalen (Klassen, Schichten) und die horizontalen (Lebensformen) Differenzierungen rapide zugenommen haben. In den – großen – Städten ist die soziale Heterogenität am stärksten ausgeprägt, so dass der Versuch der theoretischen und empirischen Einordnung von sozialen Bewegungen gerade hier eine besondere Herausforderung darstellt. Hinzu kommen neue politische Strategien des Zusammenschlusses durchaus heterogener Protestbewegungen unter dem Stichwort ‚Recht auf Stadt‘, die

> „eine neue Phase in der Entwicklung städtischer sozialer Bewegungen [markieren], in der neuartige und breite Koalitionen quer durch die Stadt das Potential zu bergen scheinen, eine Vielzahl von stadtpolitischen Forderungen auf einen gemeinsamen Nenner zu bringen" (Mayer 2011: 53).

Solche Koalitionen stellen nicht nur eine neue „reale Herausforderung für neoliberale Planer, Politiker und Stadtentwickler" (ebd.) dar, sondern ebenso auch eine neue Herausforderung für die Forschung.

Wie die Entstehung von sozialen Bewegungen in Städten zu erklären ist, welche politische Reichweite sie haben können, ob sie zu einer Demokratisierung der Stadtpolitik gegen die Tendenzen der Neoliberalisierung beitragen können und so auch zur Teilhabe bisher marginalisierter sozialer Gruppen, das alles sind Fragen, deren Antworten einer theoretischen Analyse der Gesellschaft und der aktuellen Trends der Stadtentwicklung bedürfen. Dabei liegt eine Ambivalenz des sich als links verstehenden Protests darin, dass Projekte und Initiativen, die als Widerstand initiiert wurden, selbst zu Motoren und Akteur/inn/en der Aufwertung von Quartieren werden können, weil sie anschlussfähig an Stadtentwicklung für und durch sogenannte Kreative sind (Naegler 2013). So verweist Bertram (2013: 173) darauf, dass klassische linke Forderungen und Positionen nach Entstaatlichung und individueller Autonomie heute gerade Merkmale des Neoliberalismus sind und die entsprechenden Projekte nicht selten für die Neoliberalisierung der Stadt vereinnahmt wurden.

In den folgenden Beiträgen werden verschiedene Aspekte der hier entwickelten Fragen aus unterschiedlichen theoretischen und empirischen Perspektiven diskutiert. Lefebvres (1996) These eines „Rechts auf Stadt" und damit auch eines Anspruchs, auf einer solchen legitimatorischen Basis Stadt zu verändern, zieht sich dabei als roter Faden durch fast alle Beiträge: Forschung und Bewegungen rezipieren und transformieren Lefebvres These und Anspruch gleichermaßen und beeinflussen sich wechselseitig.

Margit Mayer widmet sich zum Einstieg der zentralen Fragestellung des Bandes: Gibt es etwas spezifisch Städtisches an sozialen Bewegungen in Städten und wenn ja, was ist es? Dafür kontrastiert sie zunächst die Ansätze von David Harvey, der Städte bzw. das Städtische gerade auch mit Blick auf die aktuelle Finanzkrise im Zentrum der Analyse verortet, und Andy Merrifield, der der Annahme einer Schlüsselrolle des Städtischen bei der Analyse sozialer Bewegungen klar widerspricht. Städte seien heute schlicht ubiquitär und damit Orte der Begegnung, an denen sich grundsätzliche Proteste gegen die neoliberale Globalisierung artikulierten, die sich mit städtischen Fragen nach Zentralität verbinden würden. Mayer erweitert beide Positionen, indem sie einen Blick auf widerständige Alltagspraktiken wirft, wie sie in postoperaistischen Ansätzen und bei Interpretationen der jüngeren Occupy-Bewegungen unter Rekurs auf Hannah Arendts ‚vita activa' aufgegriffen werden. Deutlich werden dabei differierende Konzepte des Städtischen, die es in der Analyse städtisch-sozialer Bewegungen (stärker und vor allem auch in ihren Unterschieden) zu berücksichtigen gilt. Einen zweiten theorie- und literaturgeleiteten Zugang präsentiert *Andrej Holm*. Nach einem kurzen Überblick über aktuelle „Recht auf Stadt"-Bewegungen in deutschen Großstädten und die zugehörige Forschungslage verweist er mit Arbeiten von Henri Lefebvre und Manuel Castells aus den 1970er Jahren darauf, dass städtische Proteste über das Lokale und die Lösung von konkreten Problemen der Stadtentwicklung hinausgehen und dass sie in strukturellen gesellschaftlichen Bedingungen ihre Ursachen haben. Die Betonung von Widersprüchen zwischen alltäglichen Bedürfnissen von Bewohner/inne/n der Städte einerseits und privaten Verwertungsinteressen andererseits (bzw. zwischen Gebrauchs- und Tauschwert) wird dabei als Gemeinsamkeit beider Autoren herausgestellt. In der Einschätzung städtischer Protestbewegungen unterscheiden sich die beiden Theoretiker: Während Castells städtischen Bewegungen eine begrenzte Reichweite unterstellt, sieht Lefebvre in städtischen Mobilisierungen durchaus das Potential für Veränderungen.

Sechs Beiträge widmen sich dann der konkreten Auseinandersetzung mit städtischen sozialen Bewegungen. *Markus Menzl* stellt zunächst die Frage, ob bzw. inwieweit NIMBY – *not in my backyard* – Initiativen Ausdruck zerfallenden Gemeinwesens oder Ausdruck von Partizipationsinteressen sind. Er eröffnet damit eine neue Differenzierungsmöglichkeit: Ist es letztendlich doch nur eine normative Unterscheidung, ob Initiativen und Aktionen positiv konnotiert in einen Bewegungskontext gestellt oder als Vertretung von Partikularinteressen abwertend als NIMBY gelabelt werden? Am Beispiel einer Hamburger Umlandgemeinde zeigt Menzl auf, dass entsprechende Initiativen selbst heterogen sein können und Grenzen zu sozialen Bewegungen fließend sind. Seine Ausführungen resümierend plädiert er dafür, den normativen Blick auf NIMBY-Proteste durch einen analytisch-differenzierenden zu ersetzen und den ‚Wert' einer Initiative ergebnisoffen zu diskutieren. Hamburg ist auch Gegenstand zweier weiterer Analysen. *Peter Birke* verweist mit den Beispielen der vergangenen Besetzungen der ‚Hafenstraße' und der HDW-Werft auf die Historizität der aktuellen Hamburger ‚Recht auf Stadt'-Bewegung und auf die der entsprechenden politökonomischen Hintergründe. Er verdeutlicht in diesem Kontext, dass die verbreitete Kritik am Klassencharakter der ‚Recht auf Stadt'-Bewegungen als mittelschichtslastig zwar grundsätzlich berechtigt ist, die Bewegungen daneben aber auch sehr dezidiert an eine Geschichte sozialer Kämpfe von Arbeiter/inne/n und marginalisierten Gruppen anknüpfen und auf entsprechende Erfahrungen zurückgreifen. *Nicole Vrenegor* greift die Recht-auf-Stadt-Bewegung in Hamburg essayistisch auf: Im Bus Nr. 3 fährt sie tatsächlich und symbolisch von der peripheren Großsiedlung Osdorfer Born über den Arbeiterstadtteil Bahrenfeld, die neu zu gestaltende ‚Mitte' Altonas, das Schanzen- und das Gängeviertel bis zum in vielfältiger Weise zentralen Stadtentwicklungsprojekt HafenCity quer durch Hamburg und lässt dabei die jeweiligen Vorort-Themen und Akteur/e/innen der Proteste Revue passieren. Vrenegor fragt sich dabei, ob der Funke des Protests wirklich stets von den geographischen und politischen (Mittelschichts-)Zentren in die Peripherien der Städte springt oder ob der Funkenflug nicht vielleicht auch umgekehrt erfolgen kann. Mit der in Deutschland neben Hamburg und Berlin derzeit wohl prominentesten Stadt sozialer Bewegungen, nämlich Stuttgart, beschäftigt sich der Beitrag von *Annette Ohme-Reinicke*. „Stuttgart 21" als offizielles Stadtentwicklungslabel der Deutschen Bahn AG und „Oben bleiben!" als Charakterisierung der Gegner/innen des Umbaus des Bahnhofs und seiner Umgebung, haben die medial größte Aufmerksamkeit in den letzten Jahren bekommen und die meisten Menschen mobilisiert. Ohme-Reinicke zeichnet die dynamische Geschichte des Konflikts nach. Dabei zeigt sie, dass die erfolgreiche Politisierung zahlreicher Bewohner/innen

Stuttgarts ihren Hintergrund, in deren Kontext letztlich die Frage ‚Wem gehört die Stadt?' gestellt wurde, vor allem in der mangelnden Anerkennung von Partizipationsbedürfnissen hatte. Gerade dieser Aspekt wurde als Provokation begriffen und unter anderem damit kann die Dynamik der Bewegung und ihre Zusammensetzung erklärt werden. Als Kern jeder Recht-auf-Stadt-Bewegung arbeitet sie in diesem Kontext die Frage heraus, wie das kollektive Ganze so organisiert werden kann, dass – als Ideal – die Interessen aller berücksichtigt werden. Welche Bedeutung Lokalität für Proteste gegen Workfare-Regime hat, untersucht der vergleichende Beitrag von *Christian Schröder* anhand der Städte Berlin und Amsterdam. An den Beispielen von Konflikten um Mietobergrenzen und ein Sozialticket (Berlin) sowie um ein work-first-Projekt und kontrollierende Hausbesuche bei Empfänger/inne/n staatlicher Transferleistungen (Amsterdam) arbeitet Schröder die These aus, Proteste seien eher dann erfolgreich, wenn Verantwortliche für workfare- und Restriktionspolitiken lokal identifizier- und adressierbar sind, (auch) auf radikalere Artikulationsformen des Protestes zurückgegriffen wird sowie ein Framing mit für potentielle Verbündete anschlussfähigen Forderungen entwickelt wird. Im Beitrag von *Bettina Engels* geht es um Themen und Bewegungen, die in den Metropolen der nördlichen Halbkugel aus dem 19. Jahrhundert bekannt sind: Hungeraufstände. Vor dem Hintergrund rapide gestiegener Lebensmittelpreise in Burkina Faso artikulierten sich hier seit Ende 2007 vorrangig in der Hauptstadt Ouagadougou intensive Proteste „gegen das teure Leben". Das nicht so benannte ‚Recht auf Stadt' ist dort zunächst und vor allem ein Recht auf Teilhabe, Bildung und nicht zuletzt darauf, Nahrungsgrundlagen zu sichern. Deutlich wird, dass auch Food Riots keineswegs singuläre, isolierte Ereignisse darstellen, sondern als kollektive politische Praxen zu begreifen sind.

Lisa Doppler und *Alexander Neupert* eröffnen den dritten Teil des Bandes, der Aspekte der Stadt_Forschung und soziale Bewegungen miteinander verknüpft. Ihnen geht es darum, die bereits von Lefebvre betonte Bedeutung von Utopien für (städtische) soziale Bewegungen näher zu beleuchten. Gerade für (das Verständnis von) Recht-auf-Stadt-Bewegungen sehen Doppler und Neupert es als essentiell an, sich ihres utopischen Gehalts bewusst zu sein und diesen zu reflektieren: Utopien dabei primär verstanden als eine „kritische Geisteshaltung". Als Indikatoren in der Analyse schlagen sie neben „Ansätzen einer aufs gesellschaftliche Ganze zielenden theoretischen Negation" u. a. die „motivierende Artikulation überindividueller Hoffnungen" oder auch eine mögliche „Fortsetzung utopischer Traditionen" vor. *Rolf Keim* geht in seinem Beitrag – in Anlehnung u. a. an Rancière und Mouffe – darauf ein, wie die schon seit den späten 1970er Jahren virulente These, neue Beteiligungsverfahren seien letztendlich verfeinerte Techniken disziplinierender Sozialintervention, unter der Diagnose einer neoliberalen Gouvernementalität zu denken ist. Er verdeutlicht, dass Beteiligung auch als Form der Machtausübung zu lesen ist: In Zeiten einer zunehmenden Ökonomisierung des Sozialen gibt es kein Recht auf Nicht-Beteiligung, die Freiheit zur (konsensualen) Selbstregulierung wird zur Verpflichtung, Konflikte werden gewandelt in ein partizipatorisches, von Hierarchien jedoch keineswegs befreites Engagement. Im Zuge der politischen „Rückeroberung" von Beteiligung kann es deshalb notwendig werden, so Keims Schluss, eine Gegenmacht zu setzen, die von der legitimen Macht zunächst als illegitim angesehen wird. Ausgehend von der eigenen Beobachtung, dass „nur sehr spezifische städtische Konfliktartikulationen in den (aktivistischen wie forschenden) Blick genommen" werden, geht der Beitrag von *Florian Hohenstatt* und *Moritz Rinn* schließlich der Frage nach, was die Stadt- und Bewegungsforschung mit ihren bisherigen theoretischen Prämissen, ihren spezifischen Blickweisen und Methoden überhaupt sieht, und ob damit das Spektrum und die Dynamik städtischer Konflikte erfasst werden kann. Hohenstatt und Rinn sehen bereits im Bewegungsbegriff konzeptionelle Grenzen und plädieren dafür, die Auseinandersetzungen um ein ‚Recht auf Stadt' als über das Feld der öffentlich repräsentierten Konflikte hinausgehend zu begreifen. Gerade auch alltägliche und damit nicht klassisch politisch repräsentierte Praktiken müssten ebenso wie außeralltägliche Riots stärker in den Blick genommen werden. Kritische Stadtforschung müsse sich ihrer eigenen Konzeption von gesellschaftlicher Transformation klar werden, um Machtverhältnisse zu erkennen und damit auch die eigene Rolle zu hinterfragen.

Literatur

Bareis, Ellen/Bescherer, Peter/Grell, Britta/Kuhn, Armin/Riedmann, Erwin (2010): Die Stadt in der Revolte. In: Das Argument 289, S. 795-805.

Bertram, Grishan (2013): Kritisiert die Kritiker_innen! Kommentar zu Margit Mayers „Urbane soziale Bewegungen in der neoliberalisierenden Stadt". In: s u b \ u r b a n . zeitschrift für kritische stadtforschung, Heft 1, S. 169-174 [http://www.zeitschrift-suburban.de/sys/index.php/suburban/article/view/75/117 2013-10-19].

Butzlaff, Felix/Hoeft, Christoph/ Kopp, Julia 2013: „Wir lassen nicht mehr alles mit uns machen!" Bürgerproteste an und um den öffentlichen Raum, Infrastruktur und Stadtentwicklung. In: Marg, Stine/Geiges, Lars/Butzlaff, Felix/Walter, Franz (Hg.): Die neue Macht der Bürger. Was motiviert Protestbewegungen? BP-Gesellschaftsstudie. Reinbek b. HH. Rowohlt: 48-93.

Castells, Manuel (1977): Die kapitalistische Stadt. Ökonomie und Politik der Stadtentwicklung. Hamburg: VSA.

Castells, Manuel (2012): Kampf in den Städten. Gesellschaftliche Widersprüche und politische Macht. Hamburg: VSA.

Hall, Stuart/Critcher, Chas/Jefferson, Tony/Clarke, John N./Roberts, Brian (1978): Policing the Crisis. London: Macmillan.

Harvey, David (2013): Rebellische Städte. Berlin: Suhrkamp.

Haunss, Sebastian/Ullrich, Peter (2013): Viel Bewegung – wenig Forschung. Zu- und Gegenstand von sozialwissenschaftlicher Protest- und Bewegungsforschung in der Bundesrepublik. In: Soziologie, Heft 3, S. 290-304.

Gebhardt, Dirk/Holm, Andrej (2011): Initiativen für ein Recht auf Stadt. In: Holm, Andrej/Gebhardt, Dirk (Hg.): Initiativen für ein Recht auf Stadt. Theorie und Praxis städtischer Aneignungen. Hamburg: VSA, S. 7-23.

Holm, Andrej/Gebhardt, Dirk (Hg.) (2011): Initiativen für ein Recht auf Stadt. Theorie und Praxis städtischer Aneignungen. Hamburg: VSA.

Lahusen, Christian (2012): Soziale Bewegungen. In: Mau, Steffen/Schöneck, Nadine M. (Hg.): Handwörterbuch zur Gesellschaft Deutschlands. Wiesbaden: Springer VS, S. 717-729.

Lefebvre, Henri (1996): The Right to the City. In: Ders.: Writings on Cities. Malden, Oxford, Victoria: Blackwell, S. 147-159.

Mayer, Margit (2011): Recht auf die Stadt-Bewegungen in historisch und räumlich vergleichender Perspektive. In: Holm, Andrej/Gebhardt, Dirk (Hg.) (2011): Initiativen für ein Recht auf Stadt. Theorie und Praxis städtischer Aneignungen. Hamburg: VSA, S. 53-77.

Mayer, Margit (2013): Was können urbane Bewegungen, was kann die Bewegungsforschung bewirken? Replik zu den fünf Kommentaren. In: s u b \ u r b a n . zeitschrift für kritische stadtforschung, Heft 1, S. 193-204, http://www.zeitschrift-suburban.de/sys/index.php/suburban/article/view/73/96 [2013-10-19].

Naegler, Laura (2013): Vom widerständigen Raum zum kommerzialisierten Raum. Gentrifizierungswiderstand im Hamburger Schanzenviertel. In: Kriminologisches Journal, 45. Jg., Heft 3, S. 196-210.

Rammstedt, Otthein (1978): Soziale Bewegung. Frankfurt/M.: Suhrkamp.

Roth, Roland/Rucht, Dieter (1987): Einleitung. In: Dies. (Hg.): Neue soziale Bewegungen in der Bundesrepublik Deutschland. Bonn: Bundeszentrale für politische Bildung, S. 11-16.

Roth, Roland/Rucht, Dieter (2008): Einleitung. In: Dies. (Hg.): Die sozialen Bewegungen in Deutschland seit 1945. Ein Handbuch. Frankfurt/M., New York Campus, S. 9-37.

Schetsche, Michael (2008): Empirische Analyse sozialer Probleme. Das wissenssoziologische Programm. Wiesbaden: VS-Verlag.

Smith, Neil (1996): The New Urban Frontier: Gentrification and the Revanchist City. New York: Routledge.

Wehrheim, Jan (2013): Konjunkturen gesellschaftstheoretischer Perspektiven auf große Städte: Zur Aktualität der „Thesen zur Soziologie der Stadt" von Häußermann und Siebel (1978). In: s u b \ u r b a n . zeitschrift für kritische stadtforschung, Heft 1, S. 141-146, http://www.zeitschrift-suburban.de/sys/index.php/suburban/article/view/61/94 [2013-10-19].

I.
Theoretische Grundlagen / Einbettung des Themas

Soziale Bewegungen in Städten – städtische soziale Bewegungen

Margit Mayer

Was genau ist mit ‚städtischen Bewegungen' gemeint und wie werden sie in der einschlägigen Forschung konzipiert? Ist der Analysegegenstand eine soziale Bewegung, die – mehr oder weniger zufällig – in Städten stattfindet, oder wird unterstellt, dass spezifische Eigenschaften von Städten eine besondere, eigene Art von Bewegungsaktivität hervorbringen? Während im ersten Fall die Stadt lediglich den (passiven) Austragungsort von politischen oder sozialen Kämpfen darstellt, in denen es um ‚größere' als rein städtische oder lokale Anliegen geht, geht es im zweiten Fall um spezifisch städtische Problemlagen, stadträumliche Aspekte, oder das Recht auf Stadt; oder aber spezifisch urbane Merkmale wie bspw. zentrale Plätze, öffentliche Orte oder städtische Infrastrukturen gelten als auslösende Mobilisierungsfaktoren. In jüngeren Beiträgen dieser Richtung wird sogar argumentiert, dass im Gegensatz zu anderen Lokalitäten Städte per se mobilisierungserzeugend seien, und diese ihre bewegungsgenerierenden Fähigkeiten genauer beforscht werden sollten (Uitermark u. a.: 2012).

Die Vorstellungen davon, was wir zu städtischen Bewegungen assoziieren, sind äußerst vielschichtig und durchaus widersprüchlich. Welche Rolle spielt das Städtische bzw. der städtische Raum in heutigen Bewegungen? Stellen städtische Bewegungen eher eine begrenzte, durch partikular-lokale Bedingungen beschränkte Variante von Bewegungen dar, die in der „lokalen Falle" festsitzen? Oder lassen sich städtische Problemlagen gesellschaftlich kontextualisieren und damit politisch aufladen? Die breite Variation in den Antworten, die in der aktuellen Literatur auf solche Fragen präsentiert werden, ist sicherlich zum Teil rückführbar auf die massiven Umstrukturierungsprozesse, die Städte im Verlauf der Globalisierung transformiert haben.[1] Aber sie ist auch Resultat der Spaltung zwischen den unterschiedlichen Disziplinen, die sich mit Stadtforschung beschäftigen. Je

---

1 Mit dem – zumindest von Henri Lefebvre und seinen Anhängern so formulierten – Resultat, dass sie als solche aufgehört haben zu existieren: Statt von ‚Städten' sollten wir von ‚urbaner Gesellschaft' und ‚Urbanisierung' sprechen, diagnostizierte Lefebvre bereits 1970: „Der Begriff Stadt entspricht keinem gesellschaftlichen Objekt mehr. Soziologisch gesehen ist er

nach disziplinärer Ausrichtung kommen höchst unterschiedliche Konzeptionen der Rolle des Städtischen im Kontext zeitgenössischen Wandels zur Anwendung – so die Rolle der Stadt bzw. des Urbanen überhaupt als relevant erachtet wird. Viele Bewegungstheorien beispielsweise sehen das Urbane keineswegs als eine Kondition, die für die Praxis oder Einschätzung politischer und sozialer Auseinandersetzungen eine relevante Rolle spielt. Soziale Bewegungen erforschende Politologen und Soziologen interessieren sich traditionellerweise mehr für die Beziehung und/oder die Konflikte zwischen Bewegungen und staatlichen Institutionen. Und die jeweiligen disziplinären Untergruppen wie Stadtpolitik/lokale Politikforschung oder Stadtsoziologie definierten sich zunächst eng entlang konventioneller Kommunalpolitik und eher apolitischer gesellschaftlicher Interaktionen, in denen politische Auseinandersetzungen kaum eine Rolle spielten. Obwohl sich diese traditionellen Ausrichtungen in letzter Zeit etwas geöffnet haben, wirken diese Prägungen noch nach. Geographen, Planer und Stadtforscher dagegen sind seit längerem führend in den Debatten zur emanzipatorischen Stadt, und zum Verhältnis von Stadt und Bewegungen.

Um klärende Schneisen in dieses unübersichtliche Feld der städtischen Bewegungen zu schlagen, geht dieses Kapitel verschiedenen disziplinären Ansätzen nach und kontrastiert dort jeweils interessante Beiträge. Zunächst geht es auf Arbeiten von Stadtgeographen ein, die eine Bandbreite von Konzeptionen der Rolle des Städtischen im Kontext gesellschaftlichen Wandels anbieten. Stellvertretend für kontroverse Positionen in diesen Debatten werden insbesondere zwei auf den ersten Blick an gegensätzlichen Enden des Spektrums angesiedelte Positionen vorgestellt: einerseits David Harveys, in der Städte und Kämpfe um das Recht auf Stadt als zentral (für revolutionäre Veränderungen) erachtet werden, und andererseits Andy Merrifields Position, die das Recht auf Stadt als ungeeignet für die heutigen Kämpfe ansieht, als schlicht nicht „das *richtige* Recht, das heute artikuliert werden muss" (Merrifield 2011: 478).

Sodann werden zwei – ebenfalls in gewisser Weise gegensätzliche – politikwissenschaftliche Positionen präsentiert: zum einen eine insbesondere in Frankreich verbreitete neuere Forschungsrichtung zu politischer Aktion, die die engen Grenzen konventioneller Stadtpolitikforschung zu transzendieren sucht, indem sie bislang eher unsichtbare Formen städtischer Auseinandersetzungen in den Vordergrund rückt; zum andern geht es um auf Traditionen politischer Theorie aufbauende Arbeiten, die sich auf Aristoteles und die ideale Polis beziehen. In dieser Sparte politischer Theorie, die von Hannah Arendt und anderen weiterentwickelt

---

ein Pseudobegriff ... Heute bietet die urbane Realität eher den Anblick eines Chaos, einer Unordnung ..., als den eines *Objekts* (1970: 65).

wurde und auf die sich Interpreten der Occupy-Bewegung häufig beziehen, geht es um die (Bedingungen der) Entwicklung substantieller Demokratie. Die interessantesten Vertreter dieser verschiedenen Perspektiven haben jeweils sehr aufschlussreiche Einsichten für unser Verständnis der Rolle und Möglichkeiten städtischer Bewegungen unter heutigen Bedingungen anzubieten.

1. Stadtgeographie: Lefebvre – Harvey – Merrifield

Sowohl Harvey als auch Merrifield, wie die meisten anderen Autoren, die sich hier äußern, gehen von Lefebvres Urbanitätskonzept aus – das zunächst widersprüchlich erscheint: Lefebvre definierte Urbanität bekanntlich als ein Konzept, das nicht auf Städte beschränkt ist, sondern er bezeichnete damit eine Form gesellschaftlicher Verhältnisse, die sich mit der Transformation des globalen ökonomischen Systems entwickelt hat. Er kritisierte die *moderne* Form von Urbanität, weil sie genuin städtisches Leben unterminiere. Und mit genuin städtischem Leben meinte er das Leben, das möglich wird, wo *polis* und *civitas* zusammen kommen, wo die Konvergenz von gesellschaftlichem Mehrwert, Macht und Fiesta eine privilegierte Form sozialer Reproduktion ermöglichen (Monte-Mór 2005: 942). Hier kann sich *Urbanität im Sinne von Begegnung* entfalten: wo Differenzen und Fremde aufeinander stoßen bzw. sich begegnen, wo Alltagsleben und Spiel und die Sinnlichkeit der Stadt erfahrbar sind: In dieser Perspektive ist Stadt sowohl ein soziokulturelles Konstrukt als auch gebaute Umwelt, in beidem repräsentiert sie ein einzigartiges „work in progress."

Lefebvres These (1970, 2009) ist, dass die weltweite Ausbreitung der Urbanisierung, also der modernen Form von Urbanität – angetrieben durch das transnationale Finanzkapital – zu einer „planetaren Urbanisierung" geführt hat (inklusive der Subsumtion nicht-städtischer Räume unter die entsprechenden Rationalitätsformen) – wo das, was vormals Urbanität ausmachte, komplett degradiert und ausgehöhlt ist: wo selbst städtische Bewohner nicht mehr automatisch *Stadtbürger* sind, weil sie kein Recht mehr auf ihre Stadt haben, nicht mehr an dem teilnehmen dürfen, was Urbanität ausmache: nämlich am ‚Recht auf Zentralität'. Dies Recht war für Lefebvre nicht einfach „ein Besuchsrecht, oder (ein) Recht, als Tourist umher zu wandern und gentrifizierte alte Innenstädte zu bewundern, aus denen man verdrängt worden ist", sondern das Recht, am Leben in seinem Innersten teilzuhaben, „a right to participate in life at the core, to be in the heat of the action" (Merrifield 2011: 475). Oder, wie Keil/Young Lefebvre hier interpretieren: seine Recht auf Stadt-Forderung meint den Anspruch der Marginalisierten auf Zugang „zu den gleichen Chancen und Gütern, die denjenigen in den

Zentren geboten werden" (Young/Keil 2011:8) – d. h. die Zentralität nicht nur an die ‚Peripherie', sondern in die Zwischenstadt zu bringen (2011:32-33).

David Harvey

Während Harvey sich in seinen früheren Arbeiten (z. B. 2001, v. a. Kap. 9) sorgte, dass städtische Mobilisierungen in partikularen Forderungen verhaftet blieben, folgte er in seinen späteren Analysen der Umbrüche im globalen polit-ökonomischen Kontext (1989, 2008) Lefebvre, und sieht in diesen Umbrüchen (d. h. in der globalen Urbanisierung) die Ursache für eine neue Welle von städtischen Bewegungen, die Recht-auf-Stadt-Bewegungen. Auch eine Reihe anderer Autoren haben in der Folge die globale bzw. neoliberale Urbanisierung als zentralen Erklärungszusammenhang für städtische soziale Bewegungen ausgemacht (z. B. Brenner/Theodore 2003; Purcell 2003; Leitner/Peck/Sheppard 2007; Marcuse 2011; Nicholls 2008) – und als Feindbild, das für die kollektive Identitätsbildung dieser Bewegungen wichtig ist. Aber sie widmen sich kaum der Frage, inwiefern die Stadt mehr ist als der geographische und politische Zielpunkt der Bewegungen.

Harvey dagegen thematisiert in jüngeren Veröffentlichungen (2008, 2011, 2012a), die sich mit der städtischen Situation seit der Finanzkrise auseinander setzen, explizit die Bedeutung des Städtischen für die anstehenden gesellschaftlichen Umbrüche und fragt danach, wer die potentiellen Akteure dieses Wandels sein könnten. (Seine Antwort: die ‚Produzenten' von Stadt, die allerdings noch unorganisiert und nicht als solche erkannt seien).

Seiner Meinung nach ist die Stadt bzw. ‚das Städtische' für die mit der Finanzkrise ausgelösten Transformationen zentral, und zwar auf mindestens zwei Ebenen: zum einen ist die Stadt ursächlich am Entstehen der aktuellen Krise und Konflikte beteiligt (Harvey 2011); zum anderen und noch bedeutender für unsere Frage ist die These, dass das Urbane die aktuellen Auseinandersetzungen prägt – von Tahrir Square bis Occupy Wall Street – obwohl es hier um mehr als Stadt geht.

Er begründet sein Argument, dass die Rolle der Stadt hinausgeht über das bloße Terrain, auf dem sich die neuen Bewegungen manifestieren, mit zwei Hinweisen: zum ersten seien bestimmte städtische Qualitäten dafür verantwortlich, dass sich hier mehr als andernorts Proteste und Kämpfe formieren. Vor allem Charakteristika der gebauten Umwelt und politische Funktionen machen Städte zu zentralen Orten von politischem Widerstand bzw. der Revolte. Das zeigte sich auf den zentralen Plätzen von Tahrir über Tiananmen, Syntagma, Puerta del Sol bis hin zu zentralen Regierungsgebäuden (wie das *State Capitol* in Madison, Wisconsin).[2] Die zweite, wichtigere Begründung sieht er darin, dass politischer Protest im urbanen Raum es erlaube, die städtische Ökonomie empfindlich zu stören: die massiven Proteste 2006 der für die Rechte von Einwanderern kämpfenden Migrantengruppen gegen einen Gesetzesentwurf im US-Kongress, der papierlose Einwanderer kriminalisiert hätte, liefen auf einen Streik hinaus, der die wirtschaftlichen Aktivitäten in Los Angeles und Chicago faktisch lahm legte.[3] Sogar die illegalisierten (und nicht einmal gewerkschaftlich organisierten) Migranten-Communities in diesen Großstädten konnten also demonstrieren, wie verletzbar die heutigen städtischen Zentren sind. Obendrein sind die wenn auch informellen Organisationen und Aktionen solcher Gruppen und damit ihre politische und ökonomische Potenz inzwischen bedeutender als die traditioneller linker Parteien und Gewerkschaften.

Stadtforscher wie Brenner/Theodore (2003), Schipper/Belina (2009) und Mayer (2010), die aufgrund des mit der Neoliberalisierung einhergehenden Rescaling von Politik einen Bedeutungszuwachs der Ebene der Stadt(region) ausmachen, ziehen daraus ähnliche Schlüsse für die Rolle städtischer Konflikte und Bewegungen. Im gleichen Maß wie die (konkurrenzfähige, unternehmerische, für Investoren wie Kreative attraktive und in globale Kreisläufe effektiv eingeklinkte) Stadt für neoliberale Politik von enorm gewachsener Bedeutung ist, stellen etwaige Friktionen, Unterbrechungen und Störungen in ihrer (Re)Produktion ein schwer kontrollierbares Risiko dar – bzw. einen Aufhänger für Protestbewegungen mit dem Potential, breite gesellschaftliche Resonanz zu finden für Forderungen nach gerechteren, besseren Städten – und nach einer besseren, gerechteren Welt. Aus dieser gewachsenen Bedeutung von Städten bzw. Stadtregionen könnte also abgeleitet werden, dass selbst wenn die Bewegungen sich ‚nur' auf städtische Konflikte beziehen, sie *unter heutigen Bedingungen* automatisch darüber hinausgehende, ‚größere' Widersprüche artikulieren. Weil Städte zu zentralen Schaltstellen für die (Re)Produktion des globalen Kapitalismus geworden sind, manifestieren sich hier die Widersprüche und Konflikte dieses Systems am deutlichsten, und bieten sich hier strategische Angriffspunkte für soziale Bewegungen.[4]

---

2   Ähnlich argumentieren Stadtforscher, die die sich in Städten bietende Dichte der Interaktionen und Vernetzungsmöglichkeiten als produktiven Nährboden für die Entstehung und Entfaltung von sozialen Bewegungen ansehen. So betonen bspw. Uitermark u. a. (2012), dass Städte eine ‚generative' Rolle für soziale Bewegungen spielen (S. 2550).

3   Am 1. Mai 2006 weigerte sich ein Großteil der migrantischen Bevölkerung in diesen und weiteren Städten, zur Arbeit zu gehen. Siehe auch Harvey 2012b.

4   Aus der Perspektive der Bewegungsforschung könnte man hier noch einen Schritt weiter gehen, denn selbst wenn es stimmt, dass unter den heutigen Bedingungen neoliberaler Globalisierung Städte als Orte, wo sich die Macht des globalen Finanzkapitals und seiner Apparate manifestiert, sie also privilegierte Austragungsorte für die zentralen gesellschaftlichen Konflikte sind, so

Diese beiden Gründe geben Harvey Anlass zu der Frage, ob über die genannten sichtbaren Belege der Relevanz städtischer Kämpfe hinaus es möglicherweise etwas der Erfahrung des Städtischen im Kapitalismus Inhärentes gebe, das es erlaube, die globalen antikapitalistischen Kämpfe zu verankern und besser zu organisieren (2012a: 119-120). Seine Antwort scheint positiv, geht er doch davon aus, dass es nur in Städten möglich ist bzw. unter heutigen Bedingungen möglich wird, gleichzeitig lokale Arbeiterkontrolle und die für die anstehenden Kämpfe notwendigen globalen Koordinationen demokratisch und kollektiv zu organisieren.

Folglich sieht er städtische Bewegungen als die am besten geeigneten Akteure, um Alternativen zum neoliberalen Kapitalismus zu erstreiten.[5] Die Träger dieser städtischen Bewegungen rekrutieren sich aus der (von Harvey redefinierten) Arbeiterklasse: sie besteht aus denjenigen Menschen, die städtisches Leben produzieren und reproduzieren; auch sie erfahren Ausbeutung, aber weniger im klassischen industriellen Arbeitsprozess als vielmehr durch die von Finanz-, Immobilien- und Handelskapital betriebenen Enteignungsprozesse (2012a: 129).

Andy Merrifield

Gegen Harveys Begründungen für die Schlüsselrolle des Städtischen und gegen seine Priorisierung der Recht-auf-Stadt-Bewegungen könnte man einwenden, dass

---

hängt ihre potentielle strategische Bedeutung doch davon ab, wie die Bewegungen es schaffen (oder nicht), diese Machtzentren als solche sichtbar und zugänglich zu machen. In den letzten 20 Jahren, v. a. im Gefolge der globalisierungskritischen Bewegung, haben städtische Proteste vielerorts genau dies versucht, vereinzelt oder auch koordiniert und gleichzeitig, urbane Zentren in ihrer Funktionalisierung für Wachstumsstrategien und interurbane Konkurrenz sichtbar zu machen: Reclaim the Streets!, Anti-Gentrifizierungsbewegungen, „J18' (als am 18. Juni 1999 in 40 Städten rund um den Globus mit Besetzungen des öffentlichen Raums, Straßenparties und Happenings gegen den Weltwirtschaftsgipfel in Köln demonstriert wurde), die May Day-Proteste in Londons Finanzviertel, oder die Innenstadttaktionen in deutschen und Schweizer Großstädten (vgl. Mayer 2013).

5 Zentral für dies Argument ist, dass er 1. den der traditionellen Arbeiterklasse zugrundeliegenden Klassenbegriff und das Terrain des Klassenkampfs redefiniert (mit Verweis auf einerseits zunehmende [sog. sekundäre] Ausbeutungsformen via Enteignung und andererseits auf die „Urbanisierungsproduzenten," die ebenfalls Wert und Mehrwert schaffen), und 2. die internationale Arbeitsteilung betont sowie die daraus folgende Notwendigkeit, „Institutionen globaler Koordination herzustellen. Auf dieser Grundlage kann er die Einschätzung traditioneller linker Theoretiker," die städtische Bewegungen für minderwertig („separate from and ancillary to") gegenüber antikapitalistischen bzw. Klassenkämpfen (die in den Ausbeutungs- und Entfremdungszusammenhängen des Produktionsprozesses verankert sind) erachten, zurückweisen: „... anti-capitalist struggle must not only be about (re)organizing within the labor process (fundamental though that is), but must also be about finding a political and social alternative to the operation of the capitalist law of value across the world market (2011: 8). Traditionelle Theoretiker würden die potenzielle Macht der städtischen ArbeiterInnen, selbst wenn sie heute vielfach prekär und fragmentiert sind, unterschätzen: „Organized, those workers would have the power to strangle the metabolism of the city" (2011: 29).

angesichts des heutigen Urbanisierungsgrades, wo mehr als 50 % der Menschen in Städten leben, die meisten Konflikte und Auseinandersetzungen (um Ungleichheit, Diskriminierung, Enteignung etc.) quasi automatisch in Städten stattfinden – also völlig unabhängig von irgendwelchen spezifisch urbanen Qualitäten. Aber nicht nur deswegen kritisiert Merrifield (2011) die zentrale Bedeutung, die Harvey der Stadt bzw. dem Städtischen für den gesellschaftlichen Umbruch einräumt. Er hinterfragt sowohl Lefebvres als auch Harveys These, dass die Stadt eine Schlüsselrolle in den Kämpfen gegen die Neoliberalisierung spiele, weil „die Besonderheit der Stadt darin zu bestehen [scheint], dass es keine Besonderheit mehr gibt" (2011: 476). Aus diesem Grund sei das Recht auf Stadt-Konzept gleichzeitig zu weit und zu eng, um in irgendeiner Weise für die Destabilisierung der großen Finanzinstitutionen und Unternehmenskonzerne brauchbar zu sein. Es ist zu weit, weil Urbanisierung laut Lefebvre ein weltweiter, alles subsumierender Prozess sei, und es ist zu eng, weil es die Reproduktion des Finanz- und sonstigen Kapitals nicht wirklich stört, und auch, weil die Forderungen der Menschen, die seit 2011 von Kairo über Madrid bis nach New York massenhaft auf den Straßen demonstrieren, weit übers Städtische hinaus gehen: hier geht es um kollektive Menschenrechte und um echte Demokratie und nicht nur um eine bessere Stadt. Auch wenn sich der Protest in Städten artikuliert, geht es hier um „something simpler and vaster than urbanism as we once knew it" (2011: 479).

Statt für ein ‚Recht auf Stadt', was schlicht nicht das angemessene Bewegungs-Motto sei, plädiert Merrifield für eine „Politik der Begegnung" (politics of encounter), wobei er sich auf einen späten Text von Lefebvre, „When the city loses itself" (1989), stützt. Hier skizziert Lefebvre, wie die voranschreitende kapitalistische Entwicklung ein städtisches Gewebe von „Nähe ohne Gemeinsinn, von Präsenz ohne Repräsentation, von Begegnung ohne echte Zusammenkunft" und Stadtbewohner ohne Bürgerrechte geschaffen habe, und schließt daraus, dass das Recht auf die Stadt nun „nichts weniger impliziere als eine revolutionäre Konzeption von Bürgerschaft" (zitiert in Merrifield 2011: 475). Merrifield folgert daraus, dass, wenn Urbanisierung planetar sei, es nicht darum gehen könne, ein Recht auf Zentralität zu beanspruchen – sowieso existiert in unseren heutigen polyzentrischen Städten keine urbane Zentralität mehr. Stattdessen generiere das „Encounter", die Begegnung der Vielen auf den Straßen und Plätzen, die in realen und virtuellen Räumen eng und zeitnah miteinander verknüpft sind, eine *neue Form* von Zentralität: öffentliche Räume, die nicht wegen ihrer geographisch zentralen Lage, sondern wegen ihrer Besetzung durch miteinander verbundene Menschen eine Gegenmacht herstellen. „Wenn diese Schwärme zusammen kommen, dann sind sie riesig und zentral" und bilden politische Bewegungen, die über Schlagkraft verfügen, argumentierte Merrifield bei der Jahrestagung der American Association of Geographers 2012 (vgl. auch Merrifield 2012, 2013). Also nur wenn „das Städtische mit einer bestimmten Form von Nähe, mit Menschen und Aktivitäten …, durch die Herstellung von Konzentration und Simultaneität, von Dichte und Intensität" gefüllt ist, nur dann sind ‚Encounters' möglich, werden revolutionäre Erhebungen real (Merrifield 2012: 272-273). Als Beispiel dient ihm die Besetzung des Zuccotti Parks im New Yorker Finanzdistrikt, bei der es keineswegs um die Realisierung von Zentralität im Sinne der Rückeroberung des Stadtzentrums gegangen sei. Vielmehr haben die Aktivisten auf diesem Platz ihr eigenes Konzept städtischer Zentralität definiert: „… centrality at Zuccotti Park represented the culmination of encounters, a new capacity of concentration, a tipping point …, which helped marginality center itself"(275-6). Die Aktivisten haben dort ein neues Kampfterrain geschaffen, „a new time and space of protest … this new space is a space neither rooted in place nor circulating in space, but rather one inseparable combination of the two, an insuperable unity that we might describe as *urban* … an urban politics that somehow breaks the boundaries of the urban itself; or urbanism going beyond itself" (278).

Manchen mag dies schwärmerisch oder verquast klingen, jedoch thematisiert Merrifield mit diesen Ausführungen genau den Punkt, an dem heute Bewegungen um die Stadt und gesellschaftsverändernde Bewegungen, die sich die städtischen Plätze und Infrastrukturen zunutze machen, konvergieren: „… the stake of protest is not strictly the city nor even the urban; yet perhaps … it is something about contemporary planetary *urban society* that enables these protests to be made, that permits … such a definition of protest, a definition in which people collectively can now publicly define themselves, encounter one another … as citizens in front of the whole wide world" (2012: 279). Bewegungen für „eine andere Stadt", für demokratische, sozial- und umweltverträgliche Urbanisierung fließen nun ineinander mit Bewegungen für ‚democracia real' und gegen neoliberale Globalisierung. Sie manifestieren sich keineswegs nur in herkömmlichen städtischen Zentren, sondern genauso in ‚abgelegenen' exurbanen Gegenden wie im kalifornischen Imperial Valley, wo Occupy El Centro – eine Allianz von Aktivisten gegen die 30%ige Arbeitslosigkeit, massive Umwelt- und Wasserprobleme, und gegen die Entrechtung der migrantischen Arbeiter – die gleiche Kombination von solidarischen Encounters und damit Zentralität geschaffen haben (Davis 2011; vgl. auch Keil 2011).

2. Politik- und Sozialwissenschaften

Wenn wir die Felder der Sozial- und Politikwissenschaften, die sich mit sozialen Bewegungen beschäftigen, betrachten, fällt zunächst auf, dass ihre diversen Theorieangebote eine mögliche Rolle des Urbanen für die Erklärung der Dynamik sozialer Mobilisierungsprozesse kaum vorsehen. Den meisten Bewegungstheorien fehlt eine Bezugnahme auf urbane Bedingtheiten von Protest- und Bewegungsverläufen komplett. Dies ist einerseits Resultat der bereits erwähnten disziplinären Arbeitsteilung, in der die soziologische Forschung sich vielfältigen (zumeist als unpolitisch wahrgenommenen) sozialen Interaktionen widmet, während die politologische Forschung auf die Beziehungen zwischen Bewegungen und staatlichen Institutionen fokussiert. Nur hier wird die Beziehung zwischen Staat und Bürgern als inhärent ‚politisch' wahrgenommen, insofern hier politische Ansprüche – häufig in konfrontativer Manier – erhoben werden. In letzter Zeit haben jedoch mehr und mehr ForscherInnen darauf verwiesen, dass diese Form von Politisierung nur eine aus einer Fülle unterschiedlichster Interaktionsformen zwischen Zivilgesellschaft und Staat darstellt. Was innerhalb dieser (Sub-) Disziplinen also als ‚städtische Bewegung' zum Forschungsgegenstand werden kann, hängt entscheidend von der Definition des ‚Politischen' ab. Lange Zeit hat die Bewegungsforschung das Politische an strategisch organisierten Konfrontationen zwischen Subalternen und Herrschenden festgemacht (vgl. hierzu auch Hohenstatt/Rinn in diesem Band), jedoch zusehends erweitert sich der Politikbegriff in der Stadt- wie in der Bewegungsforschung, wodurch auch andere Aktionsformen, v. a. solche die im städtischen Rahmen wichtig bzw. weit verbreitet sind, sichtbar werden. Sowohl spontane ‚riots' wie informelle, alltägliche Transgressionen werden zunehmend als konstitutiver Teil urbaner Auseinandersetzungen und städtischer Politik gesehen und damit als forschungsrelevant anerkannt – auch wenn einschlägige Analysen noch nicht systematisch mit der (städtischen) Bewegungsliteratur verknüpft sind (vgl. Boudreau/Mayer 2012).

Postoperaistische Ansätze

Boudreau u. a. (2009) haben in ihrer Untersuchung von Mobilisierungsprozessen unter migrantischen HausarbeiterInnen in Los Angeles, die sich an den Protestdemonstrationen gegen die Einwanderungsreform der USA 2006 beteiligten, aufgezeigt, dass mannigfache Kontinuitäten zwischen dem Alltagsleben und der Protestbeteiligung der MigrantInnen für die politische Mobilisierung ausschlaggebend waren. Solche Beobachtungen verdichten sie theoretisch in einem dreischichtigen

Konzept von Urbanität[6] als historisch-situierter Weltanschauung, die global das Alltagsleben strukturiert (Boudreau 2010). Dies Konzept soll die Herausarbeitung einer urbanen Logik politischen Handelns ermöglichen, insbesondere die Identifizierung von spontanen und nicht-strategischen, im Alltagsleben wurzelnden Handlungsmustern, die in neueren französischen Debatten häufig als ‚Infrapolitics' etikettiert werden. An Hand von sechs Merkmalen, die urbane soziale Beziehungen und Alltagsleben prägen (Interdependenz, Unberechenbarkeit, Mobilität, Differenzen, Geschwindigkeit und intensive Affekte) erarbeitet Boudreau so eine – über konventionelle Definitionen hinausgehende – Bestimmung politischer Handlungs- und Aktionsformen, die als spezifisch ‚urban' bezeichnet werden können. Mit diesem Ansatz geraten auch subtile, weniger konfrontative und graduelle Formen der Reorganisation von Machtverhältnissen im urbanen Alltag ins Visier, die in herkömmlichen Analysen politischer Prozesse und Auseinandersetzungen eher ausgeblendet bleiben.

Genauso wie Boudreau die von ihr in den Vordergrund gerückte ‚urbane' Handlungslogik als *komplementär* zu anderen, parallel bestehenden und im politischen Prozess relevanten (strategischen, interessensbasierten, kalkulierten, antagonistischen etc.) Aktionsformen sieht, verstehen Bareis und Bojadžijev (2012) den postoperativen Ansatz als komplementär zu gouvernementalitäts- und regulationstheoretischen Ansätzen, wenn es um eine angemessene Erklärung politischer Subjektivität in heutigen ‚neoliberalen städtischen Räumen' gehen soll. Nur in Kombination können diese theoretischen Ansätze staatliche Politik in Bezug auf städtische Marginalität sowie die Reaktionen – seien es Aufstände in französischen Banlieues, amerikanischen Ghettos, oder britischen Städten, seien es alltägliche Widerstandspraxen gegen Repression und Ausgrenzung – angemessen erfassen.

Im Gegensatz zu gouvernementalitäts- oder regulationstheoretischen Perspektiven sehen Postoperaisten soziale Kämpfe und politische Subjektivitäten (der Prekären und Marginalisierten) als zentral für die Dynamik des Sozialen an. Die alltäglichen Taktiken und sozialen Kämpfe der verschiedenen prekären Gruppen artikulieren die sich in den Metropolen konzentrierenden Widersprüche der Globalisierung: hier finden sich nicht nur die globalen Kommandozentralen, sondern auch unzählige neue Ausbeutungs- und prekäre Arbeitsverhältnisse sowie neuartige urbane Ausgrenzungsprozesse (Negri 2008). Auch andere Beiträge in der

---

6   Urbanität als Untersuchungsgegenstand kann bei Boudreau auf drei Ebenen beobachtbar gemacht werden: 1. als Ontologie, 2. als Handlungslogik, und 3. als Reorganisation von politischer Macht, wobei sie sich insbesondere mit der zweiten Dimension, der Meso-Ebene, beschäftigt, wo Urbanität operationalisiert werden kann als Untersuchung einer städtischen Handlungslogik. Sie geht also der Frage nach, ob bzw. inwiefern politische Aktion heutzutage spezifisch urban geprägt ist („Is there something specifically urban in the way we act politically?" [2010: 55]).

französischen Zeitschrift *Multitudes* (z. B. Petrescu u. a. 2008) heben hervor, dass politische Aktion in der Stadt stark im Alltagsleben der Subalternen verankert ist – und zwar in einem von wechselseitigen Abhängigkeiten und nicht-strategischen Handlungen bestimmten Alltagsleben, wie es sich in den diversen Interaktionen unter verschiedensten Menschen in dichten städtischen Räumen herausbildet. Es geht also nicht nur um Dissens, wie er in *urban riots* zum Ausdruck kommt, sondern um eine breite Palette von Mikro- bzw. sog. Infra-Praktiken, d. h. widerständige urbane Handlungen, die von ‚guerilla gardening' über Flash Mobs zur Besetzung öffentlicher Parks bis zur Umwidmung von Autostraßen zu Fußballfeldern reichen mögen. Obwohl z. T. kaum sichtbar oder unscheinbar, so kumulieren diese Praktiken in dieser Perspektive doch zu irreversiblen Schwellen, aus denen allmählich kollektives politisches oder sogar revolutionäres Bewusstsein entsteht (Negri 2008).

In der internationalen Forschungslandschaft mehren sich zwar Studien zu diesen ‚kleinen Kämpfen, den widerständigen Gesten und alltäglichen Auflehnungen gegen die vielfältigen metropolitanen Ausgrenzungsprozesse sowie den diversen Strategien dieser Bewegungen, sich Gehör zu verschaffen (vgl. neben den aufgeführten auch Roy/AlSayyad 2004, Swyngedouw 2009, oder die in Das Argument 289 versammelten Beiträge, u. a. von Bareis u. a. 2010). Aber es bleibt nach wie vor eine Herausforderung, diese Praxen theoretisch angemessen – und komplementär mit regulationstheoretischen und politökonomischen Erklärungszusammenhängen – systematisch zu reflektieren und einzuordnen.

Überlappungen und Affinitäten zu Erkenntnissen aus anderen disziplinären Perspektiven existieren durchaus. Deutlich wurde aus der Darstellung z. B., dass die Aufständischen im Visier der Postoperaisten, genauso wenig wie die von Merrifield untersuchten Akteure, um Repräsentation kämpfen, sondern dass sie neue Verhandlungsformen erproben, durch eigene Aneignung Räume lebendig werden lassen, und lokale Mikro-Potentialitäten entwickeln (vgl. Bareis/Bojadžijev 2012: 75). Aber unter welchen Bedingungen die von diesen Ansätzen besser erfassten Bewegungen handlungsmächtig werden können, wie sich ihre Chancen auf Verbreiterung und Anschlussfähigkeit gestalten, dazu können diese Ansätze, im Gegensatz zu den von David Harvey und anderen vorgelegten noch keine präzisen Angaben machen.

Polis und Agora

Die soeben vorgestellte Konzeption städtischen Widerstands als nicht-strategisch, unorganisiert, und diffus erscheint auf den ersten Blick als komplett gegensätzlich zu den radikaldemokratischen Forderungen und Praxen der Occupy-Bewegung.

Die Assambleas der Indignados (Empörten) auf Spaniens städtischen Plätzen sowie die der Occupy-Bewegung v. a. in den USA beriefen sich auf bürgerschaftliche Rechte im ursprünglichen Sinn von *Polis und Agora*, zielten also auf die Zurückgewinnung einer Urbanität, wie wir sie mit Aristoteles' Athen assoziieren. In dieser ursprünglichen politischen Definition des Städtischen geht es weniger um politisches Verhalten, wie es aus der Vielfalt, Dichte und Intensität urbaner Interaktionen resultiert, sondern vielmehr um die gemeinsame Entscheidungsfindung der freien Bürger im Austausch der Meinungen, in direkt-demokratischen Strukturen. Bei Arendt (1958) steht die griechische Polis für einen solchen politischen Raum als Handlungssphäre der „vita activa," wo auch immer Individuen zusammen kommen, um gemeinsam politisch zu handeln und dies kollektive Handeln auf eine freie Gestaltung des Gemeinwesens zielt. Die Metapher ist also weder auf die Einrichtungen der griechischen Stadtstaaten beschränkt, noch auf spezifisch städtische öffentliche Orte. Polis ist überall dort, wo ein öffentlicher Raum gemeinsamer Debatte und gemeinsamen Handelns unter freien und gleichen Bürgern errichtet wird (vgl. 1958: 198). Dieser politische Raum ist jedoch fragil und muss beständig neu aktualisiert und gesichert werden, durch stets erneute Zusammenkünfte, um die gemeinsamen bzw. öffentlichen Anliegen zu beraten und zu entscheiden. Bei Arendt können diese potentiellen Räume partizipatorischer Demokratie sowohl plötzlich (wie in Revolutionen) als auch allmählich – aus anhaltenden Bemühungen um gesellschaftliche Veränderung – entstehen. Sie manifestierten sich in Town Hall Meetings genauso wie in Arbeiterräten, in den Demonstrationen und Sit-ins der Bürgerrechtsbewegung genauso wie in anderen historischen Befreiungsbewegungen und Kämpfen um Gleichberechtigung.

Wichtig war Arendt die *räumliche* Qualität dieses öffentlichen politischen Handelns insofern als die gemeinsame Reflektion und Diskussion einen Raum voraussetzt, an dem die Bürger sich treffen, um ihre Meinungen austauschen, ihre Differenzen debattieren, und kollektive Lösungen für ihre Probleme suchen zu können. Nur wenn die Differenzen und Übereinstimmungen der Menschen in einem öffentlich-politischen Raum sichtbar und debattierbar werden, ist demokratische Politik möglich (Arendt 1958; 1961). Daran anknüpfend beklagt David Harvey (2012b), dass „(h)eutzutage ... kaum noch ein öffentlicher Raum existiert, wo Menschen gemeinsamen Aktivitäten nachgehen können. Die Demokratie von Athen hatte ihre Agora. Aber wohin können wir in New York gehen, wo können wir unsere Agora abhalten und wirklich miteinander reden? Genau darum ging es in den *Assemblies* [der Occupy-Bewegung] ... Sie kreierten einen Raum für politischen Dialog."

Die direkt-demokratischen Strukturen der Agora sind nicht nur für die Occupy-Bewegung charakteristisch, sie sind seit längerem integraler Bestandteil sowohl der Praxen als auch des Forderungskatalogs sämtlicher neuer sozialen Bewegungen, deren Anliegen in den etablierten demokratischen Strukturen kein Gehör finden. In vielen der aktuellen Kämpfe und Auseinandersetzungen, selbst bei scheinbar partikularen, lokal begrenzten Konflikten wie Stuttgart 21 (vgl. Schlager 2012), steht der Anspruch „Echte Demokratie jetzt!" – „Democracia real ya!" ganz oben auf der Agenda. Aber insbesondere seit 2011, seit Menschen im Gefolge von Zuccotti-Park und der Bewegung des 15. Mai (in Spanien) Plätze besetzt haben, realisierten sie dort Varianten einer ‚Mini-Polis‘ (vgl. Maeckelbergh 2012) – und zwar keineswegs nur an ‚urbanen‘ Orten wie New York, sondern genauso in ländlichen oder suburbanen Räumen. Michael Kimmelman beschrieb in einem Feature für die New York Times (2011) die direktdemokratischen Entscheidungsprozesse in Zuchotti-Park als „consensus emerging urbanistically" (Konsens bildet sich urbanistisch). Er sah hier die Strukturen einer „miniature polis, a little city in the making"[7] und betonte, dass er hier Stadt als „civic place", als Ort der (Staats-)Bürger meine. Andere Beobachter gehen einen Schritt weiter in ihrer Interpretation der selbst-organisierten Strukturen der Mini-Polis: „Many working groups mirror crumbling state institutions, groups such as library, town planning, sanitation, security, and medical. Other working groups embody the orientation to equality and collectivity that people will but that capitalism represses or diverts, groups such as the people's kitchen, nonviolent communication, tech-ops, and sustainability. They represent their will for more just and equitable associations by coming up with new practices for distributing work and sharing responsibilities ... working groups collectively take on previously public functions that have been monetized, privatized, and neglected" (Dean/Jones 2012). Nach dieser Lesart entstanden auf den Occupy-Plätzen nicht nur radikaldemokratische Orte gemeinsamer politischer Deliberation und Aktion, sondern bereits Strukturen alternativer öffentlicher Daseinsvorsorge, während gleichzeitig im Anspruch, die 99 % der Ausgebeuteten und Beherrschten zu repräsentieren, das Politikum dieser besonderen Art der zentralstädtischen Platzbelagerung markiert wurde.[8]

---

7   Er beschreibt die „Miniatur-Polis" von Manhattan im Folgenden konkret, wobei diese Beschreibung genauso für viele andere der Zeltlager in Hunderten amerikanischer Städte gelten mag: „The governing process they choose is itself a bedrock message of the protest. It produces the outlines of a city ..." (2011).

8   "[The movement] is the re-presenting of people and practices as components of a political collectivity via the common name 'Occupy' ... Occupy doesn't represent a constituency, position, or interest that could be said to be whole. It asserts division – the division between the ninety-nine and the one, within the ninety-nine, ... In Occupy, political representation isn't

Nachdem sie von den zentralen Plätzen geräumt und vertrieben waren, strömten die Bewegungen in die Nachbarschaften, wo sie wiederum neue gemeinsame Räume für kollektive Aktion und Vergemeinschaftung erfanden und konsolidierten: so lösten sie einen neuen, sich rasant ausbreitenden Prozess aus, in dem sich weitere zahllose kleine – miteinander verbundene und sich gegenseitig unterstützende – Initiativen zu den bereits gebildeten hinzu gesellten. Auch in spanischen, portugiesischen und griechischen Städten entstanden Assambleas und Stadtteilräte, die den Menschen ermöglichen, den Auswirkungen der Krise, insbesondere den Folgen der Austeritätspolitik, nicht als isolierte und atomisierte Individuen, sondern als *Community* gegenüber zu treten. Inzwischen haben sich diese neuen Gemeinschaften mehr und mehr vernetzt, und organisieren solidarische Aktionen nicht nur lokal und regional, sondern auch international. Jon Aguirre, Aktivist und Mitinitiator der spanischen Indignado-Bewegung, resümiert: „Wir haben in nur einem Jahr eine solide Netzstruktur geschaffen, mit der wir uns gegenseitig unterstützen. Diese Strukturen stehen für neue Regeln, neue Verhaltensmuster, wie es sie bisher nicht gab" (Aguirre 2012: 10).

Diese neuen Praxen, die ein normatives Konzept von Urbanität vorwegnehmen, welches sowohl ein radikaldemokratisches Insistieren auf offenen – für *alle* offenen – politischen Strukturen umfasst, als auch eine Polis, an deren Produktion und Reproduktion alle Anwesenden beteiligt sind, sind heute in großen Teilen der verschiedenen Varianten städtischer Bewegungen präsent: sowohl in denen, die sich primär um städtische Räume und soziale Infrastrukturen kümmern, also gegen Gentrifizierung und Vertreibung mobilisieren und für menschenwürdige und nachhaltige Versorgung; als auch in den Krisenprotesten und Anti-Austeritätsbewegungen, den globalisierungskritischen wie den klimapolitischen Bewegungen – die sich mehr oder weniger mit den speziellen *urbanen* Manifestationen dieser Krisen vor Ort auseinander setzen. Wir könnten auch sagen, da Urbanisierungsprozesse und ihre Merkmale ja auch zwischen, außerhalb und jenseits von herkömmlich (zentral)städtischen Räumen expandiert sind, sind auch die anti-neoliberalen Bewegungen allerorten Bewegungen für genuin städtische Demokratie (geworden).

---

that of persons aggregated according to boundaries and procedures inscribed by the state. It is that of wills mobilized in terms of the antagonism between the people and those who would exploit and control them" (Dean/Jones 2012).

3. Konvergenzen und Widersprüche in der disziplinären Vielfalt

Bei aller Unterschiedlichkeit der Urbanitätskonzepte, wie sie in den verschiedenen Subdisziplinen gängig sind, sind doch auch einige Konvergenzen beobachtbar. Vor allem vor dem Hintergrund der Tatsache, dass angesichts planetarer Urbanisierung ‚Stadt' ein historisch überholtes Konzept darstellt, wird deutlich, dass ‚städtische' Bewegungen zunehmend auch in post-, ex- und sub-urbanen Räumen auftauchen können. Antizipieren sollten wir sie vor allem, so schreiben Addie/Keil (2013), „at the vast decentralized workplaces and factories, at the metabolic frontier (Greenbelt) and in the newly emerging field of social welfare delivery in the exurban belt" (Ms. S. 9). Während die Implikationen der weltweiten Urbanisierung für soziale Bewegungen insbesondere von Stadtforschern wie Merrifield, Keil und Addie reflektiert werden, schlägt sich die Sichtweise von Urbanität als weitverbreitete Form gesellschaftlicher Beziehungen auch bei den post-operaistischen Ansätzen nieder, die Urbanisierung im Sinn von städtischen Wahrnehmungen, Räumen und Rationalitäten (die sich weltweit ausgebreitet haben) definieren. Das Konzept der Begegnung, wie Merrifield es vorschlägt, versucht, die Spannung in Lefebvres (empirischer) Analyse der grenzenlosen Entwicklung des Kapitalverhältnisses zu suspendieren, dessen explosive Ausbreitung über den ganzen Planeten „genuine Urbanität" zerstört und stattdessen „Nähe ohne Gemeinsinn" hinterlassen habe. Merrifield trägt zu unserer Fragestellung also nicht nur eine normative Vision von Urbanität bei – „a new revolutionary conception of citizenship" – wo echte Begegnungen wieder stattfinden können, sondern zeigt gleichzeitig, dass die Voraussetzungen dazu an re-definierten Orten der Zentralität existieren. Zu deren Identifizierung können postoperaistische Ansätze hilfreich sein, erlauben sie uns doch, ‚urbane' Merkmale in ganz unterschiedlichen – vielfach verborgenen – Widerstands- und Praxisformen auszumachen. In den sich auf die politische Philosophie der Polis berufenden Perspektiven dagegen wird ein normatives, ‚genuin städtisches' Konzept von Politik evoziert, das direkt-demokratische Beteiligung und radikale Formen von Re-Präsentation betont. Dabei sind unterschiedlichste Interpretationen von und Auseinandersetzungen über die „neu-erfundene" Politik der Horizontalität der Occupy- und Demokratiebewegungen vorprogrammiert.[9] Lediglich David Harvey hält an einer nicht-diffundierten (Recht-auf-)Stadt-Konzeption fest und widmet sich dabei explizit der

---

9 Vgl. die Auseinandersetzung zwischen Hardt/Negri (2011) und Dean/Jones (2012): während erstere den Bruch betonen, den die Occupy-Bewegung („für reale Demokratie") zum etablierten System politischer Repräsentation markiert – und damit jede Form von Repräsentation zurückweisen –, problematisieren letztere die angebliche Horizontalität der Bewegung und betonen statt dessen die neuen Formen von Re-Präsentation, die in den politischen Teilen der Occupy-Bewegung erprobt werden.

Frage, inwiefern Stadt mehr ist als der geographische und politische Zielpunkt der Bewegungen. Auf Basis einer umfassenden Analyse der Veränderungen der Klassenzusammensetzung im neoliberalen Kapitalismus identifiziert er auch die Akteure – nämlich die städtischen ProduzentInnen – als diejenigen, die die Voraussetzungen mitbringen, um nicht nur die kapitalistische Stadt, sondern die kapitalistische Gesellschaft grundlegend zu transformieren.

Was einerseits umfassender Analyse förderlich sein könnte, präsentiert andererseits jedoch auch große Schwierigkeiten, denn die erkenntnistheoretischen Interessen und politiktheoretischen Annahmen innerhalb der unterschiedlichen (Sub)Disziplinen sind nicht konsistent und deshalb in einer kohärenten Analyse des Urbanen bzw. städtischer Bewegungen nicht unbedingt widerspruchsfrei zu nutzen. Wir müssen auch die Spannungen und möglicherweise Unvereinbarkeiten zwischen den verschiedenen Perspektiven auf das Urbane und den verschiedenen Konzepten von Urbanität beachten, wenn wir uns an eine produktive Synthese stadt- und bewegungsforschender Ansätze machen, um die Dynamik und die Aussichten aktueller Bewegungen in der Stadt zu erfassen.

Literatur

Addie, Jean-Paul/Keil, Roger (2013): Real existing regionalism: The region between talk, territory and technology. In: International Journal of Urban and Regional Research, im Erscheinen.

Aguirre, Jon, im Interview mit Reiner Wandler (2012): Proteste in Spanien: „Wir sind noch nicht ganz unten.". In: tageszeitung 3. Juni, S. 10.

Arendt, Hannah (1958): The Human Condition. Chicago: The University of Chicago Press.

Arendt, Hannah (1961): Between Past and Future. New York: Viking Press.

Bareis, Ellen/Peter Bescherer/Britta Grell/Armin Kuhn/Erwin Riedmann (2010): Die Stadt in der Revolte. In: Das Argument 289, Jg. 52. (6), S. 795-805.

Bareis, Ellen/Bojadžijev, Manuela (2012): Grounding Social Struggles in the Age of 'Empire'. In: Künkel, Jenny/Mayer, Margit (Hg.): Neoliberal urbanism and its contestations. Crossing theoretical boundaries. London: Palgrave. S. 63-79.

Boudreau, Julie-Anne (2010): Reflections on urbanity as an object of study and a critical epistemology. In: Davis, Jonathan S./Imbroscio, David L. (Hg.), Critical Urban Studies: New Directions. New York: SUNY Press, S. 55-72.

Boudreau, Julie-Anne/Boucher, Nathalie/Liguori, Marilena (2009): Taking the Bus Daily and Demonstrating on Sunday: Reflections on the Formation of Political Subjectivity in an Urban World. In: CITY: Analysis of Urban Trends, Culture, Theory, Policy, Action. Jg. 13 (2-3), S. 336-346.

Brenner, Neil/Theodore, Nik (Hg.) (2003): Spaces of Neoliberalism. Cambridge, Mass.: Blackwell.

Davis, Mike (2011): Field Notes from the Revolution: Activists Occupy California's Imperial Valley. In: The Nation, 9. November URL: http://www.thenation.com/article/164472/field-notes-revolution-activists-occupy-californias-imperial-valley [2013.08.12].

Dean, Jodi/Jones, Jason (2012): Occupy Wall Street and the Politics of Representation. In: Chto Delat?//What Is To Be Done? Jg. 10 (34) (März). URL: http://www.chtodelat.org/index.php?option=com_content&view=article&id=1021%3Ajodi-dean-and-jason-jones--occupy-wall-street-and-the-politics-of-representation&catid=241%3A10-34-in-defence-of-represent ation&Itemid=490&lang=en [2013.08.12].

Hardt, Michael/Negri, Antonio (2011): The Fight for 'Real Democracy' at the Heart of Occupy Wall Street. The Encampment in Lower Manhattan Speaks to a Failure of Representation. In: Foreign Affairs (October). URL: http://www.foreignaffairs.com/articles/136399/michael-hardt-and-antonio-negri/the-fight-for-real-democracy-at-the-heart-of-occupy-wall-street [2013.08.12]

Harvey, David (2001): Spaces of Capital. Towards a Critical Geography. Edinburgh: Edinburgh University Press.

Harvey, David (2008): The Right to the City. In: New Left Review 53 (September-Oktober), S. 23-40.

Harvey, David (2011): The Urban Roots of Financial Crises: Reclaiming the City for Anti-Capitalist Struggle. In: Socialist Register 2012: The Crisis and the Left, Jg. 48. S. 1-35.

Harvey, David (2012a): Rebel Cities. From the Right to the City to the Urban Revolution. London: Verso.

Harvey, David, im Interview mit Rivlin-Nader, Max (2012b): Urban Revolution is Coming. In: Salon.com (29. April) URL: http://www.salon.com/2012/04/28/urban_revolution_is_coming/singleton/[2013.08.12]

Keil, Roger (2011): 'Occupy the Strip Malls': Centrality, Place and the Occupy Movement. URL: http://suburbs.apps01.yorku.ca/2011/11/17/"occupy-the-strip-malls"-centrality-place-and-the-occupy-movement/ [2013.08.12]

Kimmelman, Michael (2011): In Protest, the Power of Place. In: New York Times (16. Oktober). URL: http://www.nytimes.com/2011/10/16/sunday-review/wall-street-protest-shows-power-of-place.html?ref=design [2013.08.12]

Lefebvre, Henri (1970): Die Revolution der Städte. Frankfurt/M.: Athäneums Taschenbuch.

Lefebvre, Henri (1989): Quand la ville se perd dans une metamorphose planétaire. In: Le monde diplomatique. Mai, S. 16.

Lefebvre, Henri (2009): State, Space, World: Selected Essays, hg. von Neil Brenner und Stuart Elden. Minneapolis, MN: University of Minnesota Press.

Leitner, Helga/Peck, Jamie/Sheppard, Eric (Hg.) (2007): Contesting Neoliberalism. Urban Frontiers. New York: Guilford.

Maeckelbergh, Marianne (2012): Horizontal Decision-Making across Time and Place. In: Cultural Anthropology. Journal of the Society for Cultural Anthropology, July URL: http://culanth.org/?q=node/645 [2013.08.12].

Marcuse, Peter (2011): Whose Right to What City? In: Neil Brenner/Peter Marcuse/Margit Mayer (Hg.): Cities for People, not for Profit. Critical Urban Theory and the Right to the City. London: Routledge, S. 24-41.

Mayer, Margit (2010): Social Movements in the (Post-)Neoliberal City. Civic City Cahier 1. London: Bedford Press.

Mayer, Margit/Boudreau, Julie-Anne (2012): Social Movements in Urban Politics: Trends in Research and Practice. In: Oxford Handbook on Urban Politics. Oxford: Oxford University Press, S. 273-291.

Merrifield, Andy (2011): The Right to the City and Beyond. Notes on a Lefebvrian Re-conceptualization. In: CITY: Analysis of Urban Trends, Culture, Theory, Policy, Action. Jg. 15 (3-4), S. 473-481.

Merrifield, Andy (2012): The Politics of the Encounter and the Urbanization of the World. In: CITY: Analysis of Urban Trends, Culture, Theory, Policy, Action. Jg. 16 (3), 269-283.

Merrifield, Andy (2013): The Politics of the Encounter: Urban Theory and Protest under Planetary Urbanization. Athens, Georgia: Georgia University Press.

Monte-Mór, Roberto Luis (2005): What is the Urban in the Contemporary World? In: Cadernos Saúde Pública, Rio de Janeiro, Jg. 21(3), S. 942-948.

Negri, Toni (2008): Qu'est-ce qu'un événement ou un lieu biopolitique dans la métropole? In: Multitudes no. 31, S. 17-30.

Nicholls, Walter (2008): The Urban Question Revisited: The Importance of Cities for Social Movements. In: International Journal of Urban and Regional Research, Jg. 32 (4), S. 841-859.

Petrescu, Doina/Querrien, Anne/Petcou, Constantin (2008): Agir urbain. In: Multitudes no. 31, S. 11-15.

Purcell, Mark (2003): Citizenship and the Right to the Global City: Reimagining the Capitalist World Order. In: International Journal of Urban and Regional Research. Jg. 27 (3), S. 564-590.

Roy, Ananya/N. AlSayyad (Hg.) (2004): Urban Informality: Transnational Perspectives from the Middle East, Latin America, and South Asia. Lanham, MD: Lexington Books.

Schipper, Sebastian/Belina, Bernd (2009): Die neoliberale Stadt in der Krise? In: Z. Zeitschrift Marxistische Erneuerung, Nr. 80, S. 38-51.

Schlager, Alexander (2012): Die Proteste gegen ‚Stuttgart 21.' In: Hildebrandt, Cornelia/Tügel, Nelli (Hg.) Der Herbst der ‚Wutbürger'. Soziale Kämpfe in Zeiten der Krise. Berlin: Rosa-Luxemburg-Stiftung. S. 23-27.

Swyngedouw, Eric (2009). The Antinomies of the Postpolitical City: In Search of a Democratic Politics of Environmental Production. In: International Journal of Urban and Regional Research. Jg. 33 (3), S. 601-620.

Uitermark, Justus/Walter Nicholls/Maarten Loopmans (2012): Cities and Social Movements. Guest editorial. In: Environment and Planning A, Jg. 44 (11), S. 2546-2554.

Young, Douglas/Roger Keil (2011): Locating the Urban In-Between: Tracking the Urban Politics of Infrastructure. Demnächst in International Journal of Urban and Regional Research (eingereicht Mai 2011) (Seitenangaben beziehen sich auf Manuskript).

Das Recht auf die Stadt in umkämpften Räumen.
Zur gesellschaftlichen Reichweite lokaler Proteste

Andrej Holm

1. Einleitung

Mit dem neuerlichen Aufkommen stadtpolitischer Protestbewegungen stellt sich eine alte Frage: Bleiben die mehrheitlich lokal artikulierten Konflikte räumlich, thematisch und sozial begrenzt oder können sie ein übergreifendes Potential gesellschaftlicher Veränderungen entfalten? Mit Rückgriffen auf die Arbeiten von Henri Lefèbvre und Manuel Castells aus den 1970er Jahren wird in diesem Beitrag die gesellschaftliche Relevanz städtischer Proteste diskutiert. Ihre Arbeiten zur Konzeption von Stadt, den daraus abgeleiteten Konflikten und spezifischen Bewegungen verweisen auf einen Ursprung städtischer Konflikte, die weit über die lokalen Protestanlässe hinausweisen. Insbesondere in der Fähigkeit der neuen städtischen Bewegungen, aus den vielfältigen Fragmentierungen etwas Gemeinsames zu erschaffen, erlangen städtische Utopien (vgl. Neupert/Doppler in diesem Band) und Perspektiven der Repolitisierung konkrete Gestalt.

2. Stadtpolitische Proteste im Aufwind

Seit ein paar Jahren haben stadtpolitische Protestbewegungen Fragen der Stadtentwicklung auf die Agenda der öffentlichen und politischen Diskussionen katapultiert. Insbesondere Mobilisierungen gegen Mietsteigerungen und Zwangsräumungen, Proteste und Bürgerbegehren gegen Großprojekte und Auseinandersetzungen um subkulturelle Freiräume zur Realisierung alternativer Lebensentwürfe haben wohnungspolitischen und städtischen Themen eine erneute politische Relevanz gegeben.

Eine Reihe von Protesten, wie die Demonstrationen gegen das Stuttgarter Bahnprojekt S21, die Besetzung des Hamburger Gängeviertels durch Künstler/innen und Aktivist/innen oder auch die Kampagne und das Bürgerbegehren gegen das Investitionsprojekt MediaSpree in Berlin haben bundesweite Aufmerksam-

keit[1] erhalten. Doch auch in einer Reihe von anderen Städten haben neue stadtpolitische Netzwerke und Initiativen für Wirbel gesorgt und mit ihren Forderungen
und Aktionen die Stadtpolitik beeinflusst. In mindestens acht deutschen Städten
haben sich in den letzten Jahren neue stadtpolitische Bewegungen konstituiert,
die insbesondere durch eine übergreifende Kooperation verschiedener parteiun-
abhängiger Basisinitiativen gekennzeichnet sind. Anders als frühere stadtpolitische Proteste organisieren sich die neuen Bewegungsansätze explizit als kooperative Netzwerke, in denen Gruppen mit verschiedener institutioneller Verfasstheit
und unterschiedlicher ideologischer Ausrichtungen zusammenkommen und neben konkreten Auseinandersetzungen zu umstrittenen Projekten und Stadtteil-
entwicklungen ausdrücklich gesamtstädtische Fragen auf die Agenda ihres Handelns gesetzt haben.

Unter Schlagworten wie „Recht auf Stadt" (Hamburg, Freiburg, München,
Wuppertal, Berlin), „Wem gehört die Stadt" (Frankfurt/Main), „Gegen die unternehmerische Stadt" (Hanau) oder „Freiraum für Bewegung" (Düsseldorf) haben
sich relativ stabile Kooperationsbeziehungen zwischen Stadtteil- und Bürgerinitiativen, Mieterorganisationen, Interessenvertretungen von Kulturproduzieren-
den sowie subkulturellen und autonomen Szenen entwickelt.

Tabelle 1: Übersicht der stadtpolitischen Initiativen

Stadt	Name der Initiative	Kooperationsformat	Forderungen	seit
Hamburg	Recht auf Stadt	Netzwerk stadtpoliti-scher Initiativen	„bezahlbarer Wohnraum, nicht-kommerzielle Freiräume, die Vergesellschaftung von Immo-bilien, eine neue demokratische Stadtplanung und die Erhaltung von öffentlichen Grünflächen"	2009
Hanau	Innenstadt AG des Hanauer Sozialforums	Forum von verschie-denen kritischen, emanzipativen, linken Initiativen	„Stopp des Wettbewerblichen Dia-logs zum Umbau der Innenstadt"	2009

---

1   Im Rahmen einer Suchabfrage im Archiv des deutschen Nachrichtenmagazins Spiegel
     konnte für den Zeitraum 1.1.2009 bis 31.12.2012 für die Proteste in Stuttgart 15, für die
     Besetzung des Gängeviertels fünf und für die Proteste gegen MediaSpree drei redaktionelle
     Beiträge festgestellt werden (Suchabfrage auf http://www.spiegel.de/suche/index.html am
     19.02.2013).

Stadt	Name der Initiative	Kooperationsformat	Forderungen	seit
Düsseldorf	„Freiraum für Bewegung"	Zusammenschluss aus Kunstvereinen, politischen Gruppen, Musikschaffende und Kulturinitiativen der freien Kulturszene	„Wir wollen Kultur und Leben selbst organisieren und eigene Orte gestalten – für uns und für alle"	2010
Wuppertal	Basta!	Aktionsbündnis stadt- und sozialpolitischer Initiativen	„Gegen das Totsparen und für ein Recht auf Stadt"	2010
Freiburg	Recht auf Stadt	Netzwerk aus Initiativen und Einzelpersonen	„bezahlbarer Wohnraum, städtische Freiräume, Erhaltung von öffentlichen Grünflächen und eine wirklich demokratische Stadt"	2011
München	Recht auf Stadt	freier Zusammenschluss Bewohner/innen und Initiativen	„Wir kämpfen für Freiräume, Gegenentwürfe und Utopien, die die städtische Verwertungs- und Standortlogik unterlaufen. Voraussetzung hierfür ist eine transparente Stadtpolitik, die es ermöglicht, mitzugestalten."	2011
Frankfurt/ Main	Wem gehört die Stadt?	Netzwerk von Einzelpersonen, Initiativen und Gruppen	„ Stadt (…) in der Leben eine andere Bedeutung hat als Lohnarbeit und Freizeitpark" „gegen Gentrifizierung, Verdrängung und Überwachung"	2011
Berlin	Stadtvernetzt	Netzwerk verschiedener Kiezinitiativen	„Bezahlbare Wohnungen für alle und überall!"	2011
	Forum Wohnungsnot	Zusammenschluss von Leuten aus Mieterinitiativen, politischen Gruppen und Einzelpersonen	„für eine soziale Wohnungs- und Stadtpolitik"	2011
	Dossiergruppe	Bündnis von Mietshausgemeinschaften	„eine Wohnungspolitik, die Verdrängung und Ausgrenzung verhindert und dauerhaft preiswerte Mietwohnungen in allen Teilen der Stadt bietet"	2011

Quelle: Selbstdarstellungen und Webauftritte der jeweiligen Initiativen (ohne Anspruch auf Vollständigkeit)

Die Themen der neuen stadtpolitischen Initiativen reichen von der unmittelbaren Auseinandersetzung mit einzelnen stadtentwicklungspolitischen Projekten wie dem Umbau der Hanauer Innenstadt oder dem geplanten Umbau des Campus

Bockenheim in Frankfurt über die Unterstützung einzelner Hausgemeinschaften und Mieter/innen in ihren Auseinandersetzungen gegen Mietsteigerungen, Verdrängung oder Zwangsräumungen wie etwa die Forderungen der mietenpolitischen Dossiergruppe (http://mietendossier.blogsport.de/) oder die Mobilisierung zur Verhinderung einer Zwangsräumung (http://zwangsraeumungverhindern. blogsport.de) in Berlin bis hin zu grundsätzlichen und allgemeinen Forderungen für eine sozialorientierte und demokratische Stadtentwicklung und den Ausstieg aus der profitorientierten Wohnungsversorgung.

Diese neue Generation städtischer Proteste wird nicht nur in Bewegungspublikationen (Klus et al. 2007; Gängeviertel e. V. 2012) aufgegriffen, sondern auch in wissenschaftlichen Debatten. Neben der Beschreibung einzelner Konflikte und Mobilisierungen wie etwa der Proteste gegen die Privatisierung kommunaler Wohnungen in Freiburg (Klus 2012) oder der Kampagnen gegen das Investitionsprojekt MediaSpree (Scharenberg/Bader 2009) und für ein Soziales Zentrum (Lebuhn 2008) in Berlin oder die Recht-auf-Stadt-Initiativen in Hamburg (Füllner/Templin 2011 sowie Birke und Vrenegor in diesem Band) lassen sich drei thematische Zugänge erkennen. Ein Teil der Veröffentlichungen stellt die aktuellen städtischen Proteste in Deutschland in den *globalen Kontext* von internationalen städtischen Mobilisierungen und diskutiert insbesondere die Bezugnahme auf ein *Right to the City* als globales Phänomen (Holm/Gebhard 2011; iz3w 2012). Ein zweiter Diskussionsstrang thematisiert die aufkommenden Proteste vor dem *strukturellen Hintergrund* neoliberaler Neuordnungspolitiken und stellt die stadtpolitischen und ökonomischen Ursachen für die Vervielfältigung von städtischen Konflikten in den Vordergrund der Analysen (Heeg/Rosol 2007; Mullis 2011; AK Kritische Geographie Frankfurt 2012; Holm 2012). Ein dritter Zugang zu den städtischen Protesten greift *klassische Fragestellungen der Bewegungsforschung* auf und deutet die aktuellen Recht-auf-Stadt-Initiativen in historisch und räumlich vergleichender Perspektive als neuen Zyklus städtischer sozialer Bewegungen (Mayer 2009, 2012; Birke 2011a; 2011b).

Trotz dieser vorliegenden Arbeiten gibt es bisher kein gemeinsames Verständnis der neuen städtischen Proteste. Mit ihren überwiegend beschreibenden Perspektiven zeichnen sie ein diffuses Bild von der Reichweite der Forderungen, der Bandbreite von Artikulationsformen und der Organisationsansätze der Recht-auf-Stadt-Mobilisierungen.

Während einige Studien vor allem den Partizipationsanspruch der neuen Bewegungen betonen, die selbstbewusst ihre Beteiligung an der Gestaltung des Bestehenden einfordern, sehen andere in ihnen Promotoren von grundsätzlichen gesellschaftlichen Veränderungen. Bastian Lange und Malte Bergmann beispielsweise betrachten die aktuellen stadtpolitischen Proteste aus der Perspektive der Partizipationsforschung und sehen in ihnen einen „Artikulationsort von konkreten Sorgen breiter Bevölkerungsgruppen" und die Herausbildung eines „Netzwerkes, in dem Bürger die Sorge um den Charakter ihrer Stadt in Protest verwandeln" (Lange/Bergmann 2011: 9). Trotz unterschiedlicher Rahmenbedingungen und Sachfragen sehen sie eine Gemeinsamkeit der neuen städtischen Bewegungen in ihrem Partizipationsbegehren (ebd.: 10). Auch in Studien zu einzelnen Protestkampagnen, wie etwa um die künftige Nutzung der Rindermarkthalle in Hamburg, werden die neuen städtischen Bewegungsansätze unter Mitbestimmungsaspekten beschrieben (Rinn 2012).

Andere Autor/innen hingegen sehen die Bedeutung der neuen städtischen Protestbewegungen vor allem vor dem Hintergrund der neoliberalen Neuordnungsprozesse der Stadtpolitik und sehen in ihnen eine unmittelbare Reaktion auf die Tendenzen der Privatisierung und Liberalisierung städtischer Aufgaben (Mayer 2011: 53). Auch Peter Birke geht in seinen Analysen der Hamburger Erfahrungen von Bedeutungen der aktuellen Mobilisierungen aus, die über Mitbestimmungsforderungen hinausgehen. In seiner historischen Einordnung in die Geschichte sozialer Kämpfe und neuer sozialer Bewegungen und in Anlehnung an die Unterscheidung von „Künstlerkritik" und „Sozialkritik" (Boltanski/Chiapello 2003) sieht er eine „Rückkehr der sozialen Frage in die urbanen sozialen Bewegungen" (Birke 2011b: 45 ff., vgl. Birke in diesem Band).

Unterschiedliche Einschätzungen gibt es auch in Bezug auf die räumliche Reichweite der neuen Bewegungen. So sehen Albert Scharenberg und Ingo Bader das Geheimnis des Erfolges der Protest-Kampagne gegen das Investitionsprojekt MediaSpree in Berlin in ihrem „Fokus auf eine konkrete Auseinandersetzung" (Scharenberg/Bader 2009: 332) und charakterisieren den Protest als "local social movement" (ebd.: 327). Auch Moritz Rinn deutet die Auseinandersetzungen als Ausdruck einer „lokalen Autonomie", in der ein Anspruch auf die Deutungs- und Planungshoheiten des Lokalen artikuliert werde (Rinn 2012: 23).

Dem gegenüber stehen Interpretationen, die in den ‚Recht auf Stadt'-Bewegungen ein „gegenhegemoniales Projekt" (Gebhardt/Holm 2011: 15) und das Begehren nicht nur nach einer anderen Stadt, sondern nach einer anderen Gesellschaft sehen. Auch in der internationalen Debatte werden die neuen städtischen Bewegungen als Auseinandersetzungen mit gesamtgesellschaftlicher Relevanz gesehen. So sieht David Harvey die Funktion der *Right to the City* Initiativen darin, „to imagine and reconstitute a totally different kind of city out of disgusting mess of a globalizing, urbanizing capital run amok" (Harvey 2012: XVI).

Haben wir es bei den vielfach beobachtbaren lokal artikulierten Stadtpro-
testen mit lokal, thematisch und akteursbezogen eingehegten Konflikten zu tun
oder sehen wir einem gesamtgesellschaftlichen Aufbruch ins Auge? Die Frage
nach den Wechselbeziehungen zwischen sozialen Bewegungen, Urbanisierung
und gesellschaftlichen Machtverhältnissen ist dabei nicht neu und wurde bereits
in den 1970er Jahren, begleitend zu den städtischen Bewegungen in Reaktion
auf die Krise des Fordismus (Mayer 2011: 55 ff.), breit diskutiert. Insbesondere
die Arbeiten von Henri Lefèbvre (1968, 1972, 1974) und Manuel Castells (1975,
1977, 1983) sind instruktiv für die Analyse der gegenwärtigen städtischen Auseinandersetzungen.

Beide gehen von einer über das Lokale hinausweisenden Bedeutung städtischer Konflikte aus und begründen dies sowohl mit ihren jeweiligen *Konzeptionen von Stadt*, den darin verorteten *Konfliktstrukturen* und dem spezifischen
Charakter städtischer und stadtpolitischer Protestbewegungen.

3. Henri Lefèbvre und das Recht auf die Stadt

Es ist naheliegend, dass die Einschätzung der gesellschaftlichen Relevanz von städtischen Bewegungen mit der jeweiligen Vorstellung und *Konzeption der Funktionen von Stadt* in der Gesellschaft abhängt. Im Werk von Henri Lefèbvre nimmt
die Stadt eine zentrale Stellung ein und ist wie bei nur wenigen anderen der Ausgangspunkt seiner gesellschaftstheoretischen Überlegungen. Insbesondere in seiner Arbeit „La révolution urbaine" entwickelte er seine Vorstellung einer vollständigen Urbanisierung der Gesellschaft. Die denkbar schlechte Übersetzung des
Titels als „Die Revolution der Städte" (1972) bringt seinen Fokus auf den Prozess
der Urbanisierung nur unzureichend auf den Punkt. Christian Schmid verweist
darauf, dass Lefèbvre das Urbane nicht länger als Form begreifen wollte, sondern
als Prozess zu analysieren beabsichtigte (Schmid 2011: 30). Statt der kategoria-
len Unterscheidung von ‚Stadt' und ‚Land' und der Darstellung angeblich typisch
städtischer Eigenheiten sieht er eine umfassende gesellschaftliche Transformation, die er als vollständige Urbanisierung bezeichnet. Ausgehend von Beobachtungen der Industrialisierung und insbesondere der Ausbreitung einer industriellen
Rationalität auf andere Lebensbereiche geht er von einer umfassenden, konflikt-
geladenen und komplexen Einheit aus Industrialisierung und Urbanisierung aus
(ebd.: 31). Die zunächst paradox anmutende Konsequenz der vollständigen Urbanisierung sieht Lefèbvre in der Auflösung der Stadt als konkretem Objekt. Doch
gerade diese theoretisch radikale Absage an die Stadt eröffnet den Blick auf die
gesellschaftlichen Funktionen des Städtischen in der urbanisierten Gesellschaft.

Christian Schmid (2005) und Stefan Kipfer (2008) haben mit der Mediation, der Zentralität und der Differenz drei zentrale Dimensionen aus Lefèbvres Arbeiten herausgelesen. Das Städtische wird dabei als vermittelnde Ebene zwischen Privatheit und Alltagsleben auf der einen und dem Weltmarkt, dem Staat den Institutionen auf der anderen Seite als „wesentliches Dispositiv für die Organisation der Gesellschaft" (Schmid 2011: 32) verstanden. Als eine zweite gesellschaftliche Funktion des Städtischen hebt Lefèbvre die Zentralität hervor – wieder nicht verstanden als geografischer Ort oder Mittelpunkt, sondern als das Urbanitätsversprechen von Begegnung und Zusammentreffen. Im Verständnis von Zentralität als Voraussetzung von Kommunikation, Kooperation und Konfrontation mit anderen, wird das Städtische zur konstitutiven Grundlage von Gesellschaft überhaupt. Als einen dritten Aspekt des Städtischen betont Lefèbvre die Möglichkeit von Differenzerfahrungen, die sich als Heterotopie (siehe Harvey 2012: XVII) zur Kohäsion ansonsten fragmentierter Eigenheiten verdichten können.

Die sich aus dieser abstrakten Sicht auf das Städtische ableitenden *Konflikte* fasste Lefèbvre unter anderem in seinem Essay „Le droit à la ville" (Das Recht auf die Stadt) zusammen. Mit der Forderung nach einem *Recht auf die Stadt* wird ein allgemeingültiger Anspruch auf den Nichtausschlusses von städtischen Ressourcen – oder allgemeiner: von den Qualitäten des Städtischen – erhoben. Henri Lefèbvre beschreibt am Beispiel von Paris die kapitalistische Stadt, insbesondere ihre sozioökonomische Segregation und die damit einhergehenden Entfremdungserscheinungen wie der „Tragik der banlieusards", die in weit vom Zentrum entfernte „Wohnghettos" vertrieben wurden (Lefèbvre 1968: 121).

Das *Recht auf die Stadt* ist dabei nicht als ein juristisch einklagbarer Rechtsanspruch zu verstehen, sondern steht für die Legitimationskraft einer Selbstermächtigung und eine Klammer zur Kooperation verschiedener stadtpolitischer Akteure (Mayer 2009). Zugleich werden mit einem Recht auf die Stadt Visionen für eine andere, emanzipative und gerechtere Stadtentwicklung formuliert. Das Recht auf die Stadt orientiert sich ökonomisch an einer Umverteilung zu Gunsten der benachteiligten, ausgegrenzten und diskriminierten Gruppen in der Stadt, kulturell an der Anerkennung und Berücksichtigung von Differenz und unterschiedlichen Zugangsweisen zum Städtischen sowie politisch an der Ermöglichung zur Mitgestaltung städtischer Entwicklungen für alle Gruppen der Stadt.

Lefèbvres Aufruf, das *Recht auf die Stadt* zu ergreifen und die Stadt zu verändern, bezieht sich dabei nicht nur auf die Stadt als physische Form sondern vor allem auf die mit ihr in Wechselwirkung stehenden sozialen Verhältnisse und Praktiken. Gemeint sind damit alle Formen des diskursiven und instrumentellen Entwurfs künftiger städtischer Entwicklungen. Ein *Recht auf die Stadt* – so ließe sich dieses Verständnis zusammenfassen – beschränkt sich nicht auf die konkrete Benutzung städtischer Räume, sondern umfasst ebenso den Zugang zu den politischen und strategischen Debatten über die künftigen Entwicklungspfade. Oder mit den Worten von David Harvey formuliert: „To claim the right to the city (...) is to claim some kind of shaping power over the process of urbanization" (Harvey 2012: 5).

Vor dem Hintergrund der fordistischen Stadtentwicklung von Paris benennt Lefèbvre zunächst das *Recht auf Zentralität* und das *Recht auf Differenz* als die zentralen Bestandteile eines Rechts auf die Stadt. Das *Recht auf Zentralität* steht für den Zugang zu den Orten des gesellschaftlichen Reichtums, der städtischen Infrastrukturen und des Wissens. Das *Recht auf Differenz* deutet die Stadt als Ort des Zusammenkommens, des sich Erkennens und Anerkennens und der Auseinandersetzung. In anderen stadtsoziologischen Debatten ist von der „Integrationsmaschine Stadt" (Häußermann/Oswald 1997; Kilb 2006) die Rede, die aus der Fähigkeit Verschiedenartigkeiten zu verdichten, einen individuellen und gesellschaftlichen Mehrwert produziert. Eine dritte Ebene des Rechts auf die Stadt orientiert sich an den utopischen Versprechungen des Städtischen und reklamiert ein *Recht auf die schöpferischen Überschüsse des Urbanen.* Aufgegriffen werden hier Fragen nach der Verteilung, des aus den spezifischen Qualitäten des Städtischen erwachsenen Mehrwertes. Insbesondere im Übergang zur Wissensgesellschaft in der die ökonomische Inwertsetzung der Kommunikation und Kooperation unmittelbar erfolgt, gewinnen diese stadtbezogenen Verteilungsfragen an Relevanz. Sehr vereinfacht ausgedrückt: Wer darf daran verdienen, wenn auf der Basis der durch uns alle hervorgebrachten Stadt als Voraussetzung der Wissensproduktion valorisierbares Wissen produziert wird?

Anders als in der Konzeption des Städtischen und in den damit einhergehenden Konflikten artikuliert sich das Städtische in den *Bewegungen* nicht abstrakt theoretisch, sondern ganz praktisch, konkret und unmittelbar. Das Verständnis von stadtpolitischen Bewegungen reicht dabei von Aufständen ganzer Stadtviertel (Bertho 2010; Vradis/Dalakoglou 2011; Zibecchi 2012) über wohnungspolitische Massenproteste (Marom 2013; Sugranyes/Mathivet 2010; Fawaz 2013) bis zu lokal begrenzten Mobilisierungen für mehr Mitbestimmung an der Stadtplanung und gegen Verdrängung (Künkel 2011; DeSouza/Begg 2009) sowie Kampagnen zur Durchsetzung alternativer Wohn- und Kulturprojekte (Squatting Europe Kollective 2012; Karpantschof 2011; Gängeviertel e. V. 2012).

Henri Lefèbvre formuliert in seinem Essay „le droit à la ville" mit seinem „the right to the city is like a *cry and a demand*" (Lefèbvre, zitiert nach Marcuse 2009: 189) ein Angebot, die Vielfalt städtischer Bewegungen zu ordnen und zu verstehen. Das Recht auf die Stadt als Forderung (*demand*) kommt von denen, deren elementarste materielle Bedürfnisse nicht befriedigt werden, das Begehren (*cry*) von denen, die oberflächlich integriert aber entfremdet sind (Gebhardt/ Holm 2011: 12).

David Harvey und Peter Marcuse haben diese Differenzierung von *Forderung und Begehren* aufgegriffen und gehen von einer Vielfalt an Recht-auf-die-Stadt-Forderungen aus. Harvey beispielsweise beschreibt das Konzept als einen leeren Signifikanten, der von sehr verschiedenen Gruppen mit eigenen und widersprüchlichen Inhalten gefüllt werden kann (Harvey 2012: XV). Peter Marcuse greift diesen Gedanken der Differenzierung verschiedener Sinngehalte von Recht-auf-die-Stadt-Forderungen auf und fragt, wessen Recht auf welche Stadt eigentlich mit dem Slogan eingefordert wird (Marcuse 2009: 189). In einer Typologie auf der Basis spezifischer Klassenpositionen identifiziert er verschiedene Interessengruppen (z. B. die Ausgegrenzten am Rande der formalen Arbeitsverhältnissen, die Arbeiterklasse, die selbstständigen Kleinunternehmer etc.) mit jeweils eigenen Bezügen zu einem Recht auf die Stadt. Er geht damit von einer grundlegenden polit-ökonomische Basis aller städtischen Fragen aus und verknüpft die fragmentierten Interessen in den Städten ganz explizit mit den unterschiedlichen Stellungen im Produktionssystem (Marcuse 2009: 190f.). Auch David Harvey argumentiert in eine ähnliche Richtung und hebt den zunehmend städtischen Charakter sozialer Positionierungen hervor. Über die produktionsbezogene Klassenlage hebt er einen Trend der Verstädterung von Arbeits- und Reproduktionsbedingungen hervor. Statt der industriellen Formation von Arbeit sieht er eine zunehmende Verschränkung von Produktion und Reproduktion mit dem städtischen Alltag (Harvey 2012: 139). So sind insbesondere kollaborative Praktiken der Wissensproduktion aber auch die zunehmend haushaltsfern organisierte Reproduktion (Freizeit, Nahrungsaufnahme, alltagsbezogene Dienstleistungen) eng mit städtischen Strukturen verwoben. Hardt und Negri sprechen in diesem Zusammenhang sogar von der „Stadt als Fabrik" (Hardt/Negri 2010: 110).

Die existentiellen Forderungen nach einem Recht auf die Stadt (*demand*) werden – so die Argumentation von Marcuse und Harvey – vor allem von den am stärksten marginalisierten, unterbezahlten und prekarisierten Teilen der Arbeiterklasse eingefordert: „It is the right to city of those who do not now have it" (Marcuse 2009: 191). In der Konsequenz heißt dies: Je stärker die Integration in das Produktionssystem ausgeprägt ist und je gesicherter die ökonomische Position der Aktiven ist, desto seltener werden unmittelbar soziale und existentielle Forderungen auf der Agenda der Mobilisierungen zu finden sein.

Doch das Recht auf Stadt ist kein Privileg der Unterdrückten. So wie Lefèbvre das Recht auf die Stadt auch auf die oberflächlich Integrierten bezog, beschreibt Peter Marcuse kulturelle Bestimmungsfaktoren (die quer zur Klassenpositionen liegen), um die unterschiedlichen Bezüge zu Recht-auf-Stadt-Forderungen zu analysieren. Er unterscheidet dabei fünf soziale Gruppen:

- *the directly oppressed*, die rassistisch und sexistisch unterdrückt oder wegen ihrer Lebensstile ausgegrenzt werden (selbst wenn sie als ökonomisch integriert gelten),

- *the alienated*, die sich als Entfremdete aller sozialer Klassen im Streben nach Selbstverwirklichung im Widerstreit zu den dominanten Mechanismen und Versprechen des Systems sehen,

- *the insecure*, die wechselnden Gruppen von durch konjunkturelle Schwankungen Verunsicherten verschiedener sozialer Klassen,

- *the hapless lackeys of power*, die unglücklichen Diener/innen der Macht, die auch Teil der Gentry und der etablierten Intellektuellen umfassen können,

- *the underwriters and beneficiaries*, die Nutznießer/innen und Begünstigten der hegemonialen Kultur und Hegemonie (Marcuse 2009: 191).

Die existentiellen Forderungen *(demand)* für ein Recht auf die Stadt ordnet Peter Marcuse vor allem den Unterdrückten und Ausgegrenzten zu, während das Recht auf die Stadt von den Entfremdeten eher als Begehren *(cry)* artikuliert wird.

Diese differenzierten Beschreibungen der unterschiedlichen Zugänge zum Recht auf die Stadt sind kein akademischer Selbstzweck, sondern helfen uns, den leeren Signifikanten mit Inhalten und Bedeutungen zu füllen und können als Instrument angesehen werden, den gemeinten Sinn hinter den so vielfältig erhobenen Recht-auf-Stadt-Forderungen zu dechiffrieren. Die Arbeiten von Henri Lefèbvre und auch die vertiefende Auseinandersetzung mit seinen Ansätzen in den letzten Jahren bieten damit ein hilfreiches Schema, um den Charakter der Forderungen, die Organisationsweisen der Bewegungen und die politische Reichweite der Mobilisierungen zu untersuchen und zu verstehen. Die Frage, ob es sich um lokal begrenzte Proteste oder um einen grundlegenden gesellschaftlichen Aufbruch handelt, ist mit Lefèbvre nur sehr abstrakt über die Annahme der vollständigen Urbanisierung und der damit einhergehenden Widersprüche zu beantworten.

4. Manuell Castells und der Kampf in den Städten

Auch für die Arbeit von Manuel Castells will ich zunächst seine *Konzeption von Stadt* vorstellen und anschließend diskutieren, welche *spezifischen Konflikte* er *im Urbanen* verortet.

Die spezifischen *Funktionen des Städtischen* sieht Castells in der „kollektiven Konsumtion" (Castells 1977: 277 ff.; vgl. Saunders 1987: 170 ff.), ein Begriff, mit dem er all jene Funktionen der individuellen und gesellschaftlichen Reproduktion zusammenfasst, die letztlich nur durch allgemein gesellschaftliche Organisationsformen gewährleistet werden können. So sind eine Reihe städtischer Ressourcen und Einrichtungen – denken wir nur an die netzgebundenen Infrastrukturen, den städtischen Nahverkehr oder die Abfallbeseitigung – schlichtweg ohne eine gemeinsame, kollaborative und in der Regel öffentliche Organisation nicht zu gewährleisten. An anderer Stelle hebt er die Städte in ihrer Bedeutung für die „allgemeinen Organisationsformen der Gesellschaft" hervor (Castells 1975: 31). Konkret benennt er unter anderem die Wohnverhältnisse und die städtischen Gemeinschaftseinrichtungen wie Schulen, Krankenhäuser, Parkanlagen und Kulturzentren. Gemeinsamer Nenner ist eine von ihm unterstellte gesellschaftliche Verantwortung für all diese Bereiche.

In dieser Aufzählung wird deutlich, dass Castells Vorstellungen der Städte tief in den 1970er Jahren und den Verhältnissen einer wohlfahrtsstaatlichen Organisation der Gesellschaft verankert ist. Viele Bereiche, die er dem Bereich der *kollektiven Konsumtion* zuordnet, sind in den letzten 20 Jahren zum Gegenstand umfangreicher Privatisierungspolitiken geworden. Zugleich verweisen die vielfältigen Proteste gegen Privatisierungsvorhaben und die erstarkenden Mobilisierungen für eine Rekommunalisierung von Energie-, Wasser- und Wohnungsunternehmen darauf, dass die von vielen artikulierte Erwartung an die Verantwortung der Städte und Kommunen nach wie vor tief verankert ist.

Castells begründet seine These von der spezifischen gesellschaftlichen Funktion der Städte jedoch weniger mit allgemeine Erwartungshaltungen und politischen Kräfteverhältnissen, sondern leitete sie aus seiner Analyse der kapitalistischen Urbanisierung ab. Insbesondere mit der beschleunigten Konzentration von Produktionsmitteln gingen – so Castells – wachsende Koordinations- und Steuerungsbedarfe für die zuverlässige Bereitstellung der allgemeinen Produktionsvoraussetzungen einher. Da diese Funktionen nicht oder nur unzureichend von Einzelnen oder privaten Unternehmen zur Verfügung gestellt wurden, sind die Städte von einer „zunehmenden Durchdringung eines allgegenwärtig werdenden Staatsapparates" (Castells 1975: 33) gekennzeichnet, die für ihn als „unvermeidliche Folgen der wachsenden Komplexität des modernen Lebens" (ebd.: 35) gesehen wird.

Daneben beobachtet Castells für die spätfordistische Stadt der 1970er Jahre,
dass der Einfluss des Alltagslebens auf die Produktivität immer entscheidender
wird. Während er für die hochqualifizierten Arbeiten einen Zusammenhang von
Lebensweise und intellektuellen Komponenten der Tätigkeit unterstellt, sieht er in
den ausgeklügelten Produktionsprozessen und immer komplexeren Arbeitsanfor-
derungen für unqualifizierte Arbeiter/innen in den Niedriglohngruppen eine Notwendigkeit für einen sorgfältig regulierten Alltag, da die Produktion eine „Sprung-
haftigkeit des Alltags außerhalb der Arbeitswelt nicht verkraften kann" (ebd.: 33).

Anders als Lefèbvre mit seinem abstrakten Verständnis von Stadt als Or-
ganisationsdispositiv der kapitalistischen Gesellschaft, steht Castells ganz in der
Tradition des marxistischen Strukturfunktionalismus und stellt mit der *kollektiven Konsumtion* und der *Organisation des Alltags* zwei Funktionen der Städte
für die Produktion und Reproduktion des Kapitalismus heraus.

Die *Konflikte des Städtischen* werden von ihm aus eben diesen spezifischen
Funktionen abgeleitet. Gerade, weil sich die notwendigen Regulationen und die
Bereitstellung von Infrastrukturen der kollektiven Konsumtion am reibungslosen
Funktionieren des Produktionsapparates orientieren, geraten sie immer wieder in
Konflikt mit den Bedürfnissen der Bevölkerung. Der Bau von Sozialwohnungen,
die Organisation eines öffentlichen Nahverkehrs oder die Einrichtung von Kultur-
und Bildungseinrichtungen folgen – so Castells – eben keiner gesellschaftlichen
Beglückungsstrategie, sondern dienen in letzter Instanz der Aufrechterhaltung
und Optimierung der kapitalistischen Produktionsabläufe. Mit der Durchsetzung
politischer Freiheiten und sozialer Garantien wuchsen jedoch auch die gesellschaftlichen Ansprüche an öffentliche Versorgungsleistungen und Infrastrukturen. Die Wohlfahrtsregime der 1970er Jahren waren – so die Einschätzung von
Castells – durch eine permanente Ausweitung von kollektiven und interdepen-
denten gesellschaftlichen Nutzungen gekennzeichnet (ebd.: 34). Für Castells wird
in dieser Entwicklung ein grundsätzlicher gesellschaftlicher Widerspruch deutlich. Denn das Wohlfahrtsversprechen der entwickelten kapitalistischen Gesellschaften konnte und kann nicht eingelöst werden, da die stetig wachsenden „kollektiven Bedürfnisse" letztendlich für kapitalistische Investitionen nicht rentabel
sind und sich so zu einem dauerhaften Konfliktfeld entwickeln: „Der kollektive
Konsum (Wohnung, Lebensstandard, Verkehr usw.) wird damit zugleich unum-
gängliches Element, ständiger Gegenstand von Forderungen und defizitärer Sektor ein einer kapitalistischen Wirtschaft" (ebd.: 34).

Castells führt das notwendige Scheitern von Stadtplanung und Regulation auf
die systemstabilisierende Funktion des Staates als Vertretung der Gesamtinteres-
sen der herrschenden Klasse zurück. Gerade weil unter diesen Voraussetzungen

keine Lösungen jenseits eines profitorientierten Marktes denkbar sind, wird es immer nur eine zeitweilige Befriedung der wachsenden Bedürfnisse geben. Die Stadtplanung und Stadtpolitik – so Castells – könne deshalb „kein Instrument der Gesellschaftsveränderung sein, sondern nur ein Instrument der Herrschaft, der Integration und der Regulierung von Widersprüchen" (ebd.: 36).

Für die Ebene der *Organisation des Alltags* verweist Castells auf stärker individualisierte Momente der städtischen Widersprüche, die in Form von ermüdenden Pendlerfahrten, in Stücke zerlegten Tagesabläufen, der Abgeschiedenheit von Einfamilienhaussiedlungen in den Vorstädten als tiefe Entfremdungserfahrung verstanden werden können oder als Diskriminierung von Alten und ethnischen Minderheiten sowie der Einschränkung und Kontrolle von Jugendkulturen als unmittelbare Ausgrenzung von den Ressourcen und Qualitäten des Städtischen wirken (ebd.: 31 f.). Neben den Auseinandersetzungen um die kollektive Konsumtion sind es diese, dem Alltag entspringenden Momente der Wut, der Unzufriedenheit, des Frustes, in denen Castells die Ausgangspunkte der neu entstehenden Protestbewegungen sieht.

Vergleichbar mit Lefèbvres Unterscheidung von Forderung (*demand*) und Begehren (*cry*), geht auch Castells von zwei mögliche Konfliktkonstellationen aus und skizziert eine materielle und eine sinnlich-emotionale Quelle des Protestes.

Auch die von ihm unterstellte Reichweite städtischer Protestbewegungen geht wie bei Lefèbvres Recht-auf-die-Stadt-Utopien weit über die Lösung von konkreten Problemen der Stadtentwicklung hinaus. Ganz im Gegensatz zu seiner Skepsis gegenüber Stadtplanung und Stadtpolitik, sieht Castells in den *städtischen Bewegungen* einen „wirklichen Ursprung des Wandels und der Erneuerung der Stadt" (ebd.: 36). Sie werden von ihm als (neue) Ausdrucksformen von Konflikten gedeutet, die „neue Arten, den Alltag kollektiv zu bewältigen" (ebd.: 123) sichtbar machen und damit das Versprechen einer anderen Stadt, einer anderen Gesellschaft in sich tragen. Zwar sei die gesellschaftlich-politische Reichweite städtischer Bewegungen begrenzt, weil sie ohne eine Umwandlung der Klassenherrschaft die gesellschaftliche Logik des Kapitalismus nicht durchbrechen können, dennoch können sie die „Logik der städtischen Organisation" verändern (ebd.: 37).

Die politische Bedeutung von Protestmobilisierungen und sozialen Bewegungen erschließt sich für ihn also nicht aus ihren Inhalten und Forderungen, sondern aus ihren Wirkungen, die sie in konkreten historischen Situationen auf die gesellschaftlichen Machtverhältnisse haben. „Städtische Bewegungen werden dort zu gesellschaftlichen Bewegungen, wo es ihnen gelingt, zum Bestandteil einer politischen Bewegung zu werden, die die Gesellschaftsordnung in Zweifel zieht" (ebd.: 125).

Statt im klassischen Format der Bewegungsforschung über Analysen der Akteurskonstellationen, Ressourcenausstattung und politische Gelegenheitsstrukturen die sozialen Mobilisierungen zu verstehen, stellt Castells die gesellschaftlichen, politischen und sozialen Effekte städtischer Bewegungen ins Zentrum des Erkenntnisinteresses. Doch nicht jeder Protest kann die gesellschaftlichen Machtverhältnisse verschieben. In Fallstudien zu städtischen Bewegungen (Castells 1983) benennt er inhaltliche und protestbezogenen Voraussetzungen für die gesellschaftsverändernden Impulse städtischer Bewegungen.

Dabei können drei inhaltliche Orientierungen unterschieden werden, mit denen sich die städtischen Bewegungen beschreiben lassen: Neben Kämpfen um die Verbesserung der Strukturen der kollektiven Konsumtion, stehen Mobilisierungen um die kulturelle Identität und Bestrebungen nach politischer Autonomie (vgl. Mayer 2006). Castells ging in seinen Studien davon aus, das nur die Bewegungen, denen es gelingt alle drei Ebenen miteinander zu verbinden, tatsächlich das Potential für gesellschaftliche Veränderungsimpulse entfalten können.

Neben diesen inhaltlichen Voraussetzungen definiert Castells drei strukturelle Faktoren für erfolgreiche städtische Bewegungen. Den Ausgangspunkt einer jeden sozialen Bewegung sieht er in einem „eindeutigen *gesellschaftlichen Anlass"*, bei dem sich „vorhandene Interessen unmittelbar gegenüberstehen … und keine Verhandlung möglich" erscheint (Castells 1975: 58). Als zweite Bedingung benennt er eine „*gesellschaftliche Basis*, die (…) begreift, dass sie sich nur auf sich selbst verlassen kann" (ebd.). Einen dritten Aspekt für den Erfolg von städtischen Protesten sieht Castells im Vorhandensein einer *politischen Organisation*, deren Aktive „die Koordination und Erklärung der Kämpfe übernehmen" (ebd.: 59). Auch wenn die Rolle politischer Kaderorganisationen nicht nur aus heutiger Perspektive überhöht erscheint, im Kern geht Castells davon aus, dass erst eine Einbettung der lokalen Protestanlässe in grundlegende gesellschaftliche Widersprüche eine Mobilisierung für konkrete Forderungen in eine soziale Bewegung verwandelt.

Bezogen auf die von ihm vorgestellten Bewegungen resümiert er, dass die verschiedenen städtischen Anlässe immer nur strukturelle Nebenwidersprüche zum Inhalt hatten und weder die Produktionsweise der Gesellschaft noch die politische Macht der herrschenden Klassen unmittelbar in Zweifel zogen (ebd.: 124). Seine Beispiele zeigen, dass die städtischen Kämpfe „vollkommen abhängig von anderen gesellschaftlichen Kämpfen" sind und in ihrem Wirkungsgrad beschränkt bleiben, wenn es nicht gelingt, die städtischen Fragen in Verbindung zu ihnen zu setzen (ebd.).

Kollektive Organisationen der Lebensweise und der Einfluss auf das Alltagsleben umreißen die wesentlichen Koordinaten der Analyse von städtischen sozialen Bewegungen bei Castells. Die sozialen Bewegungen in den Städten sind für seine Gesellschaftsanalyse insofern von Belang, dass sich mit ihnen „einander widersprechende Systeme gesellschaftlicher Praxis herausbilden, die von spezifischen Widersprüchen der städtischen Problematik ausgehen und die etablierte Ordnung in Frage stellen" (ebd.: 31).

Auf die Frage nach der gesellschaftlichen Reichweite von städtischen Protestbewegungen gibt Castells eine relativ eindeutige Antwort: Die städtischen Proteste und Mobilisierungen selbst können die Welt nicht verändern – aber die ihnen zu Grunde liegenden Konfliktstrukturen können auf strukturelle Widersprüche der kapitalistischen Gesellschaftsordnung verweisen. Die Aufgabe der kritischen Stadtforschung sieht er in der Analyse dieser Widersprüche und versteht die städtischen Bewegungen deshalb als Seismographen gesellschaftlicher Machtverhältnisse. Voraussetzung für eine solche gesellschaftsbezogene Analyse städtischer Bewegungen ist eine konsequente Kontextualisierung. Manuel Castells weist Beschreibungen eines universellen Stadtkampfes zurück und fordert eine analytische Rückbettung in ihre jeweiligen ökonomischen und politischen Zusammenhänge ein (ebd.: 124). Statt von einer voreiligen Einheit städtischer Kämpfe auszugehen, schlägt Castells vor, „eine grundlegende Analyse der Problemstruktur vorzunehmen, um den sozialen Gehalt der Anlässe zu erkennen" (ebd.).

5. Gesellschaftliche Reichweite städtischer Proteste

Im Anschluss an die Arbeiten von Henri Lefèbvre und Manuel Castells erscheint es sinnvoll, die Frage nach der gesellschaftlichen Reichweite der aktuellen Stadtproteste auf den drei Ebenen Stadt, Konflikt und Bewegung zu diskutieren.

Beide Autoren beschreiben bereits in den 1970er Jahren die *Stadt bzw. das Städtische* in ihrer Funktionalität als zentrale Instanz eines postfordistischen Produktionssystems. Während Lefèbvre mit seiner These der vollständigen Urbanisierung die Entwicklung der Stadt vom Wohlfahrtscontainer des Fordismus zur Produktivkraftressource der Wissensgesellschaft vorzeichnet, skizziert Castells verstärkte Widersprüche zwischen kollektiven Bedürfnissen und der beschränkten Fähigkeit des Staates die kollektive Konsumtion zu organisieren. Die gesellschaftliche Relevanz städtischer Proteste wird auf dieser Ebene also von beiden Autoren über die wachsende Bedeutung des Städtischen für die Funktionsfähigkeit des Wirtschafts- und Sozialsystems abgeleitet. Auch David Harvey hebt in seinen Arbeiten den systematischen Zusammenhang zwischen kapitalistischer Ökonomie und der Stadtentwicklung hervor und verweist in historischen und aktuellen Studien auf die zentrale Funktion der Urbanisierung zur Absorption der

Kapitalüberschüsse aus dem ersten Kapitalkreislauf der Waren- und Güterproduktion (Harvey 1982, 1985, 2012). Auseinandersetzungen, die aus der Spannung zwischen städtischen Gebrauchswerten und Inwertsetzungsstrategien der Immobilien- und Finanzwirtschaft entstehen, werden von ihm daher als ein Kernkonflikt in kapitalistisch organisierten Gesellschaften betrachtet. Der Ursprung städtischer Konflikte weist damit weit über die oft lokalen Protestanlässe städtischer sozialer Bewegungen hinaus.

Die von Lefèbvre und Castells beobachteten *Konfliktstrukturen* weisen eine Gemeinsamkeit auf, da beide von alltagsvermittelten Widersprüchen zwischen den Wünschen und Bedürfnissen der Bewohner/innen und den privaten Verwertungsinteressen bzw. staatlichen Planungsstrategien ausgehen, die in klassisch marxistischer Lesart als Widersprüche zwischen den Gebrauchs- und Tauschwerten des Städtischen verstanden werden können. In ihren jeweiligen Ansätzen differenzieren beide zudem eher materielle als auch emotionale Konfliktkonstellationen, die bei Lefèbvre als Unterscheidung von Forderung (demand) und Begehren (cry) herausgestellt werden. Die übergreifende Bedeutung städtischer Konflikte wird hier von beiden mit einem Verweis auf strukturelle und grundlegende Widersprüche unserer Gesellschaft begründet. Ganz ähnlich argumentiert Margit Mayer, wenn sie die neuen städtischen Protestbewegungen als Reaktion auf die grundsätzliche Ausrichtung von Stadtpolitik im 21. Jahrhundert beschreibt und in ihnen das Potential sieht, eine „Vielfalt von stadtpolitischen Forderungen auf einen gemeinsamen Nenner [zu] bringen und damit eine reale Herausforderung für neoliberale Planer, Politiker und Stadtentwickler dar[zu]stellen" (Mayer 2011: 53).

In der Einschätzung der *städtischen Protestbewegungen* gehen die Einschätzungen der beiden Autoren auseinander. Während Castells den städtischen Bewegungen eine begrenzte Reichweite unterstellt und ihr gesellschaftsveränderndes Potential an die Verbindung mit politischen Bewegungen koppelt, sieht Lefèbvre in den städtischen Mobilisierungen selbst das Potential für eine Veränderung. Auch in den aktuellen Debatten ist die Reichweite stadtpolitischer Proteste umstritten. Peter Birke etwa ordnet viele stadtbezogene Aktivitäten in die Tradition umfassender Sozialproteste ein und macht in diesem Zusammenhang darauf aufmerksam, dass die neue Zentralität städtischer Fragen für die sozialen Bewegungen zu Lasten der Artikulation von sozialen Protesten in andern Gesellschaftssektoren ginge (Birke 2010: 180). Auch David Harvey sieht nur eine begrenzte Reichweite städtischer Mobilisierungen und begründet seine Einschätzung mit der räumlichen Reichweite der Bewegungen und ihrer Alternativen. Diese orientierten sich überwiegend an Visionen einer „collective organisation of small-scale economies", die sich nur schwerlich in „global solutions without (…) hierarchical organisational forms" übersetzen lasse (Harvey 2012: 70). Die meist libertäre und horizontale Selbstverfasstheit der Protestbewegungen (siehe Holloway 2002; Bookchin 1990) stehe dabei grundlegenden gesellschaftlichen Umwälzungen im Wege: „A fetishism of organizational preference (pure horizontaly, for example) all too often stands in the way of exploring appropriate and effective solutions" (Harvey 2012: 70). Auch die Forderung nach den Commons (Hardt/Negri 2009), die auch von vielen Recht auf Stadt-Bewegungen als Alternative zur privaten Renditeorientierung angesehen wird, beschreibt Harvey als kompliziert, da in der Praxis einzelne Gemeinwohlorientierungen gegeneinander abgewogen werden müssten. Die Frage der Commons sei „contradictory and allways contested" (ebd.: 71).

Doch gerade in den differenzbasierten Organisationsmomenten der neuen Generation städtischer Bewegungen und Koalitionen werden Ansätze sichtbar und auch erprobt, wie eine Aushandlung unterschiedlicher Interessen aussehen kann. Die eingangs beschriebenen neuen städtischen Protestkoalition- und Netzwerken haben mit ihren Plenums- und Diskussionsstrukturen, mit der Sprache ihrer Forderungen, mit den von ihnen gestalteten Orten und mit ihren Aktionsformen Momente geschaffen, in denen die Anerkennung von Differenz in einen kollektiven Ausdruck des Protestes transformiert wird. Harvey definiert Commons nicht als spezifische Güter, sondern als „unstable and malleable social relation between a particular self-defined social group and those aspects of its actually existing or yet-to-be-defined social and/or physical environment deemed crucial to its life and livelihood" (Havey 2012: 73). In der Fähigkeit von Recht-auf-Stadt-Mobilisierungen aus den vielfältigen Fragmentierungen das Gemeinsame zu erschaffen, blitzen Elemente einer Repolitisierung auf, in denen die Stadt von Morgen – die Stadt der Commons – Gestalt erlangt.

Literatur

AK Kritische Geographie Frankfurt (2012): Wem gehört Frankfurt? Dokumentation des aktionistischen Kongresses vom März 2012, organisiert aus dem „Wem gehört die Stadt?"-Netzwerk (Forum Humangeographie 9).

Bertho, Alain (2010): Les emeutes dans le monde en 2009: ethnographie de la colere. In: La revue internationale et strategique, 2010/3, S. 75-85.

Birke, Peter (2010): Herrscht hier Banko? Die aktuellen Proteste gegen das Unternehmen Hamburg. In : Sozial.Geschichte.Online 3 (2010), S. 148-191.

Birke, Peter (2011a): Diese merkwürdige, zerklüftete Landschaft: Anmerkungen zur „Stadt in der Revolte". In: Sozial.Geschichte.Online 6 (2011), S. 28-62.

Birke, Peter (2011b): Zurück zur Sozialkritik. Von der ‚urbanen sozialen Bewegung' zum ‚Recht auf Stadt'. In: Holm, Andrej/ Lederer, Klaus/ Naumann, Matthias (Hg.) 2011: Linke Metropolenpolitik. Erfahrungen und Perspektiven am Beispiel Berlin. Münster: Westfälisches Dampfboot, S. 34-49.

Boltanski, Luc/ Chiapello, Eve (2003): Der neue Geist des Kapitalismus. Konstanz: UVK Universitätsverlag.

Bookchin, Murray (1990): Remaking Society: Pathways to a Green Future. Boston: Southend Press.

Castells, Manuel (1975): Kampf in den Städten. Gesellschaftliche Widersprüche und politische Macht. Westberlin: VSA.

Castells, Manuel (1977): Die kapitalistische Stadt. Ökonomie und Politik der Stadtentwicklung. Hamburg: VSA.

Castells, Manuel (1983): The City and the Grassroots. London: Edward Arnold.

DeSouza, Keg/ Begg, Zanny (2009): There Goes The Neighbourhood: Redfern And The Politics Of Urban Space. Sydney: Glebe Books.

Fawaz, Mona (2013): Towards the right to the City in Informal Settlements. In: Samara, Tony Roshan/ He, Shenjing/ Chen, Guo (eds.): Locating Right to the City in the Global South. London/New York: Routledge.

Füllner, Jonas/ Templin, David (2011): Stadtplanung von unten. Die „Recht auf Stadt"-Bewegung in Hamburg. In: Holm, Andrej/ Gebhardt, Dirk (Hg.) 2011: Initiativen für ein Recht auf Stadt. Theorie und Praxis städtischer Aneignungen. Hamburg: VSA-Verlag, S. 79-104.

Gängeviertel e. V. (Hg.)(2012): Mehr als eine Viertel. Ansichten und Absichten aus dem Hamburger Gängeviertel. Hamburg/Berlin: Assoziation A.

Gebhardt, Dirk/ Holm, Andrej (2011): Initiativen für eine Recht auf Stadt. In: Holm, Andrej/ Gebhardt, Dirk (Hg.) 2011: Initiativen für ein Recht auf Stadt. Theorie und Praxis städtischer Aneignungen. Hamburg: VSA-Verlag, S. 7-23.

Hardt, Michael/ Negri, Antonio (2009): Commonwealth. Cambridge: Harvard University Press.

Hardt, Michael/ Negri, Antonio (2010): Multitude und Metropole. In: Blätter für deutsche und internationale Politik 7/10, S. 109-119.

Harvey, David (1982): The Limits to Capital. Chicago: University of Chicago Press.

Harvey, David (1985): The Urbanization of Capital: Studies in the History and Theory of Capitalist Urbanization. Baltimore: Johns Hopkins University Press.

Harvey, David (2012): Rebel Cities. From the Right to the City to the Urban Revolt. London/New York: Verso.

Häußermann, Hartmut/ Oswald, Ingrid (Hg.) (1997): Zuwanderung und Stadtentwicklung (Leviathan, Sonderheft 17). Opladen: Westdeutscher Verlag.

Heeg, Susanne/ Marit Rosol (2007): Neoliberale Stadtpolitik im globalen Kontext. Ein Überblick. In: Prokla. Zeitschrift für kritische Sozialwissenschaft, 37(4), S. 491–510.

Holloway, John (2002): Change the World Without Taking Power: The Meaning of Revolution Today. London: Pluto Press.

Holm, Andrej (2012): Vorwort zum Reprint von Manuel Castells Kampf in den Städten (1975). In: Castells, Manuel: Kampf in den Städten. Gesellschaftliche Widersprüche und politische Macht. Hamburg: VSA, S. 7-27.

Holm, Andrej/ Gebhardt, Dirk (Hg.) (2011): Initiativen für ein Recht auf Stadt. Theorie und Praxis städtischer Aneignungen. Hamburg: VSA-Verlag.

iz3w (2012): Hello City – wem gehört die Stadt? iz3w (Informationszentrum 3. Welt) Nr. 332.

Karpantschof, René (2011): Bargaining and Barricades – The Political Struggle over the Freetown Christiania 1971-2011. In: Thörn, Hakan/ Wasshede, Cathrin/ Nilson, Tomas (eds.): Spaces for Urban Alternatives? Christiania 1971-2011. Möklinta: Gildlunds Förlag.

Kilb, Rainer (2006): Integrations- und Segregationsmaschine Großstadt. In: Sozialextra, Heft 1, S. 41–45.

Kipfer, Stefan (2008): Hegemony, Everyday Life, and Difference: How Lefèbvre urbanized Gramsci. In: Goonewardena, Kanishka/ Kipfer, Andreas/ Milgrom, Richard/ Schmid, Christian (eds.): Space, Difference, and Everyday Life: Henri Lefèbvre and Radical Politics. New York: Routledge, S. 285-305.

Klus, Sebastian (2012): Die Privatisierung kommunaler Wohnungsbestände als Herausforderung für die europäische Stadt. Ein Freiburger Bürgerentscheid im Spannungsfeld von neoliberaler Politik und Daseinsvorsorg. Dissertation an der Humboldt-Universität zu Berlin, Philosophische Fakultät III.

Klus, Sebastian; Rausch, Günter; Reyer, Anne (2007): Wohnen ist Menschenrecht. Ein erfolgreicher Bürgerentscheid in Freiburg. Neu-Ulm: AG Spak Bücher.

Künkel, Jenny (2011): Soziale Kämpfe von SexarbeiterInnen gegen städtische Neoliberalisierung. Das Beispiel Madrid. In: Holm, Andrej/ Gebhardt, Dirk (Hg.) (2011): Initiativen für ein Recht auf Stadt. Theorie und Praxis städtischer Aneignungen. Hamburg: VSA-Verlag, S. 141-164.

Lange, Bastian/ Bergmann, Malte (2011): Eigensinnige Geographien. In: Lange, Bastian/ Bergmann, Malte (Hg.): Eigensinnige Geographien: städtische Raumaneignungen als Ausdruck gesellschaftlicher Teilhabe. Wiesbaden: VS Verlag, S. 9-32.

Lebuhn, Henrik (2008): Stadt in Bewegung. Mikrokonflikte um den öffentlichen Raum in Berlin und Los Angeles. Münster: Westfälisches Dampfboot.

Lefèbvre, Henri (1968): Le Droit à la ville. Paris: Anthrophos.

Lefèbvre, Henri (1972): Die Revolution der Städte, München: List.

Lefèbvre, Henri (1974): La production de l'espace. Paris: Anthropos.

Marcuse, Peter (2009): From critical urban theory to the right to the city. In: City 13(2): 185-97.

Marom, Nathan (2013): Activising Space: The Spatial Politics of the 2011 Protest Movement in Israel. In: Urban Studies 50 (13), S. 2826-2841.

Mayer, Margit (2006): Manuel Castell's The Grassroots and the City. In: International Journal of Urban and Regional Research. 30.1: 202-206.

Mayer, Margit (2009): The 'Right to the City' in the Context of Shifting Mottos or Urban Social Movements. In: CITY (Special issue: Cities for people, not for profit). 13/2-3, S. 362-374.

Mayer, Margit (2011): Recht auf die Stadt-Bewegungen in historisch und räumlich vergleichender Perspektive. In: Holm, Andrej/ Gebhardt, Dirk (Hg.) (2011): Initiativen für ein Recht auf Stadt. Theorie und Praxis städtischer Aneignungen. Hamburg: VSA-Verlag, S. 53-77

Mayer, Margit (2012): The 'right to the city' in urban social movements. In: Brenner, Neil/ Marcus, Peter, Mayer, Margit (eds.): Cities for People, not for Profit. London: Routledge, S. 63-85.

Mullis, Daniel (2011): Die Stadt im Neoliberalismus. Vor der Produktion einer Ideologie zur Perspektive dagegen. In: Holm, Andrej/ Lederer, Klaus/ Naumann, Matthias (Hg.) 2011: Linke Metropolenpolitik. Erfahrungen und Perspektiven am Beispiel Berlin. Münster: Westfälisches Dampfboot, 14-33.

Rinn, Moritz (2012): Partizipation in der Stadtentwicklungspolitik Hamburgs. In: AG Soziale Spaltung Hamburg (Hg.): Partizipation und Soziale Spaltung – Dokumentation des Workshops am 14.5.2012.

Saunders, Peter (1987): Soziologie der Stadt. Frankfurt/M., New York: Campus.

Scharenberg, Albert/ Bader, Ingo (2009): Berlin's Waterfront Struggle. In: CITY (Special issue: Cities for people, not for profit). 13/2-3, S. 325-336.

Schmid, Christian (2005): Stadt, Raum und Gesellschaft. Henri Lefèbvre und die Theorie der Produktion des Raumes. Stuttgart: Franz Steiner Verlag.

Schmid, Christian (2011): Henri Lefèbvre und das Recht auf die Stadt. In: Holm, Andrej/ Gebhardt, Dirk (Hg.) (2011): Initiativen für ein Recht auf Stadt. Theorie und Praxis städtischer Aneignungen. Hamburg: VSA-Verlag, S. 25-51.

Squatting Europe Kollective (eds.) (2012): Squatting in Europe. Radical Spaces, Urban Struggles. London: Minor Compositions.

Sugranyes, Ana; Mathivet, Charlotte (2010): Cities for All. Proposals and Experiences towards the Right to the City. Santiago: Habitat International Coalition (HIC).

Vradis, Antonis/ Dalakoglou, Dimitris (eds.) (2011): Revolt and Crisis in Greece. Between a Present Yet to Pass and a Future Still to Come. London: AK Press / Occupied London.

Zibechi, Raúl (2012): Territorien des Widerstands. Eine politische Kartografie der urbanen Peripherien Lateinamerikas. Berlin; Hamburg: Assoziation A.

Initiativen:

Basta! Wuppertal: http://basta-wuppertal.de/

Forum Wohnungsnot, Berlin: http://mietenstopp.blogsport.de/forum-wohnungsnot/

Freiraum für Bewegung: Düsseldorf: http://www.freiraum-bewegung.de/

Innenstadt AG des Sozialforums, Hanau: http://innenstadthanau.blogsport.de

Mietenpolitische Dossiergruppe, Berlin: http://mietendossier.blogsport.de/

Recht auf Stadt, Freiburg: http://www.rechtaufstadt-freiburg.de/

Recht auf Stadt, Hamburg: http://www.rechtaufstadt.net/

Recht auf Stadt, München: http://rechtaufstadtmuc.wordpress.com/

Stadtvernetzt, Berlin: http://mietenstopp.blogsport.de/stadtvernetzt/

Wem gehört die Stadt? Frankfurt/Main: www.wemgehoertdiestadt.ne

II.
Fallbeispiele

Nimby-Proteste – Ausdruck neu erwachten Partizipationsinteresses oder eines zerfallenden Gemeinwesens?

Marcus Menzl

Einleitung

„So viel ‚dagegen' war in Hamburg noch nie" – mit dieser Einschätzung überschrieb das Hamburger Abendblatt in seiner Silvesterausgabe 2012 einen Artikel über die Entwicklung von Protestaktivitäten in Hamburg während des zurückliegenden Jahres. Proteste gegen Wohnungsbauvorhaben und Kitas, gegen die Ansiedlung einer Asylbewerberunterkunft, eines Hospizes oder eines Kinderheims, gegen den Bau der ersten innerstädtischen IKEA-Möbelhauses in Altona, die (Wieder-)Einführung einer Stadtbahn, die Verlagerung von Kleingärten im Rahmen der Überdeckelung einer Autobahn usw. – die Liste ließe sich fortführen und auch die thematische Breite der Projekte, die verhindert werden sollen, ist ausgesprochen beachtlich. In ihrer Bewertung wechselt die mediale Darstellung dabei zwischen der Anerkennung für die zunehmende Präsenz des „mündigen Bürgers" in öffentlichen Diskussionen und der besorgten Frage, ob die Vielzahl und die Hartnäckigkeit der Proteste die politische Handlungsfähigkeit des lokalen Staates zunehmend bedrohen.

Die wechselnden Stimmungen in der Berichterstattung spiegeln auch die Wahrnehmung (und damit die Erfolgsaussichten) lokaler Proteste durch die Öffentlichkeit wieder. Immer häufiger ist in den aktuellen lokalen Konflikten vom St.-Florians-Prinzip die Rede oder auch von Nimby-Protesten – Bezeichnungen, die mittlerweile kaum noch einer näheren Erläuterung bedürfen, so selbstverständlich werden sie auch außerhalb wissenschaftlicher Kontexte verwendet. Sie stehen für Positionen, die darauf abzielen, planerische Projekte im eigenen räumlichen Umfeld – unabhängig von der Frage, ob sie für gesellschaftlich sinnvoll oder notwendig erachtet werden – zu verhindern, da mit ihnen negative Effekte für die eigenen Interessen verbunden werden. In der öffentlichen Wahrnehmung werden offensichtliche Nimby-Haltungen inzwischen sehr negativ kommentiert und eingeschätzt, da die einseitige Verfolgung von Partikularinteressen oft ausschließlich auf den Erhalt des Status quo fokussiert sei, sich damit gegen die Interessen des Gemeinwohls oder anderer sozialer Gruppen stelle und meistens auch nicht in konstruktive Alternativvorschläge zur Lösung eines Problems münde. Zunehmend entwickeln wir uns – so focus online (6.4.2012) – zu einer Gesellschaft von Nimbys, zu „Not-in-my-backyard-Querulanten", die auf hohem Niveau Veränderungen beklagen und so den schrittweisen Zerfall des Gemeinwesens betreiben.

Niemand möchte gerne als Nimby abgestempelt werden, wie es Thomsett (2004: 25) mit dem im Rahmen eines Beteiligungsprozesses in den USA geäußerten Statement eines Bewohners gut auf den Punkt bringt: „I'm not a Nimby. I don't agree with the Nimby movement. I just don't want this project near my house." In der Praxis führt die stark negative Wertung von Nimby-Haltungen zumeist dazu, dass die egozentrierten Interessen mehr oder weniger geschickt eingebettet werden in stärker anschlussfähige Argumentationsgebilde, die anknüpfen an Zielsetzungen wie Nachhaltigkeit, Kindergerechtigkeit, lebendiger Zivilgesellschaft usw. und von der Mehrheit der Bevölkerung problemlos geteilt werden können. Auf diese Weise werden Trennlinien verwischt, eine eindeutige Positionierung zu solchen Initiativen wird deutlich erschwert.

Die aktuellen Erscheinungsformen lokaler Proteste in ihrer Anzahl, argumentativen Komplexität und medialen Präsenz bilden daher auch eine große Herausforderung für die eingespielten Prozesse der Entscheidungsfindung und lokalen Steuerung, die nicht einfach zu bewältigen ist. Entsprechend reagieren nicht wenige Vertreter aus Politik und Verwaltung gereizt und polemisierend auf die sich abzeichnenden Veränderungen lokaler Governance; den meisten ist jedoch klar, dass es sich nicht um ein temporäres Phänomen handelt, das sich brachial zurückweisen oder mit einer gewissen Geduld aussitzen lässt, sondern dass man sich mit den neuen Protestbewegungen intensiv befassen muss. Relativ offen ist jedoch noch wie: Ist eine abwehrende, die Ansprüche diskreditierende und damit zurückdrängende Haltung vorstellbar, um so die Aushöhlung bisheriger Governance-Abläufe zu vermeiden? Lassen sich durch Formen intensiverer Kommunikation und Beteiligung und eine stärkere (zumindest symbolische) Öffnung zu den Bürgern die Proteste entschärfen und in „geordnete Bahnen" lenken? Oder besteht durch die Existenz der Protestbewegungen gar die Chance, lokale Teilhabe, stärker selbstregulative Steuerungsmuster und letztlich die konstruktive Verantwortungsübernahme für das Gemeinwesen so zu stärken, dass sich daraus neue Perspektiven für lokale Governance eröffnen?

In den folgenden Ausführungen soll eine Annäherung an den Typus von Protestaktivitäten bzw. -gruppierungen erfolgen, der üblicherweise unter dem Label Nimby-Initiative abgebucht wird. Ausgehend von definitorischen Annäherungen wird entlang eines konkreten Fallbeispiels einer solchen Initiative der Frage nachgegangen, nach welchen Logiken diese Protestbewegungen funktionieren, welche Faktoren wesentlich zu ihrem Erfolg beitragen und welche Effekte für das Gemeinwesen aus den Aktivitäten resultieren können. Schließlich wird diskutiert, ob die in der Öffentlichkeit zumeist betriebene schematische Kategorisierung in schlechte, da egozentrierte und gute, da gemeinwohlorientierte und sozial ausgerichtete Bewegungen angesichts der tatsächlich bestehenden und sich permanent in Entwicklung befindlichen Komplexität von Bewegungen (etwa hinsichtlich ihrer Akteurszusammensetzung, der Zielsetzungen, Strategien und auch der erzielten Effekte) sonderlich hilfreich ist. Die hier vertretene These lautet, dass die normative Betrachtungsweise der Bewegungen mir ihren stark polarisierenden Wertungen stärker hinter einen analytischen Zugang zurücktreten sollte, da gerade das Verständnis der komplexen Mixturen und der inneren Widersprüche von Bewegungen den entscheidenden Ansatzpunkt bildet, um ihre Handlungslogiken verstehen und letztlich auch beeinflussen zu können. Anstelle einer Aufteilung der Bewegungen in gute und schlechte wird man auf dieser Grundlage zu einer feingliedrigen und stärker differenzierenden Unterscheidung der Bewegungen kommen und Mischformen von Nimby-Initiativen und sozialen Bewegungen finden. Die entscheidende Frage ist dann nicht mehr, ob eine bestimmte Bewegung Partikularinteressen verfolgt oder nicht, sondern wie sie das tut und welche Effekte durch ihre Präsenz für das Gemeinwesen zu konstatieren sind.

1. Annäherungen an das Nimby-Phänomen

Das Akronym NIMBY tauchte zeitgleich mit anderen Kürzeln wie LULU (Locally Unwanted Land Use) und BANANA (Build Absolutely Nothing Anywhere Near Anything) erstmals in den 1980er Jahren in den USA auf und kennzeichnete das Auftreten neuartiger, meist bürgerlicher Protestbewegungen, die sich auf unerwünschte lokale Planungsmaßnahmen oder Ansiedlungen bezogen. Auch in Deutschland ließen sich ab den 1980er Jahren Bürgerinitiativen dieser Art, mit einer stark pragmatischen Ausrichtung und einem nicht sehr weit reichenden politischen Anspruch beobachten. So weist Mayer (2008: 308) unter Bezugnahme auf empirische Studien von Krämer-Badoni (1990) darauf hin, dass es diesen überwiegend mittelschichtgeprägten Bürgerinitiativen zunehmend um Besitzstandswahrung gehe. Leitlinie seien weniger Ziele der sozialen Gerechtigkeit wie noch während der 1970er Jahre; stattdessen seien die Ziele jetzt von partikularen Interessen und/oder der Verteidigung privilegierter Lebensbedingungen bestimmt. Ob die zunehmende „Dethematisierung des Sozialen", wie sie Krämer-Badoni (1990: 20) diagnostiziert, tatsächlich erst ein Zeichen dieses neuen Typs von Bürgerinitiativen ist oder nicht auch schon zuvor kennzeichnend war (so Roth 1998: 9), muss an dieser Stelle offen bleiben. Unbestritten ist jedoch, dass seit den 1990er Jahren lokale Nimby-Projekte deutlich an Verbreitung zunahmen. Als die drei wichtigsten Kennzeichnen von Nimby-Initiativen nennt Mayer deren partikularistische Orientierung, ihre Ausrichtung auf die Verteidigung der jeweiligen städtischen Lebensqualität und die Tatsache, dass sie zumeist in besser situierten Mittelklasse-Vierteln angesiedelt sind (Mayer 2008: 299). Trotz der deutlichen Unterschiede zu den politischeren und sozial engagierten Bewegungen der 1970er Jahre hinsichtlich der Ziele, des Selbstverständnisses und auch der Milieuzusammensetzung der beteiligten Akteure, orientierten sich die Nimby-Gruppen – Mayer (ebd.) zufolge – in ihren Handlungsrepertoires und Organisationsmustern sehr stark an den bereits zuvor existierenden Bewegungen.[1]

Eine interessante Frage ist, ob die seit den 1990er Jahren entstandenen Nimby-Initiativen eigentlich noch als soziale Bewegungen bezeichnet werden können. Rucht und Neidhardt (2001: 540) definieren diese wie folgt: „Soziale Bewegungen stellen soziale Gebilde aus miteinander vernetzten Personen, Gruppen und Organisationen dar, die mit kollektiven Aktionen Protest ausdrücken, um soziale bzw. politische Verhältnisse zu verändern oder um sich vollziehenden Veränderungen entgegenzuwirken." Basierend auf dieser Definition sind Nimby-Initiativen in ihrer Reinform sicherlich keine sozialen Bewegungen, da sie die sozialen Verhältnisse eher dethematisieren als dass sie sie fokussieren, und auch die politische Konstellation nur so weit problematisieren wie es zur Verfolgung ihres Eigeninteresses erforderlich ist. Und genau diese Feststellung wird auch immer wieder als Unterscheidungsmerkmal zu den in der öffentlichen und medialen Wahrnehmung meist sehr wohlwollend begleiteten „Recht auf Stadt-Bewegungen" hervorgehoben. Christoph Twickel, tragender Akteur der Hamburger Bewegung, betont unter Bezugnahme auf Harvey (2012), dass es gerade die „Parteinahme für die urbanen commons" – öffentliche Orte und öffentliche Güter – sei, die eine Recht-auf-Stadt-Initiative von „Nimby-Bürgern" unterscheide (2012: 266).

Wie angedeutet, entbehren Nimby-Initiativen politische und soziale Ideale als Antriebsfedern für ein zivilgesellschaftliches Engagement. Was motiviert diese Bürger dennoch zur Entfaltung von Protestaktivitäten bis hin zum Zusammenschluss in einer Initiative? Mit Bourdieu (1991) können diese Aktivitäten als

---

[1]   Da bei Nimby-Gruppen das entscheidende Motiv zum Zusammenschluss in gleichgelagerten, oft sehr pragmatischen Interessen liegt und nicht in ähnlichen Idealen begründet ist, spricht einiges dafür, dass Mitglieder von Nimby-Gruppen im Vergleich zu klassischen sozialen Bewegungen eine deutlich größere Heterogenität z.B. bezüglich ihrer Altersstruktur, ihres Lebensstils und ihrer normativen Orientierungen aufweisen. Dies müsste jedoch empirisch näher untersucht werden (vgl. dazu die Forschung von Walter et al. 2013).

Kämpfe um „Raumprofite" interpretiert werden. Diese Auseinandersetzungen um die Verfügungsgewalt über Raum erfahren ihren Antrieb aus der Tatsache, dass Herrschaft über den geografischen Raum auch Auswirkungen auf die jeweils eingenommene Position im sozialen Raum hat; umgekehrt definiert die jeweilige Stellung im sozialen Raum die Chancen, Verfügungsgewalt über den geografischen Raum zu erlangen (vgl. auch Schroer 2006: 90). Es geht in diesen Kämpfen also um Macht und „Herrschaftsausübung" (Bourdieu 1991: 30), die sowohl auf individueller wie auch auf kollektiver Ebene ausgetragen werden können. Bourdieu (ebd.: 31) unterscheidet dabei zwischen drei Formen von Raumprofiten, die alle von Relevanz sind für die analytische Annäherung an das Phänomen der Nimby-Initiativen:

a. *Situationsrenditen* ergeben sich aus der Distanz zu unerwünschten und potentiell störenden Dingen und Personen (Einrichtungen, die Lärm, Belästigung, Gefahr mit sich bringen, sozial fernstehende Personen) bzw. aus der Nähe zu begehrten und seltenen Dingen und Personen (Nähe zu kulturellen Einrichtungen, Wasserlage, hohe soziale Homogenität).

b. Die *Okkupations- und Belegungsprofite* beschreiben die Quantität und letztlich auch die Qualität des Besitzes an physischem Raum; etwa die Größe und Repräsentativität der Wohnfläche oder die Qualität des unmittelbaren Wohnumfeldes inklusive der Sichtbezüge, die deutlich über das eigene Grundstück/die eigene Wohnfläche hinausreichen können (vgl. Menzl 2010).

c. Drittens nennt Bourdieu noch die *Positions- oder Rangprofite*. Hierunter versteht er den Profit, der aus dem monopolistischen oder zumindest dem privilegierten Besitz einer distinktiven Eigenschaft oder eines komparativen Vorteils entspringt (z. B. das Renommee der jeweiligen Adresse bzw. des Quartiers oder der schnelle Zugang zu privaten oder öffentlichen Verkehrsmitteln).

Da die Ressourcen an Raum und Zeit endlich sind, gilt für alle drei Profitarten, dass sie potentiell gefährdet sind und im Zweifel verteidigt werden müssen. Die oftmals erbittert geführten Kämpfe um Raumprofite bringen jeweils Gewinner und Verlierer hervor. Schließlich geht es nie nur um die Verfügungsmacht über den eigenen Raum, sondern immer auch um die Verfügungsmacht anderer, für die die Ausdehnung der eigenen Verfügungsmacht eine Beschneidung der ihren bedeutet. Wenn ein Asylbewerberheim nicht in einem privilegierten Quartier gebaut werden kann, da sich die dortige Bewohnerschaft mit ihrer hohen Ausstattung an sozialem und kulturellem Kapital erfolgreich zur Wehr setzt, und das Heim dann in einem ohnehin benachteiligten Quartier mit einer weniger artikulationsstarken Bewohnerschaft platziert wird, dann wird dieser Zusammenhang sehr deutlich.

Anknüpfend an Bourdieu können Nimby-Proteste somit als Verteidigungsmaßnahmen individueller Raumprofite verstanden werden, die in der Vergangenheit erworben wurden und deren Fortbestand nun gefährdet ist. Zu Recht bezeichnet Holm (2010: 57) sie als „dauerhafte Begleiterscheinungen umkämpfter Räume" – wobei man eben sagen muss, dass jeder Raum zu einem umkämpften Raum werden kann, sobald neue Nutzungsinteressen die etablierte Verfügungsmacht und die damit verbundenen Raumprofite gefährden. Der mögliche Verlust von Raumprofiten wirkt in hohem Maße aktivierend. Eine zusätzliche Motivation zum Handeln resultiert sehr häufig aus den Verfahrensabläufen der politischen und administrativen Entscheidungsprozesse: Kritik an fehlender Transparenz, undurchsichtigen Verfahren und der Arroganz bzw. eingeschränkten Glaubwürdigkeit der Verantwortlichen gehört fest ins Repertoire von Nimby-Initiativen und trägt erheblich dazu bei, die inhaltlich begründete Kritik zu stützen und zu emotionalisieren. Hinzu kommt noch ein weiteres: Auch die Tatsache, dass Betroffene zwar zumeist mehr oder weniger intensiv die Möglichkeit bekommen, mit den Verantwortlichen in einen Austausch der Argumente einzutreten, dass ihnen jedoch in der Regel keine Mitsprache- oder Entscheidungskompetenzen zugebilligt werden, stachelt sie an, alternative Wege der Einflussnahme zu entwickeln, die die klassischen politischen Wege der Entscheidungsfindung an ihre Grenzen führen.

Nimby-Proteste münden nicht notwendig in öffentlichkeitswirksame Kampagnen, mitunter gelingt es den Beteiligten auch, auf einer frühen Eskalationsstufe Kompromisslösungen zu finden. Allerdings ist dies nicht einfach, da seitens der Nimby-Initiative oftmals nur eine sehr begrenzte Offenheit für die Argumentationslinie der Gegenseite vorhanden ist und hartnäckig an Maximalforderungen festgehalten wird. Dies hat insbesondere in den USA dazu geführt, dass der Fokus längst nicht mehr darauf liegt, solche Konflikte zu vermitteln, sondern sie mit Hilfe ausgeklügelter Strategien und geschickter taktischer Schachzüge zu gewinnen – ein recht eindrücklicher Beleg hierfür ist die Existenz entsprechender Ratgeberliteratur, sowohl zum Aufbau von nimbyartigen Bürgerinitiativen als auch zur Abwehr dieser Initiativen und ihrer Ansprüche (vgl. etwa Morris 1994, Saint et al. 2009, Thomsett 2004).

Im Folgenden sollen an einem Fallbeispiel die Entstehungsgeschichte, das strategische Vorgehen und die daraus resultierenden Handlungs- und Argumentationslogiken einer im Ergebnis erfolgreichen Nimby-Initiative rekonstruiert werden.

2. Fallbeispiel: Der neue Ortsteil Beckershof[2]

Das im Folgenden betrachtete Fallbeispiel stammt aus Henstedt-Ulzburg, einer knapp 28.000 Einwohner zählenden Gemeinde im nördlichen Hamburger Umland, ca. 30 km entfernt vom Zentrum Hamburgs. Charakteristisch für die Gemeinde ist ihr starkes Wachstum seit dem Zweiten Weltkrieg und insbesondere seit den 1960er Jahren (Bewohnerzahl 1939 2.258, 1961 5.774 Personen). Ganz dem klassischen suburbanen Modell folgend zogen primär junge Mittelschichtsfamilien in die Gemeinde, die dort Wohneigentum bildeten und die Vorzüge des Wohnens im Grünen nachfragten.

Die Gemeinde wies in der Vergangenheit ein hohes Maß an politischer Kontinuität auf: Zwischen 1962 und 2009 bestimmten nur zwei Bürgermeister die Geschicke der Gemeinde, jeweils gestützt auf die CDU, die meist stärkste Fraktion in der Gemeindevertretung war und phasenweise über die absolute Mehrheit verfügte. Beide Bürgermeister galten als starke, sehr politische und äußerst einflussreiche Persönlichkeiten. Kritiker unterstellten ihnen, „Entscheidungen nach Gutsherren-Art" zu treffen und die gewählte Gemeindevertretung nicht sonderlich ernst zu nehmen. Viele Bewohner schätzten jedoch die „Personifizierung" der Entscheidungsabläufe, da sie ihre Anliegen auf diese Weise schnell und unbürokratisch klären konnten. Die Existenz von Seilschaften, etwa die Nähe der beiden Bürgermeister zu einem lokalen Bauunternehmen, das seit Jahrzehnten wesentlich vom Wachstumskurs der Gemeinde profitiert, wurde und wird in Erzählungen über die Gemeinde zwar immer wieder hervorgehoben, aber es störte nie so sehr, dass die Verbindung ernsthaft skandalisiert worden wäre.

Neben den klassischen, aber in Henstedt-Ulzburg wenig profilierten Oppositionsparteien SPD und FDP war in der Zeit von 2003-2008, die für den Fall relevant ist, noch die WHU (Wählervereinigung Henstedt-Ulzburg für Bürgermitbestimmung) in der Gemeindevertretung repräsentiert (der Ortsverband der Grünen hatte sich 2002 mangels Mitgliedern aufgelöst). Diese Vereinigung tritt für mehr Bürgernähe, langsameres und nachhaltigeres Wachstum sowie eine stärkere Fokussierung von Familienpolitik und anderen sozialen Aktivitäten ein. Obwohl schon 1989 gegründet, schaffte es die WHU zwar, die Stimmen der irgendwie unzufriedenen Gemeindebewohner auf sich zu vereinen und damit einige Sitze in der Gemeindevertretung zu erringen, doch blieb der Kreis der aktiv in der Partei Mitarbeitenden sehr klein. Das strategische Ziel der WHU war es stets, den Handlungsspielraum des Bürgermeisters einzuengen und ihn mit Hil-

---

2   Die empirischen Grundlagen der folgenden Ausführungen basieren im Kern auf den Recherchen im Rahmen der Dissertation des Autors (Menzl 2007). Für diesen Aufsatz wurden zusätzliche Recherchen und Interviews in der Gemeinde durchgeführt.

fe von Instrumenten wie einer Agenda 21-Gruppe, Zukunftswerkstätten oder eines Gemeinde-Leitbilds auf Zielsetzungen einer nachhaltigen Gemeindeentwicklung zu verpflichten.

Der nun näher betrachtete Konflikt lässt sich im Ortsteil Ulzburg-Süd lokalisieren, einem Ortsteil mit knapp 4.000 Einwohnern, der erst in den Wachstumsjahren nach 1950 im Umfeld einer Bahnstation entstanden war. Wie die gesamte Gemeinde weist der Ortsteil eine hohe soziale, bauliche und (in den einzelnen Bauabschnitten) auch lebenszyklische Homogenität auf; mehr oder weniger stark standardisiert gebaute Formen von Eigenheimen dominieren das Erscheinungsbild. Da sich die Siedlungsentwicklung dieses Ortsteils bis dahin ausschließlich östlich der Bahnstation vollzogen hatte und sich die Flächen westlich der Bahnstation noch komplett in landwirtschaftlicher Nutzung befanden, lag die planerische Überlegung nahe, hier Flächen für Wohnungsbau auszuweisen und den Ortsteil zu erweitern. Diese schon lange bestehende Idee wurde im Jahre 2000 mit der Beauftragung erster Vorplanungen in Angriff genommen. Der neue Ortsteil Beckershof sollte Platz bieten für 3.500-5.000 Bewohner und sich auf eine Fläche von 56 ha erstrecken.

Aus Sicht des Bürgermeisters war die Ausweisung einer großen Ortserweiterung alternativlos: Es gehe darum, eine schrittweise „Vergreisung" der Gemeinde und damit verbunden eine Unterauslastung der bestehenden (familienbezogenen) Infrastruktur zu vermeiden, die drohe, wenn man nicht attraktive und zeitgemäße Wohnangebote für junge Familien entwickle. Alternativen wie eine verstärkte Innenverdichtung und kleinere Arrondierungen des Siedlungsgebietes seien häufig nicht marktgängig und oft konflikthaft, weil Bewohner die noch bestehenden innerörtlichen Freiflächen gegen eine Bebauung verteidigen würden. Zudem sei der neue Ortsteil mit erheblichen Entwicklungschancen gerade für Ulzburg-Süd verbunden, da so die lange geforderte Umgehungsstraße realisiert werden könne und die kritische Masse an Bewohnern erreicht werde, um ein eigenes Zentrum mit Einkaufsmöglichkeiten zu schaffen.

In den folgenden Jahren wurde das Projekt schrittweise konkretisiert, u. a. fand ein städtebaulicher Ideenwettbewerb statt und es gab – für die Verhältnisse in Henstedt-Ulzburg – intensive Formen der Bürgerbeteiligung (Informationsveranstaltungen, Zukunftswerkstätten, Sitzungen der lokalen Agenda 21-Gruppe). Das Projekt, das nun unter dem Titel „Ortsteil der Zukunft – Beckershof" firmierte, wurde von der Landesplanung ausdrücklich begrüßt (Lage auf der Entwicklungsachse, Verdichtung um eine Bahnstation herum) und in der Folge mit Zielsetzungen weiter aufgeladen (es wurde zum Modellprojekt der Metropolregion Hamburg für nachhaltige, flächen- und kostensparende Gemeindeentwicklung und zum Pilotprojekt für Energieeinsparungskonzepte und naturnahes Wohnen). Alle Parteien in der Gemeindevertretung standen hinter dem Projekt, auch die WHU, die in der Ortserweiterung die Chance sah, ihre Vorstellungen einer nachhaltigen Gemeindeentwicklung umzusetzen und sich entsprechend zu profilieren.

Im Spätherbst 2007 wurde der Strukturplan für den neuen Ortsteil in der Gemeindevertretung diskutiert und verabschiedet. In diesem Moment realisierten einige Bewohner Ulzburg-Süds erstmals, dass mit der Ortserweiterung negative Effekte auf ihre Wohn- und Lebenssituation sowie den Wert ihres Wohneigentums verbunden sein könnten. Besonders verärgert zeigten sich die Bewohner, die künftig im Kreuzungsbereich der gegenwärtigen Hauptstraße Ulzburg-Süds und der neu zu errichtenden Erschließungsstraße des Ortsteils Beckershof wohnen würden. Anfang 2008 kam es zu ersten Treffen, man begann, die Nachbarn für die Planungen zu sensibilisieren und beschloss die Gründung einer Bürgerinitiative, die sich zu diesem Zeitpunkt gegen die geplante Verkehrsführung, jedoch noch nicht gegen die Ortserweiterung insgesamt richtete.

Der Bürgermeister und seine Verwaltung luden die neu gegründete Initiative zu einer Anhörung ins Rathaus ein und boten die Verlegung der Straße um einige Meter, nicht jedoch eine alternative Verkehrsführung an. Dies veranlasste die Initiative, das Projekt grundsätzlich abzulehnen und den Weg über die Öffentlichkeit zu wählen. Zu einem Informationsabend der Initiative im Bürgerhaus erschienen etwa 130 Personen, überwiegend, aber nicht ausschließlich Bewohner aus Ulzburg-Süd sowie Vertreter der Medien und aller politischer Parteien.

Wie begründete die Initiative die Ablehnung des neuen Ortsteils? Zur näheren Untersuchung von Initiativen hat sich in der Bewegungsforschung der auf Goffman (1974) und Snow et al. (1986) zurückgehende Ansatz der Framing-Analyse bewährt (vgl. Daphi 2011: 14f.). Das Framing lässt sich definieren als ein von der Bewegung selbst produzierter Deutungs- und Erklärungsrahmen, der ihr dazu dient, den Konflikt, die gemeinsamen Ziele und das eigene Vorgehen zu definieren, zu interpretieren und zu rechtfertigen (Snow et al. 1986, Nover 2009, Kern 2008). Aufgabe der Frames ist es nicht nur, die unterschiedlichen Wahrnehmungen und Erfahrungen der Gruppenmitglieder zu ordnen, sondern auch eine positive öffentliche Wahrnehmung des Anliegens zu erreichen und zur Teilnahme an der Bewegung zu motivieren. Wie sah das Framing der Initiative zum Zeitpunkt der Veranstaltung im Bürgerhaus aus?

Auf der Ebene der Problemdiagnose (diagnostic framing) wurden relativ unverblümt die belastenden Effekte der Zufahrtsstraße ins Gebiet benannt, die für die Anlieger am Westrand Ulzburg Süds zu erwarten seien. Allerdings wurden schon hier erste Versuche unternommen, die Argumentation so zu formulieren, dass auch negative Effekte für Bewohner anderer Ortsteile sichtbar werden: Durch das „Zupflastern der Natur" gingen Freiflächen verloren, die zusätzliche Belastung der vorhandenen Infrastruktur der Gemeinde (Straßen, Kitas, Schule) müsse zu Engpässen führen und die Vielzahl an Neubauten führe zu einem tendenziellen Wertverlust nicht nur der Häuser im Umfeld der neuen Straße, sondern in der gesamten Gemeinde. Als Lösungsangebot (prognostic framing) wird der Verzicht auf das „Großprojekt" Beckershof und generell größere neue Ortsteile gefordert. Die Motivationsstrategien in der Argumentation (motivational framing) setzen auf eine inhaltliche und sprachliche Emotionalisierung des Themas: Es gehe durch die Planungen vieles verloren (Waldkindergarten, Naherholungsgebiete, „vorbeirasende Autos statt zwitschernder Vögel"), zudem steige durch die Zahl und Dichte der Verkehrsteilnehmer in der Gemeinde auch die Unfallgefahr.

Die nur wenige Monate vor der Kommunalwahl erfolgte Gründung der Initiative bewirkte einen bemerkenswerten und für den weiteren Erfolg der Bewegung entscheidenden Effekt: Die WHU, bislang Unterstützerin von Beckershof, entschied sich, ihre Haltung zum Projekt Beckershof komplett zu revidieren und forderte die vollständige Einstellung aller Planungen. Ihren Meinungswandel begründete die Wählergemeinschaft damit, dass sich gute Kommunalpolitik auch daran zeige, dass man die Bedenken vieler Bürger ernst nehme. Dieser ohne Frage sehr stark wahltaktisch begründete Schachzug hatte weitreichende Konsequenzen für das Framing des Protests, in gewisser Weise ermöglichte er erst die breite Herstellung einer Anschlussfähigkeit an das Anliegen der Initiative. Anders ausgedrückt wurde im Zuge dieses „frame-alignment" Prozesses (vgl. Snow et al. 1986) aus dem sehr lokalen Anliegen ein äußerst generelles, das exemplarisch den Entwicklungspfad der Gemeinde und die Strukturen der lokalen Entscheidungsprozesse thematisierte.

Analytisch können vier Strategien im Rahmen des frame-alignment-Prozesses unterschieden werden, die im Zuge des Positionswechsels der WHU alle zum Zuge kamen:

- Zunächst werden ideologisch anschlussfähige, aber bislang getrennte Deutungsrahmen und Gruppierungen zusammengebracht (frame bridging). Die Initiative spricht (wenn auch möglicherweise aus einer anderen Motivation heraus) Themen an, die als Kernthemen der WHU zu bezeichnen sind, kommt jedoch zu einer anderen Schlussfolgerung in Bezug auf das erforderliche politische Handeln. Der Positionswechsel der WHU macht den Weg frei, konkrete und stark lokal geprägte Erfahrungen und eher abstrakte, schwieriger vermittelbare, dafür aber breiter anschlussfähige Positionen zusammenbringen zu können. Für beide Parteien ist das ein entscheidender Gewinn.

- Im Zuge der frame amplification gelingt es, einzelne Ideen und Argumentationslinien zu stärken und damit das Mobilisierungspotential des Deutungs-
  rahmens zu erhöhen. Konkret bedeutet dies, die anfänglich sehr deutlich
  erkennbaren Partikularinteressen der Initiative stärker in den Hintergrund zu
  rücken und stattdessen Argumente mit Verbindung zu zentralen Werten wie
  Gerechtigkeit, Nachhaltigkeit und Zivilgesellschaft prominent zu platzieren.
  Dies gelingt etwa durch den Verweis auf neuere wissenschaftliche Erkennt-
  nisse, die unter Bezug auf den demographischen Wandel einen deutlichen
  Rückgang der Nachfrage nach suburbanem Wohnen prognostizierten und
  daher mehr Zurückhaltung bei der Flächenausweisung nahelegen. Suburbia
  sei ein Auslaufmodell, so dass es nicht gerechtfertigt sei, mit Beckershof die
  Landschaft weiter zu zersiedeln.

- Mit der frame extension wird der Versuch unternommen, den Deutungsrahmen
  so auszuweiten, dass auch das Interesse oder die Betroffenheit von Personen
  berührt wird, die sich zuvor nicht angesprochen fühlten. Dies gelingt der
  Initiative, vor allem aber auch der WHU durch die Verdeutlichung der mit
  Beckershof für alle Henstedt-Ulzburger Bewohner verbundenen Belastungen
  (zunehmende Verkehrsbelastung, Fokussierung von Finanzmitteln), insbesondere aber durch die Verquickung von Beckershof mit anderen Themen:
  Wenn Beckershof komme, ist kein Geld mehr da, um den benötigten Ausbau
  der Schulen voranzutreiben oder den Ortskern zu einem attraktiven und
  urbanen Zentrum umzugestalten.

- Schließlich geht es im Prozess der frame transformation darum, einzelne
  bislang gesellschaftlich vorherrschende, jetzt aber nicht mehr in die Argumentationslinie passende Wertvorstellungen umzuinterpretieren. Das
  jahrzehntelang geltende Selbstverständnis der Gemeinde, eine für Neu-
  bürger offene Wachstumsgemeinde zu sein, wird nun mit dem Argument
  aufgegeben, dass es ohnehin keine nennenswerte Nachfrage mehr gebe und
  verbleibende Bedarfe im Bestand abgedeckt werden könnten. Generell ist
  bemerkenswert, dass die über Jahre hinweg sehr unpopuläre und immer wieder
  mit Anliegerkonflikten verbundene Innenentwicklung jetzt sehr offensiv als
  Planungsperspektive kommuniziert wird. Und selbst die von einem Großteil
  der Bewohner geteilte Wohnvision vom Eigenheim im Grünen wird jetzt sehr
  kritisch gesehen, da sie in der vorhandenen Häufung zu einer „wuchernden
  und verkehrserzeugenden Ansammlung von Schlafstättensiedlungen" führe.

Die von der Bürgerinitiative und der WHU gestartete Kampagne hatte eine kla-
re zeitliche Perspektive, die Kommunalwahlen am 25. Mai 2008. Mit Hilfe einiger kleinerer medialer Inszenierungen (Übergabe einer Unterschriftenliste an

den Bürgermeister, öffentliches Interview mit einem Fernsehsender) und vieler individueller Bürgergespräche gelang es, die Stimmung in der Gemeinde so stark zu beeinflussen, dass auch die lokale SPD noch vor der Wahl vom Projekt Beckershof abrückte – allerdings ohne davon profitieren zu können.

Die Kommunalwahl erbrachte erdrutschartige Verschiebungen. Die CDU büßte einen Stimmenanteil von 21,75%-Punkte ein und verlor damit nicht nur ihre absolute Mehrheit, sondern auch den langjährigen Status, die stärkste Partei in der Gemeindevertretung zu sein. Der große Gewinner war die WHU, deren Stimmenanteil von 14,82% auf 34,85% kletterte. In der Analyse des Wahlergebnisses waren sich – trotz der Tatsache, dass ein Erstarken von Wählervereinigungen auch in anderen Gemeinden zu beobachten war – alle Beteiligten einig: Die Beckershof-Kampagne in den letzten drei Monaten vor dem Wahltermin hatte die Wahl entschieden. Bereits am Tag nach der Wahl verkündete der Bürgermeister dann auch das Aus für Beckershof, die Planungen würden nicht weiterverfolgt, sondern endgültig eingestellt. Die Bürgerinitiative stellte daraufhin ihre Tätigkeit ein, der letzte Eintrag auf der Homepage datiert wenige Tage nach der Wahl und endet mit dem drohenden Hinweis, im Falle einer Wiederaufnahme der Planungen vor den nächsten Wahlen erneut mobil machen zu wollen.

„In Henstedt-Ulzburg ist nichts mehr so wie es einmal war" – so bewertete die Norderstedter Zeitung (27.05.2008) den Erfolg der Kampagne. Und in der Tat war es innerhalb weniger Monate gelungen, scheinbar unumstößliche Entscheidungsabläufe und damit über Jahrzehnte eingespielte Machtkonstellationen grundlegend in Frage zu stellen. Es mag insofern auch kein Zufall sein, dass ein Jahr nach der Wahl der Bürgermeister als Staatssekretär in das Innenministerium nach Kiel wechselte. Und ebenso als Spätfolge der Bürgerinitiative interpretieren einige Mitstreiter der Initiative die Tatsache, dass es ihnen im Jahr 2011 erfolgreich gelang, die Internet-Zeitung „Henstedt-Ulzburger-Nachrichten" zu etablieren. Damit wurde der Versuch unternommen, für das gesteigerte Interesse der Gemeindebewohner, sich über lokalpolitische Prozesse zu informieren und diese aktiv oder zumindest kommentierend zu begleiten, eine unabhängige und detailliert berichtende Informationsquelle zu schaffen und zugleich eine einfach zugängliche Form des lokalen Diskurses anzubieten.

3. Lehren aus Beckershof

Die Beckershof-Initiative kann in ihrem Ausgangspunkt mit dem Ziel der Verhinderung einer Erschließungsstraße recht eindeutig als klassische Nimby-Gruppierung bezeichnet werden. Erst das faktische Verschmelzen der Gruppe mit der

WHU und die Ausweitung des Framing veränderten den Charakter der Initiative von einer reinen Nimby-Initiative zu einem hybriden Gebilde, in dem sich verschiedene Interessen, Motivationen und strategische Ausrichtungen überlagern. Zu den Partikularinteressen der anfänglichen Akteure gesellen sich jetzt auch wahltaktische Überlegungen und ein schon länger bei vielen Bewohnern gärendes Unbehagen über den intransparenten und als paternalistisch kritisierten Governance-Stil in der Gemeinde. Auch hinsichtlich der verfolgten Zielsetzungen differenzierte sich die Bewegung immer weiter aus – für einige war die frame amplification nur eine willkommene Argumentationshilfe zur Durchsetzung ihrer Eigeninteressen, für andere bildete der konkrete Fall Beckershof vor allem einen geeigneten aktuellen Anlass, um den Entwicklungskurs und die Entscheidungsstrukturen der Gemeinde plakativ anzuprangern. Beckershof ist schließlich auch ein Beispiel für die Wirkkraft einer erfolgreich hergestellten Öffentlichkeit: Die scheinbar lokal desinteressierte Bewohnerschaft kann aktiviert werden, politische Parteien verändern ihre Positionen und der unantastbar erscheinende Bürgermeister verliert plötzlich – nicht zuletzt aufgrund des zu großen Vertrauens in die eigene politische Stärke und die Unterschätzung der Initiative – die Kontrolle über die politischen Stimmungslage.

Wie ist nun das Fallbeispiel einzuordnen? Kann man hieraus Lehren für die Einschätzung von Nimby-Protesten ziehen? Zunächst wurde deutlich, dass Nimby-Initiativen hinsichtlich Zusammensetzung, Motivation und strategischer Ausrichtung wesentlich heterogener sein können als dies vielfach unterstellt wird. Dies liegt vor allem an dem Framing-Prozess der sowohl argumentativ als auch bezogen auf das Unterstützernetzwerk stark expansiv angelegt ist. Im Laufe der Zeit werden Initiativen hybrider, persönliche Motivationen und Interessen unterscheiden sich stärker, werden jedoch zusammengehalten von der gemeinsamen Zielsetzung. Vor diesem Hintergrund ist es durchaus fragwürdig, ob die negative Bewertung von Initiativen mit Nimby-Ausrichtung pauschal gerechtfertigt ist. Zwar gibt es sicherlich zahlreiche Beispiele für im Kern extrem egoistisch ausgerichtete Nimby-Haltungen, die im Sinne Bourdieus ausschließlich auf die Erzielung von persönlichen Raumprofiten fokussiert sind, doch wenn sich diese Haltungen zu einer Bürgerinitiative zusammenschließen, sind sie in der Regel früher oder später dazu gezwungen, ihre Positionen zu differenzieren, auszuweiten und einzubetten, da sie anderenfalls mit ihrem Anliegen nicht anschlussfähig sind und keinen Erfolg haben werden. Der Frame-Alignement-Prozess bietet die Chance, stark partikularistische Haltungen weiterzuentwickeln – dies geschieht in einigen Fällen nur aus taktischen Gründen, in anderen Fällen sind es sehr glaubwürdige Bemühungen, die Perspektive auf das Gemeinwohl ernsthaft in die Zielsetzungen der Initiative zu integrieren. Ob sich in Initiativen eine reflexive Ebene etabliert, hängt von verschiedenen Faktoren ab, u. a. von der Reaktion der Öffentlichkeit und der Entscheidungsträger auf das Anliegen: Ihnen obliegt es, Initiativen in eine komplexere Argumentationsstruktur und eine stärkere Gemeinwesenorientierung zu drängen, das Anliegen zu öffnen und es in einen größeren Zusammenhang mit weiteren Betroffenheiten und Folgeeffekten zu stellen.

Es spricht insofern einiges dafür, die kategorische Aufteilung in „gute", da gemeinwesenorientierte soziale Bewegungen und „böse", da egozentrierte Nimby-Initiativen aufzuweichen. Entscheidend bei einer Bewertung von Initiativen sollte nicht die Frage sein, ob oder in welchem Maße damit Eigeninteressen verfolgt werden. Auch die Tatsache, dass sich Bewegungen oftmals gegen Projekte richten, d. h. Vorhaben verhindern wollen und dabei eine große Hartnäckigkeit zeigen, kann nicht das entscheidende Kriterium für eine Einordnung dieser Bewegungen sein. Es mag zwar aus Sicht des einen oder anderen Entscheidungsträgers als Zumutung empfunden werden, Planungsvorhaben kleinteilig kommunizieren zu müssen und sich kritischen Fragen oder Protesten ausgesetzt zu sehen, aber das bedeutet nicht, dass dies auch für das Gemeinwesen von Nachteil ist. Im Gegenteil: Eine gewisse Einschränkung der Handlungs- und Steuerungsfähigkeit und ein stärkerer Zwang, in Alternativen zu denken, können sehr hilfreich sein.

Entscheidend für die Einordnung von Initiativen – auch solchen die im Kern eine harte Nimby-Haltung erkennen lassen – ist ihr zivilgesellschaftliches Potential. Schönig (2012: 86) weist zurecht darauf hin, dass es sich „weder theoretisch noch mit Blick auf die Vielfalt des Engagements rechtfertigen [lässt], zivilgesellschaftliches Engagement als notwendig gemeinwohlorientiert, demokratisierend oder diskursrationalisierend normativ zu definieren". Mit anderen Worten: Zivilgesellschaftliches Engagement definiert sich nicht über bestimmte Inhalte oder die dahinterstehende Motivation, sondern bildet ein hiervon unabhängiges Potential, das es zu wertschätzen und weiter zu aktivieren gilt. Und genau das ist in Henstedt-Ulzburg geschehen: Der Blick der Protestierenden richtete sich auf Geschehnisse, die zwar in ihrem direkten Wohn- und Lebensumfeld, aber doch jenseits ihrer Wohnung bzw. ihres Eigentums stattfanden; in der Folge schlossen sie sich mit Nachbarn zu Netzwerken zusammen, stellten sich öffentlichen Diskussionen, beschäftigten sich mit lokalpolitischen Prozessen und versuchten letztlich das Gemeinwesen in gewisser Weise mitzugestalten. Es handelt sich also auch bei diesen Protestformen um Ansätze zivilgesellschaftlichen Engagements im lokalen Kontext; Formen lokalpolitischer Beteiligungskultur, die immer wieder gewünscht und eingefordert werden, die jedoch auch implizieren (können), dass unliebsame Positionen mit partikularem Charakter vertreten werden. Bürgerbeteiligung, so Selle (2011a: 3), „ist nicht nach Belieben an- oder abzuschalten." Das Potential, das auch Nimby-Initiativen in sich tragen, besteht darin, eine Form von Beteiligung zu bilden, die nicht von außen verordnet und in Pseudoprozessen abgehandelt wird (im Sinne von „Particitainment", Selle 2011b), sondern die aus dem gemeinsamen Verfolgen eines Zieles (bei durchaus divergierenden Interessen) entsteht (vgl. hierzu die Ausführungen von Ziemer 2012 zu Formen der Teilhabe durch Komplizenschaft). Die betrachteten Initiativen stehen für eine Form der Beteiligung und des Engagements, die voller Energie ist, die jedoch vielfach intensiv dazu herausgefordert werden muss, auch innovativ zu werden und so etwas wie ein emanzipatorisches Potenzial zu entwickeln, das über reine Besitzstandswahrung hinausreicht. Dies gelingt nicht immer, manche Initiativen verharren in borniert egoistischen Argumentationslinien, die nur mühsam kaschiert werden von verallgemeinernden Hilfsargumenten. Die Schwierigkeiten, in diesen Fällen zu Lösungen oder auch allein nur in angemessene Gespräche zu kommen, sollen auch gar nicht bestritten werden. Doch kann die adäquate Konsequenz aus mitunter völlig verhärteten Konstellationen nicht darin bestehen, die Standards der Partizipation zurückdrehen zu wollen oder Initiativen mit Partikularinteressen pauschal zu stigmatisieren. Zu denken ist eher an die Etablierung kontinuierlicher, von akuten Konfliktfällen unabhängiger Kommunikationsprozesse zu lokalen Themen und an die Weiterentwicklung der lokalen Konfliktlösungskulturen und -kompetenzen.

Bezogen auf Henstedt-Ulzburg kann man sagen, dass durch die Ausdehnung des Anfangsinteresses und die Entdeckung einer neuen lokalen Beteiligungskultur zwar nicht alles anders geworden, aber doch zumindest einiges in Bewegung geraten ist und somit der Schritt von „Widerstands-Identitäten" zu „Projekt-Identitäten" in Ansätzen vollzogen wurde (vgl. Castells 2002). Das Fallbeispiel kann insofern als Hinweis darauf dienen, dass für eine Bewertung von Initiativen nicht die Verfolgung von Partikularinteressen das entscheidende Kriterium sein darf, sondern vielmehr die Frage, wie sie das tun: „Die Qualität und innovative Potenz von Nimby-Gruppierungen bemisst sich [...] daran, welches Maß an ‚Reflexivität' und ‚Offenheit' sie zulassen. Von hier aus lässt sich ein Kontinuum [...] von Nimby-Prozessen und ihren Gruppenbildungsmaximen bilden: von sklerotischen über zynische bis zu reflexiven und entwicklungsoffenen Gruppierungen" (Matthiesen 2002: 182). In diesem Sinne scheint es dringend angeraten, den normativen Blick auf Nimby-Proteste durch einen analytisch differenzierenden zu ersetzen, der dazu beiträgt, das zivilgesellschaftliche und innovative Potential einer Initiative und ihren Wert für das Gemeinwesen, der von Fall zu Fall variieren kann, ergebnisoffen zu diskutieren.

Literatur

Bourdieu, Pierre (1991): Physischer, sozialer und angeeigneter physischer Raum. In: Wentz, Martin (Hg.): Stadt-Räume. Die Zukunft des Städtischen, Bd. 2. Frankfurt/New York: Campus, S. 25-34.

Castells, Manuel (2002): Die Macht der Identität. Teil 2 der Trilogie ‚Das Informationszeitalter'. Opladen: Leske + Budrich.

Daphi, Priska (2011): Soziale Bewegungen und kollektive Identität. In: Forschungsjournal Soziale Bewegungen. Jg. 24, Heft 4, S. 13-26.

Goffman, Erving (1974): Frame Analysis. An Essay on the Organization of Experience. Boston: Northeastern University press.

Harvey, David (2012): Rebel Cities. From the Right to the City to the Urban Revolution. London/ New York: Verso.

Holm, Andrej (2010): Wir Bleiben Alle! Gentrifizierung – Städtische Konflikte um Aufwertung und Verdrängung. Münster: Unrast-Verlag.

Kern, Thomas (2008): Soziale Bewegungen. Ursachen, Wirkungen, Mechanismen. Wiesbaden: VS-Verlag für Sozialwissenschaften.

Krämer-Badoni, Thomas (1990): Die Dethematisierung des Sozialen. Ansätze zur Analyse städtischer sozialer Bewegungen. In: Forschungsjournal Neue Soziale Bewegungen. Jg. 3, Heft 4, S. 20-27.

Matthiesen, Ulf (2002): NIMBY und LULU am Stadtrand – Bürgergesellschaftliche Streitformen um lokale Raumnutzungen und Raumkodierungen im engeren Verflechtungsraum. In: Matthiesen, Ulf (Hg.): An den Rändern der deutschen Hauptstadt. Suburbanisierungsprozesse, Milieubildungen und biographische Muster in der Metropolregion Berlin-Brandenburg. Opladen: Leske + Budrich, S. 173-185.

Mayer, Margit (2008): Städtische soziale Bewegungen. In: Roth, Roland/Dieter Rucht (Hrsg.): Die sozialen Bewegungen in Deutschland seit 1945. Frankfurt: Campus, S. 293-318.

Menzl, Marcus (2007): Leben in Suburbia – Raumstrukturen und Alltagspraktiken am Rand von Hamburg. Frankfurt/New York: Campus.

Menzl, Marcus (2010): Das Verhältnis von Öffentlichkeit und Privatheit in der HafenCity: ein komplexer Balanceakt. In: Bruns-Berentelg, Jürgen/Eisinger, Angelus/Kohler, Martin/Menzl, Marcus (Hrsg.): HafenCity Hamburg. Neue öffentliche Begegnungsorte zwischen Metropole und Nachbarschaft. Wien/New York: Springer. S. 148-163.

Morris, Jane Anne (1994): Not In My Back Yard. The Handbook. San Diego: Silvercat Publications.

Nover, Sabine Ursula (2009): Protest und Engagement. Wohin steuert unsere Protestkultur? Wiesbaden: VS-Verlag für Sozialwissenschaften.

Roth, Roland (1998): Lokale Demokratie „von unten". Bürgerinitiativen, städtischer Protest, Bürgerbewegungen und neue soziale Bewegungen in der Kommunalpolitik. In: Wollmann, Hellmut/Roland Roth (Hg.): Kommunalpolitik. Politisches Handeln in den Gemeinden. Opladen: Leske + Budrich, S. 2-22.

Rucht, Dieter/Neidhardt (2001): Soziale Bewegungen und kollektive Aktionen. In: Joas, Hans (Hg.): Lehrbuch der Soziologie. Frankfurt: Campus, S. 533-556.

Saint, P. Michael/Flavell, Robert J./Fox, Patrick F. (2009): Nimby Wars. The Politics of Land Use. Hingham: Saint University Press.

Schönig, Barbara (2012): Mythos, Macht und Ohnmacht. Zivilgesellschaftliches Engagement in der Stadtentwicklung in den USA. In: IBA Hamburg GmbH (Hg.): Metropole: Zivilgesellschaft. Bd. 6 der IBA-Schriftenreihe. Berlin: Jovis, S. 82-89.

Schroer, Markus (2006): Räume, Orte, Grenzen. Auf dem Weg zu einer Soziologie des Raums. Frankfurt: Suhrkamp.

Selle, Klaus (2011a): Something went wrong oder: Vom langen Weg zur lokalen Beteiligungskultur. In: Planung neu denken online, II/2011.

Selle, Klaus (2011b): „Particitainment" oder: Beteiligen wir uns zu Tode? In: Planung neu denken online, III/2011.

Snow, David A./Rochford, E. Burke/K.Worden, Steven/Benford, Robert D. (1986): Frame Alignment Processes, Micromobilization, and Movement Participation. In: American Sociological Review. Vol. 51, No. 4, S. 464-481.

Thomsett, Michael C. (2004): Nimbyism. Navigating the Politics of Local Opposition. Arlington: CenterLine Publishing.

Twickel, Christoph (2012): Sieg der Leute oder: Was legitimiert Kämpfe für das Recht auf Stadt? In: IBA Hamburg GmbH (Hg.): Metropole: Zivilgesellschaft. Bd. 6 der IBA-Schriftenreihe. Berlin: Jovis, S. 266-271.

Walter, Franz/Marg, Stine/Geiges, Lars/Butzlaff, Felix (Hg.)(2013): Die neue Macht der Bürger. Was motiviert die Protestbewegungen? Reinbek bei Hamburg: Rowohlt.

Ziemer, Gesa (2012): Teilhabe durch Komplizenschaft. Vom Nutzen eines doppelbödigen Begriffs für das Verständnis von Stadtentwicklungsprozessen. In: IBA Hamburg GmbH (Hg.): Metropole: Zivilgesellschaft. Bd. 6 der IBA-Schriftenreihe. Berlin: Jovis, S. 272-279.

www.stop-beckershof.de
www.ulzburger-nachrichten.de

Sozialproteste im „unternehmerischen" Hamburg. Notizen zu ihrer Geschichte

Peter Birke

1. Einleitung

Die Hamburger „Recht auf Stadt"-Netzwerke (im Folgenden auch RAS) sind seit 2009 auch über die Grenze der zweitgrößten deutschen Stadt außerordentlich präsent. Die Besetzung eines der letzten verbliebenen Gängeviertel in der Hamburger Neustadt am 22. August 2009, Massendemonstrationen gegen „Mietenwahnsinn" oder das Manifest „Not in Our Name, Marke Hamburg", in dem sich Kulturschaffende gegen die Ausbeutung im Namen der Standortkonkurrenz wendeten, umreißen dabei nur einen kleinen Teil der Agenda, die die Netzwerke auf die Tagesordnung der städtischen und überregionalen Öffentlichkeit gesetzt hat. Seitdem hat nicht nur die überregionale Presse regelmäßig über die Situation in Hamburg berichtet, zugleich sind zahllose Veröffentlichungen über die Hamburger Situation entstanden (vgl. Vrenegor in diesem Band, Twickel 2010, Schäfer 2010, Birke 2010, Füllner/Templin 2011, Gängeviertel 2012 sowie www. rechtaufstadt.net). Hinzu kommen unzählige wissenschaftliche Qualifizierungsarbeiten mit akademischen, aber manchmal auch aktivistischen Hintergründen. Mitte 2011 veranstaltete RAS einen Kongress, in dem nicht zuletzt ein Bezug zwischen den sozialen Kämpfen in Hamburg und in vielen anderen Städten der Welt hergestellt wurde (vgl. http://kongress.rechtaufstadt.net/, zur internationalen RAS-Bewegung Holm/Gebhardt 2011). 2013 ist die Kritik an der Internationalen Bauausstellung in Hamburg-Wilhelmsburg bundesweit hörbar (vgl. Arbeitskreis Umstrukturierung 2013).

In diesem Beitrag soll eine Einordnung des RAS-Netzwerkes in die jüngere Geschichte der sozialen Bewegungen in Hamburg versucht werden. Im Mittelpunkt stehen dabei, nach einer kurzen Erörterung der Perspektive, die Forschungen zu urbanen Sozialprotesten einnehmen (können), zwei Anliegen; zunächst möchte ich erstens *anhand der Beispiele „HDW-Werft-Besetzung" und „Hafen-*

straße" verdeutlichen,[1] dass wesentliche Elemente der aktuellen Hamburger Sozialproteste bereits in der Frühphase der Entwicklung der „unternehmerischen Stadt", namentlich in der Rezession der ersten Hälfte der 1980er Jahre, eine Bedeutung hatten. Aus der Perspektive der jüngsten Erfahrungen mit „Recht auf Stadt" erscheinen diese Bewegungen meines Erachtens in einem Licht, in dem sie bislang kaum gesehen wurden. Insbesondere wird bei einer empirischen Prüfung, so meine These, deutlich, dass gerade die für die Hamburger Bewegungen seit den 1980er Jahren sehr wichtigen „direkten Aktionen" wie Streiks und Besetzungen, sich nur unzureichend verstehen lassen, wenn man sie nicht als solche, sondern vorrangig durch die Brille der Erfahrungen mit Bürgerinitiativen und neuen sozialen Bewegungen ansieht. Diese Erfahrungen spielen zwar in die urbanen sozialen Kämpfe mit hinein, es bleibt aber immer ein „Rest", der für einen „eigenen Sinn" dieser Kämpfe spricht, der es notwendig macht, sie auch jenseits der Kategorienwelt insbesondere der sozialen Bewegungsforschung anzusehen (vgl Hohenstatt/Rinn in diesem Band). Die zweite und damit zusammenhängende Frage ist die nach dem Klassencharakter der hier diskutierten Sozialproteste und mithin auch von RAS. Hier ist in letzter Zeit kritisch das „Mittelständische" in RAS hinterfragt worden und es ist als Aufgabe der stadtpolitischen Bewegungen formuliert worden, einen Zugang zu „den sozial Marginalisierten" zu finden (siehe zuletzt Meyer 2013). Konzeptionell hat diese Position, in Bezugnahme auf RAS-ähnliche Bewegungen im inter- und transnationalen Maßstab, bereits auch Peter Marcuse (2009) vertreten. Und ähnliches wurde 2012 über die Occupy-Bewegung gesagt (so etwa Piven 2011). Meine These zu diesem Punkt ist, dass diese Vorstellungen zwar abstrakt richtig sind und die sozial-moralische Aufforderung – gerade in Abgrenzung zu Nimby-Tendenzen innerhalb der Sozialbewegungen (vgl. Menzl in diesem Band) – korrekt ist. Übersehen wird dabei jedoch, dass die RAS-Netzwerke *auch* eine „andere Geschichte" der Sozialbewegungen fortsetzen, indem sie an die Traditionen der *poor peoples movements* und der Besetzungsbewegungen anknüpfen.

---

1   Diese beiden Beispiele sind in gewissem Sinne willkürlich, aber, wie ich hoffe, zumindest in Bezug auf den Gegenstand (der Frage nach dem sozialen Charakter und der Historizität der Forderung nach einem „Recht auf Stadt") situiert. Auf ihrer Grundlage soll hier keine Geschichte der sozialen Bewegungen in Hamburg gezeichnet werden, auch keine, wie die folgende Lektüre vielleicht nahelegt, „andere Geschichte". Es geht schlicht darum, darauf hinzuweisen, dass sich in den vorliegenden Fallbeispielen ein ähnlicher Spannungsbogen wiederfinden lässt wie in den Kämpfen der Gegenwart – auch wenn es sich um Kämpfe einer scheinbar „längst vergangenen" Epoche handelt.

2. Schmetterlinge und Sozialbewegungen

Die Forschung über urbane soziale Bewegungen gleicht dem Sammeln von Schmetterlingen. Mit dieser Metapher soll daran erinnert werden, dass soziale Kämpfe in der Forschung oft erst leuchten, wenn sie schon „tot" sind. Es mag sogar vorkommen, dass der Blick der Forschenden sogar bei Lebendigem das Erstarren schon antizipiert, noch während sie versuchen, jenes Wesen einzufangen, das das lange Ende seiner Tage in einer Vitrine verbringen soll.

Die berühmte – und in diesem Band nicht nur an dieser Stelle erwähnte – typologische Einordnung der „sozialen Bewegungen" wäre in diesem Verweis das Material, aus dem der gläserne Käfig beschaffen wäre, in dem die historischen sozialen Kämpfe gebannt sind: „Wir sprechen erst von sozialen Bewegungen, wenn ein Netzwerk von Gruppen und Organisationen, gestützt auf eine kollektive Identität, eine gewisse Kontinuität sichert", schreiben Roth und Rucht (2008: 13). Vor allem aber unterscheiden sich diese Bewegungen im Willen zur „Gestaltung des gesellschaftlichen Wandels" von bloßen „Protestepisoden, Modeströmungen und Zufallskonstellationen" (ebd.). Ich habe dies an anderer Stelle ausführlich diskutiert (Birke 2011: 43 ff., vgl. Bareis 2012). Hier sei deshalb nur darauf hingewiesen, dass die Definition als Rückgrat der Bewegungen Begriffe wie „Kontinuität", „Gestaltungswille", „Identität" sieht, alles übrigens im Singular (also nicht mehrere, sondern eine „Identität"). Gemessen werden die Bewegungen oft an ihren Resultaten, also an den gesellschaftlichen Veränderungen, die im Mainstream der geschichts- und sozialwissenschaftlichen Diskussion noch immer vor allem als „Modernisierung" und „Liberalisierung" gefasst werden.

Diese Zuordnung übersieht, dass Sozialproteste (nicht nur, aber auch für die Teilnehmenden selbst), bevor diese Metaebene überhaupt ins Spiel kommt, vorrangig stets einen Bruch mit den Forderungen und Zumutungen darstellen, die im Alltag gestellt werden: Vermieter, kleine und große Chefs, Fahrscheinkontrolleure und so weiter glänzen in ihnen für den Moment durch Abwesenheit. Insofern ist es auch kaum das Kontinuierliche, Gestaltende und Identitäre, was ihnen ihre primäre Geschichtsmächtigkeit verleiht, sondern gerade die kleine oder große Regelverletzung, die Negation der alltäglichen Zumutungen und (kaum davon zu trennen) das Nicht-Identische; man könnte dies mit Piven und Cloward (2011) im Adjektiv *non-normative* zusammenfassen. Die Gegenüberstellung ist auch deshalb wichtig, weil sie prägend dafür ist, unter welcher Perspektive man sich Sozialproteste und soziale Bewegungen ansieht. Damit soll aber nicht gesagt werden, dass die Verstetigung und Organisierung von Sozialprotesten nicht a) bedeutend und in gewissem Sinne unvermeidlich ist und dass b) über die Formen dieser Verstetigung nicht gestritten werden muss. Es bedeutet nur, dass dies

ein durchaus nachgeordnetes Thema ist. Legitimität erhält diese Perspektive –
das Postulat eines Vorrangs des Bruchs und des Nicht-Identischen für die Analyse der Sozialbewegungen – meines Erachtens auch in jener Phase der Sozialproteste, in denen in etlichen süd- und außereuropäischen Ländern *Besetzungen*
und *Streiks* in einigen urbanen Zentren deutlich das Bild beherrschten (s. neben
vielen anderen Birke/Henninger 2011, dort vor allem die Texte von Durgan/Sans
und Kritidis) wie etwa in den Krisen-Protesten in der Türkei und in Brasilien.

3. Soziale Bewegungen und Arbeitskämpfe: Das Beispiel HDW

Nicht nur die Geschichte der „unternehmerischen Stadt", auch jene der sozialen
Kämpfe ist in Hamburg auf das Engste mit der nach 1980 verschärft einsetzen-
den Deindustrialisierung verknüpft, d. h. konkret nicht mit dem Niedergang in-
dustrieller Mentalitäten und Wertschöpfung *per se* (sie sind nicht nur in Hamburg
noch immer bedeutender als man denkt), sondern spezifischer mit der Krise der
hafennahen Industrien und der Werften. Diese traf die Hafenstädte und Stadtstaaten Hamburg und Bremen, im Gegensatz zu den bundesdeutschen Flächenstaa-
ten, besonders deutlich. In kurzer Zeit wuchs die Erwerbslosigkeit hier weit über
den bundesdeutschen Durchschnitt. Ein Schlüssel für diese Entwicklung war die
erste Branchenkrise im Schiffbau, die auch einen größeren Komplex der metall-
verarbeitenden Industrie und des Maschinenbaus betraf. Auf dieser Grundlage
fanden sich in Hamburg in der ersten Hälfte der 1980er Jahre im urbanen Raum
zwei distinkte Formen sozialer Bewegungen, einerseits Kämpfe um die Nutzung
des öffentlichen Raums (Besetzungen und Umwandlungen von ehemaligen Fab-
riken vor der Phase der „neuen" Hausbesetzungen), andererseits Betriebsbesetzungen, wie sie in der Bundesrepublik und vor dem Hintergrund der Rezeption
entsprechender internationaler Bewegungen seit etwa Mitte der 1970er Jahre ge-
häuft auftraten. Die „dritte" soziale Bewegung – dies sei hier nur kurz angemerkt,
ist aber bedeutend –, der Kampf gegen die Atomindustrie im Unterelberaum, war
nur zum Teil auch eine urbane soziale Bewegung, vor allem, indem sie sich mit
der seit Ende der 1970er Jahre erstarkten Alternativbewegung verband. Im Kern
handelte es sich bei diesen Kämpfen um den Widerstand gegen die seit vielen
Jahren hyperbolisch vorgetragene Industrialisierung des Unterelberaums, in der
Stadt verband sich diese Bewegung mit Aktionen gegen Autobahnpläne und die
weitere modernistische Umgestaltung der innenstadtnahen Viertel.[2]

---

2   Arndt Neumann arbeitet zurzeit in einem Promotionsprojekt an der Universität Trier zu diesem
     Thema, vor allem zum Zusammenhang zwischen Hafenwirtschaft und (De-)industrialisierung.
     Ich danke für den Hinweis

Das spektakulärste Beispiel der Betriebsbesetzungen war in Hamburg sicherlich die Besetzung der HDW-Werft im September 1983.[3] Angesichts der drohenden Schließung einer der größten Hamburger Werften entschlossen sich die Beschäftigten zu einer neuntägigen Okkupation, in deren Verlauf es zu Demonstrationen in der Hamburger Innenstadt und zahllosen Solidaritätsbekundungen bis in die Spitze der vor Ort regierenden Sozialdemokratischen Partei kam. Am Ende konnte die Werftschließung nicht verhindert werden, der Kampf modifizierte zwar die Bedingungen ihrer Abwicklung, auf die die Betriebsräte und Arbeitenden etwas Einfluss nehmen konnten, aber die Zerstückelung des Schließungsprozesses bis in das Jahr 1986 trug auch dazu bei, den Fokus von der Auseinandersetzung zu nehmen.

Es stellt sich die Frage, wie dieser Konflikt als „soziale Bewegung" eingeordnet werden kann. Weitere Forschungen zu seinen konkreten Verbindungen und Setzungen, zur Sicht der Akteure usw. stehen zwar aus. Auffällig ist aber, dass der Widerspruch zwischen den „antiindustriellen" Kämpfen und den Fabrikbesetzungen nur auf der Oberfläche besteht.

Das Bild wird relativiert, wenn die gesellschaftlichen Alternativen, die in der HDW-Besetzung aufschienen, erinnert werden (auch wenn nur wenig davon eingelöst werden konnte): Die Besetzung hatte – dies kann wohl auch vorbehaltlich noch ausstehender Forschungsarbeiten über die Geschichte der Arbeitskämpfe in den Hamburger 1980ern gesagt werden – einen deutlichen, wenngleich in der Belegschaft vor der Besetzung nicht sehr stark verankerten, Bezug zu den sozialen Bewegungen ihrer Zeit: das gilt etwa für die Solidaritätsarbeit der HDW-Frauengruppe, die den Kampf dieser fast ausschließlich männlich geprägten Gruppe sowohl im Kontext der Geschlechterverhältnisse als auch der damals hochaktuellen Forderung nach einer Umverteilung der Arbeit (die mit den Streiks in der Druck-und Metallindustrie 1984 ihren Höhepunkt erreichen sollte) interpretierte. Und es gilt auch für die Forderung nach „Konversion", die Schiffbau anders konzipieren wollte als verlängerten Arm der Rüstungsindustrie, der Großreedereien und der Mineralölgesellschaften, eine Forderung, die angesichts des historisch unübertroffenen Umfangs, die der Export von Rüstungsgütern in der Bundesrepublik aktuell aufweist, nicht weniger aktuell ist.

---

3   Für die Historiographie der HDW-Besetzung ist die erstaunliche Kombination aus einer außerordentlich intensiven zeitgenössischen Rezeption (auch in der bundesweiten Presse und Medienlandschaft) und einer fast nicht vorhandenen historischen Aufarbeitung charakteristisch. Für eine erste Erschließung der Geschichte siehe neben vielen anderen Heseler/Kröger 1983 sowie die diversen Dokumente auf www.arbeiterpolitik.de. Eine Erschließung der Materialien der Gruppe Arbeiterpolitik, die in der Forschungsstelle für Zeitgeschichte an der Universität Hamburg liegen, steht noch aus.

Dabei ist allerdings darauf hinzuweisen, dass diese Bezugnahmen auf die politische Linke und die sozialen Bewegungen *Positionierungen* innerhalb des Arbeitskampfes waren, keineswegs bildeten sie das Rückgrat oder die „Identität" des Streiks ab. Zugleich war das bestimmende Moment dieses Arbeitskampfes auch nicht diese Bezugnahme, sondern eine sehr kurzfristige *Sichtbarmachung* der Probleme von Arbeitenden (inklusive der Arbeitsbedingungen, Unfall- und Gesundheitsgefahren usw.), die zwar aus heutiger Sicht wohl zu den Noch-Kern-belegschaften gehören, deren Arbeits- und Lebenssituation jedoch keine Rolle in der Öffentlichkeit der Hansestadt gespielt hatte.

Zusammengefasst war die HDW-Besetzung ein (aufgrund der Zentralität der Hafenwirtschaft in der Hansestadt) bedeutendes Beispiel der Sozialproteste. Dabei fällt *erstens* auf, dass die Aktion eine Anknüpfung an die Tradition der „direkten Aktion" innerhalb der ArbeiterInnenbewegung darstellte, wobei nicht zuletzt auch die diesbezüglichen Erfahrungen bei der HDW seit den 1950er Jahren eine Rolle gespielt haben mögen (vgl. Jüres/Kühl 1981). Diese Bezugnahme spielte in der zeitgenössischen linken Gewerkschaftsopposition eine gewisse Rolle (vgl. Arps 2011). Diese Tendenzen waren auf der Werft auch organisationspolitisch minoritär, konnten jedoch während der Aktion eine gewisse Wirkung entfalten. Sie waren aber zugleich jene, die die Bezugnahme auf die zeitgenössischen sozialen Bewegungen und ihren „antiindustriellen" Impuls herstellten, wobei sich dieser im betrieblichen Kampf in eine Forderung nach anderen (gerechten) Verhältnissen in der Produktion, weniger gesundheitsschädlicher Arbeit und einer Produktion „für das Leben und nicht für den Tod" wandelten. Man mag diese Forderungen angesichts der Resultate der Betriebsbesetzung abtun, man kann sie aber auch als Inspiration begreifen, Auseinandersetzungen am Arbeitsplatz und soziale Bewegungen zusammen zu denken. Der Zerfall des betrieblichen Zusammenhangs, der mit dem langsamen Sterben der HDW einsetzte, ist schließlich nicht zuletzt darauf zurück zu führen, dass die entsprechenden Forderungen von der sozialdemokratischen Stadtregierung (anders als in den ersten Tönen, die sich während der Besetzung mit dem „Standort Hamburg" solidarisierten) stadtpolitisch letztlich nicht aufgegriffen wurden.

Zugleich findet sich *zweitens* eine Bezugnahme auf jene zeitgenössischen sozialen Bewegungen, die am ehesten dem Typus entsprechen, von dem bei Roth und Rucht (2008) die Rede ist. Allerdings war diese Bezugnahme eher ergänzend und fragmentarisch, sie verlieh dem Kampf „Richtung", gehörte allerdings nicht zu seinen zentralen Ausgangsmotiven. So spielen die zeitgenössischen Sozialbewegungen in diesem lokalen Konflikt eher eine kontextualisierende Rolle, die nicht zuletzt auch die Konflikte deutlich macht, die in Aktionen mit einem gro-

ßen „nicht-politischen" (also nicht wesentlich im engeren Sinne diskursiv vorge-
prägten) Feld eine Rolle spielen, wie hier die Frage nach dem Sinn der Produktion und nach den Geschlechterverhältnissen jenseits des Fabriktors. *Drittens*, und
für unsere Fragestellung wohl am wichtigsten, finden sich in jener Protestaktion
auch sozialräumliche Dimensionen: die Auseinandersetzung hat eine Vorderseite und eine Rückseite, in ihr sind ganz selbstverständlich die sozial polarisierenden und sozialräumlich eindeutig verteilten Folgen der Rezession der frühen
1980er Jahre thematisiert. Einerseits fanden die Aktionen in der Hamburger Innenstadt statt, andererseits betraf die Situation vor allem die ärmeren Hamburger
Stadtteile, vor allem Wilhelmsburg, wo die HDW einer der größten Arbeitgeber
(nicht zuletzt auch für die portugiesische Community) war. Die Schließung der
HDW war für diesen Stadtteil wie eine „zweite Sturmflut",[4] und ohne sie (und
den Arbeitsplatzabbau bzw. die Prekarisierung der Arbeit in anderen Hafenbe-
trieben) ist seine Rolle als „sozialer Brennpunkt" in den 1980er bis 2000er Jahren nicht zu erklären. Was auf der HDW passierte, hatte sowohl Folgen für den
Einzelhandel am Wilhelmsburger Stübenplatz als auch für die soziale Kohärenz
eines Plattenbaus in Kirchdorf-Süd als auch für die Arbeits- und Lebensmöglich-
keiten der portugiesischen Community auf den Elbinseln. Diese Themen waren
jedoch aber auf der Vorderseite der Proteste kaum sichtbar: In der Öffentlichkeit
dominierte vielmehr das Bild, dass „Hamburg" „seine" Werften benötige: eine
Vorstellung der dominanten und für die städtische Ökonomie bis heute unhin-
terfragt entscheidenden Rolle der Hafenwirtschaft. Von dieser Position bis zu einer Affirmation des „Unternehmens Hamburg" ist es nicht ganz so weit, und es
nimmt kein Wunder, dass der damalige mit absoluter Mehrheit von der SPD ge-
führtem Senat für beides stand.

Wie verhält sich diese Analyse zu dem, was zuvor über die systematische
Rezeption von sozialen Bewegungen in der Forschung gesagt wurde? Auf allen
drei erwähnten Ebenen – Rolle der direkten Aktion und Bezug auf Arbeitspro-
zesse, Bezug auf die sozialen Bewegungen, sozialräumliche Dimension – „zer-
schneidet" der Blick auf diese Protestbewegung die Kontinuitäten, in denen die
Geschichte der sozialen Bewegungen erzählt werden kann. *Erstens*, die direkte
Aktion (Besetzung) hatte ihre selbstständigen historischen Bezugspunkte, namentlich auf die Geschichte der wilden Streiks, die in den neuen sozialen Bewegungen gar keine Rolle spielte. *Zweitens*, in lokalen urbanen Sozialprotesten
ist der Bezug auf die zeitgenössischen sozialen Bewegungen zwar sichtbar, aber

---

4   1962 ereignete sich in Hamburg bekanntlich eine Sturmflut mit über 300 Todesopfern,
     überwiegend in Wilhelmsburg. Langfristig trug die Sturmflut massiv zur Umstrukturierung
     der Wohnstadtteile auf den Hamburger Elbinseln bei, vor allem durch den Plan, einen Teil der
     dortigen Quartiere abzureißen und durch industrielle Nutzungen zu ersetzen.

schwach und (wenn man es so sagen will) durch den Eigensinn des lokalen Konflikts wie „gebrochen". *Drittens* sind aber die sozialräumlichen Dimensionen der Konfliktartikulation hervorzuheben. Selbst innerhalb des Kampfes gab es einen „doppelten" Bezug, durch den hindurch die Verräumlichung von Klassenverhältnissen selbst noch diese Artikulation prägte: der Konflikt hatte eine „Vorder"- und eine „Rückseite". Ähnliches ließe sich für weitere Sozialbewegungen sagen.

4. Das Beispiel Hafenstraße

Einfacher als der eben besprochene Konflikt lässt sich die Besetzung der Häuser in der Hafenstraße sowohl in die Geschichte der neuen sozialen Bewegungen als auch in die Vorgeschichte von „Recht auf Stadt" einordnen. Sie ist kaum von der seit 1980 vor allem in Berlin, aber auch in vielen anderen bundesdeutschen Städten entstandenen neuen HausbesetzerInnenbewegung zu trennen, und auch der Hinweis auf weitere Bezüge wie zur Alternativbewegung, zur Anti-AKW-Bewegung oder zur antimilitaristischen Bewegung ist kaum von der Hand zu weisen (vgl. Herrmann et al. 1988, Mallet 2000, van der Steen 2012). Gleichzeitig verweist der Kampf um die Hafenstraße bereits in seiner frühen Phase auf eine soziale Situation, die heute allgemein als „Gentrifizierung" benannt wird.

Das Quartier St. Pauli Süd, an dessen Rand die Hafenstraße liegt, war in den frühen 1980er Jahren ein Sanierungsgebiet. Bereits seit den 1970er Jahren wurden etliche Blöcke abgerissen, die Zusammensetzung der BewohnerInnen veränderte sich auf dieser Grundlage zwar schleichend, aber doch fundamental (Kerrner 1989). Hinzu kam die bereits seit Jahrzehnten propagierte, aber nie vollständig umgesetzte Planung einer neuen „Hafenrandbebauung", das heißt die Nutzung der ehemals industriell und durch Arbeiterwohngebiete geprägten Flächen an der Elbe und gegenüber dem aktuellen Hafengelände als Grundstücke für Bürogebäude und repräsentatives Bauen.

1981 zogen Obdachlose in die teils bereits leer stehenden Häuser zwischen Bernhard-Nocht-Straße und Hafenstraße ein. Es war keine „richtiggehende Besetzung" (Mallet 2000: 176). Erst als die der städtischen Wohnungsbaugesellschaft SAGA (heute SAGA/GWG) gehörenden Häuser 1982 endgültig abgerissen werden sollten, wurde die Besetzung öffentlich erklärt und mit der Forderung nach alternativen Wohnmodellen verknüpft. 1983 kam es zu zahlreichen Kämpfen mit der Polizei und Konflikten wie Verhandlungen mit der SAGA, an deren Ende ein dreijähriger Nutzungsvertrag und vergleichsweise geringe Mittel für die Instandsetzung zugestanden wurden. 1985 spitzte sich die Situation zu, als die BewohnerInnen aus gestohlenen Protokollen der Baubehörde von neuen Abrissplänen erfuhren. Immer wieder kam es im Anschluss zu schweren Auseinandersetzungen mit der Polizei. Spätestens 1986 wurde die Hafenstraße zu einem Zentrum eines transnationalen Netzwerkes der BesetzerInnenbewegung, veranstaltete „Widerstandkongresse" und unterhielt rege Kontakte zu besetzten Häusern in verschiedenen europäischen Ländern (vgl. Karpantschof 2007: 53-78). Zugleich bildete sich ein städtisches Unterstützungsnetzwerk für die Häuser, das aus lokaler Gemeinwesenarbeit, linken Gewerkschafterinnen, Pfarrern und Künstlern bestand. Am Ende des Jahres 1986 kam es nach einem brutalen Polizeieinsatz, bei dem sechs Wohnungen geräumt wurden, zu einer ersten Großdemonstration für den Erhalt der Häuser, an der 10.000 Menschen teilnahmen. In der örtlichen, vom Hause Springer dominierten Presse wurden die BewohnerInnen immer wieder als „Chaoten" und „Terroristen" tituliert, und wie in anderen bundesdeutschen Städten setzte ein Teil des örtlichen Polizeiapparats auf eine Zuspitzung des Konflikts, um eine Räumung zu ermöglichen. Im Oktober 1987 schien diese auch unmittelbar bevor zu stehen, aber der Oberbürgermeister Dohnanyi, der später über diese Entscheidung stolpern sollte, weigerte sich am Ende, den Einsatzbefehl zu geben. Bis Ende 1994 stand die Räumung der Häuser in der einen oder anderen Form auf der Tagesordnung, letztlich setzten sich jedoch die BewohnerInnen durch.

Die Konflikte brachten auch in Hamburg eine städtische Doppelstrategie hervor: besetzte Häuser wurden teils legalisiert, neue Besetzungen immer wieder verhindert. In Hamburg entstand in der Folge wie in anderen bundesdeutschen Städten eine lebendige Kultur der Wohnprojekte, die nach und nach auch mittelständische „Alternative" anzog und sogar zu einer neuen Form der Alterssicherung und Eigentumsbildung wurde. Auch St. Pauli Süd hat sich stark verändert: Der Massentourismus, der zu einem zentralen Standortfaktor der neuen Stadtpolitik geworden ist, die damit zusammenhängende Vervielfachung der Events, aber auch der Umbau und die Aufwertung ehemals industriell genutzter Flächen hat zur Inwertsetzung des Quartiers und zu einer in einigen Straßenzügen schnell ablaufenden Gentrifizierung und Veränderung der Zusammensetzung der Bevölkerung beigetragen.

Auf den ersten Blick erscheint der über ein Jahrzehnt andauernde Konflikt um die Hafenstraße nicht viel mit dem nur neun Tage andauernden Kampf um die HDW gemeinsam zu haben. Allzu stark leuchten die Höhepunkte des Konflikts, von den „Barrikadentagen" bis zur Legalisierung.

Und doch hatte auch dieser Konflikt eine „Vorder"- und eine „Rückseite". Seine Politisierung war im Grunde durch den militanten Flügel der neuen sozialen Bewegungen vermittelt, seine Entstehungsgeschichte dagegen kann ohne die Bedeutung des Stadtteils St. Pauli als Wohnort der städtischen Armen kaum gedacht werden. In der ersten Phase bleibt die Besetzung, die aus ganz praktischen sozialen Bedürfnissen heraus anfing, anders als zeitglich in Berlin oder Köln „diskret". Bis heute sind die BewohnerInnen der Häuser sehr unterschiedlicher sozialer Herkunft, historisch kamen neben den jugendlich-proletarischen BewohnerInnen auch die AltmieterInnen in das Bild dieser Differenzierung hinein. In der dritten und im Grunde bis heute reichenden Phase des Konflikts (nach der Legalisierung, die die Auseinandersetzungen um die Aufwertung des Stadtteils aber keineswegs beendete) stellte sich die Frage, wie ein Ort wie die Hafenstraße sich zur lokalen Gentrifizierung verhalten kann. Hier reproduziert sich die soziale Differenzierung der Bewegungen selbst auf einem neuen Niveau, indem ein Teil der historischen Alternativbewegung die subkulturelle Basis der Gentrifizierung abgibt. Gleichzeitig sind die „Recht auf Stadt"-Netzwerke (= der Protest gegen die Gentrifizierung) gerade in St. Pauli-Süd auch deshalb so stark, weil es hier eine lange Geschichte lokaler Besetzungsbewegungen und organisatorischer und stadtpolitischer Rahmen gibt, wie sich plastisch nicht nur an der Hafenstraße, sondern auch beispielsweise an der „Gemeinwesenarbeit St. Pauli" oder an der von BewohnerInnen gestalteten Grünanlage „Park Fiction" zeigen lässt.

Die Auseinandersetzungen um das, was man heute als Gentrifizierung bezeichnet, werfen insofern ein neues Licht auf die Geschichte der Hausbesetzungen in der Hafenstraße. Es waren nicht alleine mittelständische Jugendliche, die an dieser Besetzung teilnahmen. Dies ist allerdings keine besonders spektakuläre Feststellung, denn es ist ja allgemein anerkannt, dass die Jugendbewegungen seit 1968 stets „quer" zu den traditionellen Sozialbewegungen lagen, sich anders als etwa die ArbeiterInnenbewegung als klassenunspezifisch begriffen, was wohlgemerkt nichts über die tatsächliche soziale Zusammensetzung aussagt. Dies wird vielleicht am Hafenstraße-Beispiel besonders deutlich, weil dessen Geschichte als Wohn-Besetzung sich noch stärker als im Falle von Kulturzentren wie der Roten Flora oder dem Ungdomshuset in Kopenhagen auf die Bevölkerungsstruktur und Protestkultur in einem der ärmsten Stadtteile bezog. So waren die „Leute aus der Hafenstraße" keineswegs ausschließlich Studierende oder Menschen, die man als Pioniere der Gentrifizierung bezeichnen könnte, ganz im Gegenteil waren es zunächst vor allem Menschen, die „bleiben wollten". Diese soziale Zusammensetzung wird durch Interpretation des Konflikts als Teil der autonomen Bewegung eher verdeckt. Im Konflikt um die Gentrifizierung von St. Pauli Süd kann auf Grundlage und mit Bezug auf die Hafenstraße-Geschichte und andere soziale Kämpfe seit den 1980ern mithin mit gutem Grund sowohl die „subkulturelle" als auch die „proletarische" Karte gespielt werden. Und es wäre interessant, dem Argument nachzugehen, dass sich RAS gerade durch die Verbindung von „Künstlerkritik" und „Sozialkritik" konstituiert hat (vgl. Twickel 2010), ein Argument, durch das hindurch sich die Vorstellung, es führe eine gerade Linie von der Subkultur zur Gentry, sich eigentlich in Luft auflösen müsste.

5. Recht auf Stadt

Mit der hier nur skizzenhaften Analyse einiger sozialer Kämpfe, die für die Hamburger Stadtentwicklung von Bedeutung waren, lassen sich also – vorläufig bilanzierend – drei Dinge feststellen: *Erstens*, die Bezugnahme auf die zeitgenössischen sozialen Bewegungen war in beiden Fällen „schwach". Die HDW-BesetzerInnen nutzten die sozialen Bewegungen (vor allem die Friedensbewegung) als eine Art Steinbruch, um ihre Ideen einer alternativen Produktion zu entwickeln, später sowohl im Kontext der örtlichen IG Metall-Strukturen als auch in Form von Beschäftigungsprojekten, die aber sowohl in Bezug auf die Werftindustrie und ihre weitere Entwicklung als auch in der lokalen Wirtschaftspolitik so gut wie keine Bedeutung erlangen konnten. Die Hafenstraße war inmitten der zeitgenössischen Sozialbewegungen (kritisch) platziert (van der Stehen: 2012). Doch ihre Bedeutung und soziale Zusammensetzung weist, wie dargestellt, weit über diese hinaus. Fasst man beide Beispiele als „soziale Bewegungen" im anfangs zitierten Sinne auf, so sind auf je unterschiedliche Weise entscheidende Aspekte nicht benannt, und dies gilt nicht alleine auf der Grundlage der Tatsache, dass ihre sozialräumlichen Dimensionen unterbelichtet bleiben. *Zweitens*, eine innere soziale Differenzierung waren *innerhalb* der Kämpfe außerordentlich bedeutend – wenngleich ebenfalls nur schwach artikuliert. Das Bild, dass soziale Bewegungen und insbesondere RAS „auf die Marginalisierten zugehen müssen" (Marcuse 2009, Mayer 2009), könnte also beantwortet werden mit „Wir sind schon da, ihr habt uns nur übersehen!" *Drittens*, eine Einbeziehung räumlicher Aspekte in die Bewegungsforschung ist aus meiner Sicht sehr vielversprechend, muss aber qualifiziert werden, siehe das Bild, dass die Bewegungen „Vorderseiten" und „Rückseiten" haben.

Ein Blick in die Hamburger Bewegungsgeschichte der 1990er und 2000er Jahre bestätigt meines Erachtens diese drei Pointen. Eine Geschichte der Hamburger RAS-Bewegung (im Sinne des Verweises auf persönliche Kontinuitäten, kontinuierliche Thematisierungen, sich wandelnde Perzeptionen usw.) kann hier nicht annähernd geschrieben werden. Einige Stichworte müssen genügen: so existiert, auf der Ebene der im akademischen Feld kaum diskutierten Besetzungen ein expliziter Bezug auf die Erfahrung der HDW-Geschichte und die Geschichte der Hafenstraße, auffällig wiederum besonders auf St. Pauli Süd, etwa in der Besetzung des Hafenkrankenhauses (1997). Unübersehbar ist zudem, dass sich die derzeitige Situation und die Stärken und Schwächen von RAS ohne die Vorgeschichte der Bambule-Bewegung sowie der Proteste gegen den Sozialabbau der späten 1990er und frühen 2000er Jahre kaum verstehen lassen. 2003 diffundierten die Sozialproteste in Hamburg, etwas mehr als ein Jahr nach der Wahl des konservativ-rechtsextremen Senats, auf der Grundlage der drohenden Räumung des Bauwagenplatzes „Bambule" (vgl. Hauer/Rogalla 2006). Im November 2002 beschlossen die BewohnerInnen, den Platz unter dem Druck der Polizei aufzugeben und eine Art Dauerdemonstration durch die Stadt zu veranstalten, die monatelang eine für alle Beteiligten überraschende und ungewöhnliche Dynamik entfaltete. Gleichzeitig kam es zu einer Bewegung gegen die Angriffe der damaligen Rechtskoalition auf die soziale Infrastruktur im Allgemeinen und auf progressive soziale Einrichtungen wie Drogenhilfeeinrichtungen, Frauenhäuser und Flüchtlingsinitiativen (vgl. auch Birke 2010). Es kam zu einer doppelten Verteilung der Proteste im städtischen Raum, einerseits im Wortsinne dadurch, dass die Proteste sich *bewegten* und überraschende Orte ansteuerten, andererseits im sozialen Sinne, durch die kurzfristige Kooperation zwischen 16-jährigen Punks und 66-jährigen Gewerkschafterinnen in einem gemeinsamen Anliegen. Auf dem Höhepunkt der Bewegung demonstrierten im April 2003 bis zu 15.000 Menschen in der Hamburger Innenstadt gegen die Politik des Senats, Wagenbewohner und Gewerkschafterinnen, Sozialarbeiter und Studierende. Die Proteste von 2003 hatten einen beeindruckend dezentralen und multiversalen Charakter, blieben aber insofern ephemer, als sie sich erstens (was üblich ist) organisationspolitisch nicht verstetigten[5] und zweitens lokal gebunden blieben (zur gleichen Zeit fanden in anderen bundesdeutschen Großstädten keine vergleichbaren Aktionen statt). Drittens kam noch hinzu, dass die Aktionen in einem gewissen Sinne durchaus erfolgreich waren: Im August 2003 schasste der CDU-Oberbürgermeister seinen rechtsextremen Koalitionspartner; das Ziel, alle Bauwagenplätze zu räumen, wurde de facto nicht erreicht; lediglich die Proteste gegen die Einschnitte im sozialen Bereich blieben letztlich relativ erfolglos, markierten aber zumindest für einige Jahre eine Grenze für weitere Einschnitte. In den Jahren darauf entwickelte sich die Protestkultur in Hamburg auf diesen Grundlagen weiter, so unter anderem in Anschluss an überregionale Proteste (wie gegen »Hartz IV"), in Bewegungen der Studierenden, vereinzelten Arbeitskämpfen insbesondere im öffentlichen Sektor sowie in Protesten gegen die Privatisierungen im Gesundheitswesen. Keine dieser Aktionen erreichte allerdings die Dynamik der Bewegung

---

5   Die organisatorischen TrägerInnen des Protestes (wie die „Sozialpolitische Opposition") haben ihre Netzwerke in einem geringen Ausmaß erhalten, spielen aber in der aktuellen stadtpolitischen Bewegung keine entscheidende Rolle.

von 2003. Dennoch kann festgestellt werden, dass auch für die Bauwagenbewegung und die Sozialproteste und insbesondere ihre kurzzeitige gemeinsame Geschichte galt, dass *poor peoples movements* hier nicht sinnvoll von den sozialen Bewegungen überhaupt abgegrenzt werden können, sondern dass die städtische Armutsgesellschaft innerhalb der Bewegungen eine phasenweise sichtbare Bedeutung hatte, siehe etwa die bis heute anhaltende außerordentlich starke soziale Differenzierung der BauwagenbewohnerInnen.

Das Besondere an der Hamburger Bewegung für ein „Recht auf Stadt" ist, dass sie die drei erwähnten Fragen (ich erinnere: Bezugnahme auf soziale Bewegungen, Verräumlichung, soziale Differenzierung) in aller Deutlichkeit stellt, das heißt, sie sind als Themen vorhanden und werden zumindest zum Teil auch im Inneren der Bewegung reflektiert. Selbstverständlich waren die Besetzung des Gängeviertels im August 2009 und das Manifest „Not in our Name, Marke Hamburg" wichtige Ausgangspunkte dieser neuen Bewegung. Beide Initiativen waren aber nie „nur" solche, die sich auf die Anrufung von Kunst als Standortfaktor bezogen und entsprechende im Grunde gegenüber der Politik der „kreativen Stadt" affirmative Forderungen gestellt haben. So wird im Manifest ausdrücklich auf die „soziale Spaltung" der Stadt kritisch Bezug genommen. RAS ist zwar auch eine Art cooler Klub, aber ebenso ein Teil einer lange existierenden organisierenden Arbeit im Gemeinwesen. Es ist auch Show, aber es speichert auch Erfahrung mit den Auswirkungen des SGB II. In den Protesten gegen den „Mietenwahnsinn", ein weiteres konstituierendes Element von RAS, wird das im Grunde laufend deutlich. Und weiter: Es mag sein, dass die Teilnehmenden der Demonstrationen oder vor weniger Zeit der „Fette-Mieten-Parties" überwiegend unter 30 sind, aber dennoch handelt es sich genauso wenig um eine „Jugendbewegung" wie die hier kurz vorgestellten historischen urbanen Kämpfe. Damit soll der Konflikt, der hier auch enthalten ist, nicht bagatellisiert werden: RAS hat einen eindeutigen Geburtsort, und das ist, wie Nicole Vrenegor in ihrem Beitrag in diesem Band ja auch beschreibt, nicht Steilshoop, Mümmelmannsberg oder Billstedt (oder ein anderes an der Stadtperipherie liegendes Quartier), sondern eben in erster Linie St. Pauli Süd und ähnliche Quartiere. Gleichzeitig gibt es auch Gruppen in solchen „anderen" Quartieren, die sich auf RAS beziehen. Exemplarisch für diese Anwesenheit des „anderen Quartiers", der „städtischen Armut", der „Marginalisierten" oder des „Prekariats" (wie man „das Andere" auch immer bezeichnen mag) ist etwa der Konflikt um die GAGFAH-Häuser in Wilhelmsburg, in dem sich MieterInnen artikulieren, deren Stimme in der Hamburger Öffentlichkeit sonst keinerlei Gewicht haben (vgl. hierzu die Texte in Arbeitskreis Umstrukturierung 2013).

Lokale oder urbane soziale Bewegungen sind Foren, in denen Konflikte um die Stadtentwicklung zum Sprechen gebracht werden. Ihre Qualität erreichen sie gerade durch einen gewissen Eklektizismus, ihre Ausdauer erklärt sich nicht aus der Festigkeit ihrer Organisation, sondern aus der Bezugnahme auf die sich rasch verändernden Konflikte um das, was konkret ein „Recht auf Stadt" sein soll. Sie sind sozial divers: wie in den erwähnten Beispielen gibt es auch in RAS eine Vorder- und eine Rückseite, wobei die Bewegungsforschung und die Forschung über städtische Sozialproteste auch in diesem Falle dazu neigt, nur die Vorderseite zur Kenntnis zu nehmen. Sich über die historische Konstituierung von RAS zu unterhalten bedeutet dagegen, sich vor allem mit den nicht-identischen „Rückseiten" der Bewegungen zu beschäftigen.

Literatur

Arbeitskreis Umstrukturierung (Hg.) (2013): Unternehmen Wilhelmsburg. Stadtentwicklung im Zeichen von IBA und igs, Hamburg: Assoziation A.

Arps, Jan Ole (2011): Frühschicht. Linke Fabrikintervention in den 1970er Jahren, Hamburg: Assoziation A.

Bareis, Ellen (2012): Die Stadt in der Revolte revisited. In: dérive, Zeitschrift für Stadtforschung 49.

Birke, Peter (2010): Herrscht hier Banko? Die aktuellen Proteste gegen das Unternehmen Hamburg Sozial.Geschichte Online. Heft 3, S. 148-191

Birke, Peter (2011): Diese merkwürdige, zerklüftete Landschaft: Anmerkungen zur Stadt in der Revolte"; in: Sozial.Geschichte Online, Heft 6: 28-62.

Birke, Peter/ Henninger, Max (2011): Krisen Proteste. Beiträge aus Sozial.Geschichte Online, Hamburg: Assoziation A.

Füllner, Jonas / Templin, David (2011): Stadtplanung von unten. Die „Recht auf Stadt"-Bewegung in Hamburg; in: Holm, Andrej; Gebhard, Dirk (Hg.): Initiativen für ein Recht auf Stadt. Theorie und Praxis städtischer Aneignung. Hamburg: VSA

Gängeviertel e. V. (2012): Mehr als ein Viertel. Ansichten und Aussichten aus dem Hamburger Gängeviertel, Hamburg: Assoziation A.

Hauer, Dirk / Rogalla, Bella (2006): HWP in Bewegung – für eine kritische Wissenschaft! Studierendenproteste gegen die neoliberale Hochschulreform, Hamburg: VSA.

Herrmann, Michael/ Lenger, Hans-Joachim/ Reemtsma, Jan Philipp (Hg.) (1988): Hafenstraße: Chronik und Analyse eines Konflikts, 2. Aufl. Hamburg: Verlag am Galgenberg.

Heseler, Heiner / Kröger, Hans-Jürgen (Hg.) (1983): »Stell Dir vor, die Werften gehör'n uns ...«: Krise des Schiffbaus oder Krise der Politik? Hamburg: VSA.

Holm, Andrej/ Gebhardt, Dirk (Hg.) (2011): Initiativen für ein Recht auf Stadt. Theorie und Praxis städtischer Aneignung; Hamburg: VSA.

Jüres, Ernst August/ Kuehl, Herbert (1981): Gewerkschaftspolitik der KPD nach dem Krieg. Der Hamburger Werftarbeiterstreik 1955. Hamburg: Junius.

Karpantschof, René (2007): Kopenhagen, Jagtvej 69. Ein Jugendzentrum zwischen Besetzungen, Politik und Polizei (1981-2007). In: Birke, Peter/ Larsen Holmsted, Chris (Hg.): Besetze Deine Stadt! / BZ din by! Häuserkämpfe und Stadtentwicklung in Kopenhagen. Hamburg: Assoziation A, S. 53-78.

Kerrner, Erich (1989): Die Hamburger Hafenstraße als Investitionsbremse? In: 1999. Zeitschrift für Sozialgeschichte des 20. und 21. Jahrhunderts. 1, S. 101-105.

Mallet, Carl H. (2000): Die Leute von der Hafenstraße. Über eine andere Art zu leben. Hamburg: Edition Nautilus.

Marcuse, Peter (2009): From critical urban theory to the right to the city. In: City 13(2), S. 185-97.

Mayer, Margit (2008): Städtische soziale Bewegungen. In: Roth, Roland/ Rucht, Dieter (Hg.): Die sozialen Bewegungen in Deutschland seit 1945. Ein Handbuch. Frankfurt/M., New York Campus, S. 293-318.

Mayer, Margit (2009): The 'Right to the City' in the Context of Shifting Mottos or Urban Social Movements. In: CITY. 13/2-3, S. 362-374.

Mayer, Margit (2013): Urbane soziale Bewegungen in der neoliberalisierenden Stadt. In: sub\urban, Zeitschrift für kritische Stadtforschung. Heft 1, S. 155-168.

Piven, Frances Fox: „Niemand will Arbeiterklasse sein." In: taz, 31. Oktober 2011.

Piven, Frances Fox/ Cloward, Richard A. (2011): Poor people's movement. Why they succeed, how they fail. New York: Random House.

Roth, Roland/ Rucht, Dieter (Hg.) (2008): Die sozialen Bewegungen in Deutschland seit 1945. Ein Handbuch. Frankfurt/M., New York Campus.

Schäfer, Christoph (2010): Die Stadt ist unsere Fabrik. Leipzig: Spector Books.

Twickel, Christoph (2010): Gentrifidingsbums oder Eine Stadt für alle. Hamburg: Edition Nautilus.

van der Steen, Bart (2012): Between Street Fight and Stadtguerrilla. The autonomous movement in Amsterdam and Hamburg during the 1980s, Dissertation Universität Florenz

Die Stadt von den Rändern gedacht.
Drei Jahre Recht-auf-Stadt-Bewegung in Hamburg – ein Zwischenstopp

Nicole Vrenegor

„Das Netz im Netz" nennt der Hamburger Verkehrsverbund (HVV) seine zwei Dutzend Metro-Buslinien, die die Innenstadt horizontal und vertikal mit den Außenbezirken verbinden. „Schicksalsexpress" nennt ein Freund diese Busse und meint damit vor allem den Bus Nummer 3. Der startet in der imageträchtigen Hafencity, kreuzt die Innenstadt, schlängelt sich entlang der Schnittstelle zwischen den Szenevierteln Schanze & St. Pauli, streift das stark gentrifizierte Altona, fährt über das lärmgeplagte Arbeiterviertel Bahrenfeld bis hin zur Großwohnsiedlung Osdorfer Born und endet schließlich im dörflich strukturierten Schenefeld.

Auch ich nehme häufig den 3er, schließlich verbindet er meinen Wohn- mit meinem Arbeitsort und den Orten meines stadtpolitischen Engagements. Ist es Schicksal, Zufall oder soziale Zuweisung, wo jemand ein- oder aussteigt? Wie verhalten sich die Haltestellen und Knotenpunkte zueinander? Wie produziert Raum das Soziale und das Soziale den Raum? Dies sind die Fragen, die mich im Kontext von Recht auf Stadt (RAS) umtreiben – nicht nur beim Busfahren. Seit drei Jahren gibt es in Hamburg das Recht-auf-Stadt-Netzwerk, dessen Aktivitäten für einiges Aufsehen gesorgt haben: „Komm in die Gänge"; „Eine Stadt ist keine Marke" oder „Hey Ikea, du wohnst hier nicht" steht oder klebt es noch heute in den Straßen. Es sind die sichtbarsten Spuren des Protestes gegen eine Stadt im Ausverkauf. Höchste Zeit einen bewegungsbezogenen Zwischenstopp einzulegen. Mit vielen Fragen im Gepäck bin ich in den letzten Wochen immer wieder in den 3er gestiegen und losgefahren. Unterwegs traf ich auf Menschen aus verschiedenen stadtpolitischen Initiativen, die entlang der Buslinie liegen.

1. Achtern Born: Von Peripherien & Zentren

Aber beginnen wir in der so genannten Peripherie, wo keine Initiative aktiv ist. Dort, wo ich normaler Weise längst schon ausgestiegen bin: am Osdorfer Born.

Eine Plattenbausiedlung im westlichen Zipfel Hamburgs, die 1972 unter dem Leitbild „Urbanität und Dichte" gebaut wurde. Heute leben hier über 10.000 Menschen auf einer Fläche von weniger als einem Quadratkilometer. Eine Großwohnsiedlung, die nur per Bus zu erreichen ist, da dem Senat immer dann, wenn eine
Erschließung in das S-Bahnnetz ansteht, das Geld oder die Motivation ausgeht.
Schlecht erschlossen zu sein, ist ein Schicksal, das der Osdorfer Born mit anderen Großwohnsiedlungen in Hamburg teilt.

Es sind oft die am dichtesten besiedelten Orte, wo nur Busse hinfahren und
die Menschen viel Zeit mitbringen müssen, für die weiten und langen Wege in
die Innenstadt, zur Arbeit. Recht auf Stadt im Sinne des Erfinders Henri Lefebvre bedeutet immer auch ein Recht auf Zentralität, auf gleichberechtigten Zugang
zu den politischen, kulturellen und sozialen Ressourcen einer Stadt. Aus diesem
Grunde sind Kampagnen für einen öffentlichen Nahverkehr, der gut ausgebaut
und für alle gratis ist, so enorm wichtig, setzen sie doch genau an diesem Punkt
des nichthierarchischen Zugangs zu Stadt an. In Hamburg heißt diese Initiative
„HVV umsonst".

„Alles ist grau, auch die Außenfassade des Plattenbaus hat ihre weiße Far-
be längst verloren." So oder so ähnlich würden JournalistInnen szenisch in die
Siedlung einführen, wie in einem Abendblatt-Porträt über den „Pastor im Pro-
blemviertel", der sich „seinen Frohsinn nicht nehmen lässt". Auch ich bin guter
Dinge und schlendere an den imposanten Hochhäusern vorbei, sehe eine vergit-
terte Tiefgarage, rede mit zwei Frauen aus der Ukraine, die blumige Kopftücher
tragen, steige in einen Aufzug, der 23 Stockwerke in die Höhe fährt und schaue
über die weite Stadt-Landschaft. Mein Blick ist der einer Touristin. Genau dieser Blick auf das vermeintlich „Andere", auf das, was aus der Stadt Ausgeschlossen, aber doch Eingebunden ist, macht mir zu schaffen. In kaum einer der zahlreichen Abhandlungen über die Hamburger RAS-Bewegung fehlt der kritische
Verweis auf das Fehlen der Marginalisierten in den Protesten (Hartz-IV-Emp-
fängerInnen, MigrantInnen, BewohnerInnen abgelegener Viertel) und sie haben
von der Tendenz her Recht. Der Protest konzentriert sich größtenteils auf die Innenstadt, wo auch die meisten AktivistInnen wohnen. Engagiert sind gebildete
„MittelschichtlerInnen", die bestens vernetzt, informiert und dabei nicht selten
selbst Geringverdienende sind.

Die Frage der Repräsentation ist eine, die das RAS-Netzwerk von Anfang
an kritisch begleitet. Wir wollen kein Sprachrohr für Andere sein. Stadt-selber-
machen heißt, selbst aktiv zu werden und nicht andere pädagogisch zu aktivieren.
So ist in den letzten Jahren das Netzwerk stetig gewachsen, weil sich immer mehr
Initiativen entlang verschiedener städtischer Konflikte gegründet haben und hin-

zu gestoßen sind. Abstrakter Konsens der Gruppen ist ein Verständnis von Stadt als ein Gemeinwesen. Uns verbindet in Anlehnung an Lefebvre die Vorstellung einer Stadt der „verdichteten Unterschiedlichkeit", als ein Ort, der allen gehört und der von allen gestaltet wird – unabhängig davon, was jemand repräsentiert, besitzt oder verdient. „Kurz- oder mittelfristig erzeugt die Recht-auf-Stadt-Bewegung einen Konflikt, weil sie auf der Seite derjenigen steht, die das Recht auf Stadt noch nicht haben", so der New Yorker Urbanist Peter Marcuse.

Neu an der Vernetzung unter dem Dach von RAS war die thematische Vielfalt der Initiativen: KlimaaktivistInnen, die gegen den Bau einer Fernwärmetrasse kämpfen, treffen auf von Verdrängung bedrohte KleingärtnerInnen sowie Kulturschaffende, die sich gegen ihre Instrumentalisierung als Standortfaktor wehren. Hinzu kommen autonome Gruppen, Mietervereinigungen und Menschen, die gegen städtische Imageprojekte und die Privatisierung öffentlicher Güter mit alternativen Konzepten kämpfen. Bei den monatlichen Treffen bringen sich alle gegenseitig über ihre Aktivitäten auf Stand und planen gemeinsame Aktionen. Doch trotz aller thematischer Vielfalt blieb die Gruppe der Aktiven relativ homogen, im Gegensatz zu den Right-to-the-City-Bewegungen in Nord- und Südamerika, in denen auch Obdachlose, städtische Arme und andere an den Rand Gedrängte aktiv sind. Ganz offensichtlich produziert die Art und Weise, wie sich in Hamburg Protest organisiert, auch Ausschlüsse.

„In einer hierarchisierten Gesellschaft gibt es keinen Raum, der nicht hierarchisch organisiert ist", schreibt Bourdieu und verweist darauf, dass soziale Fragen immer in den Raum eingeschrieben sind. Eine abweisende Architektur, ein von städtischer Infrastruktur abgeschiedener Ort, haben immer auch die Funktion, Menschen an ihren Platz zu verweisen. Räume können Ohnmacht produzieren. Ich stehe vor dem belebten Einkaufszentrum Born Center und warte auf die nächste 3. Ein paar Menschen versammeln sich vor einer Imbissbude. Es ist einer der Plätze, der hier zum unbestimmten Aufenthalt einlädt. „Born on the road. Der Osdorfer Born setzt sich in Szene", steht auf einem Flyer nahe der Bushaltestelle, der zu einem Viertelfest einlädt. Hier steht „Szene" noch nicht als Synonym für steigende Mieten, sondern eher für den Wunsch nach Teilhabe.

2. Trabrennbahn Bahrenfeld: Wir bauen eine neue Stadt

„Trabers Welt" heißt die Zeitung, die ich am Eingang der Bahrenfelder Trabrennbahn erhalte – ein Ort, der selbst eine eigene Welt ist. Der Werbeslogan „Eine Location für Siegertypen" kann nur spärlich darüber hinwegtäuschen, dass die Rennbahn ihre wirklich großen Zeiten vor über 100 Jahren hatte. In einer halben

Stunde findet das erste Rennen statt. Ich setze fünf Euro auf Bertie, der laut Traberwelt „genug kann, um hier alle zu ärgern, aber nicht immer seine Nerven im Griff hat". Immer mehr Menschen trudeln ein. Von Masse kann man nicht sprechen. „Gehst du noch nicht in Rente?" wird ein nicht mehr ganz junger Sulky-Fahrer gefragt. Er lacht und zuckt mit den Schultern. Er wird zumindest hier bald in Rente gehen müssen. So plant der seit 2011 allein regierende SPD-Senat den Abriss der Rennbahn, um an der Stelle Wohnungen zu bauen. Ein weiterer charmanter Ort, der verschwinden soll. Daran kann auch Bertie nichts ändern, der für mich heute den zweiten Platz holt. Um 2,50 Euro reicher verlasse ich die Bahn.

Ein paar Tage später treffe ich Ralf Hendel von der Initiative „Apfelbaum braucht Wurzelraum". Die KleingärtnerInnen rennen schon lange gegen die Umstrukturierungspläne des Senats an, denn nicht nur die Trabrennbahn, sondern auch Kleingärten und Parkflächen sollen verschwinden. „Rahmenplan Bahrenfeld Nord" nennt sich das Projekt, das der SPD-Senat durchbringen will. Kernstück ist die Erweiterung der Autobahn A7 von derzeit 6 auf 8 Spuren. Verkauft werden soll das Verkehrsprojekt mit den zwei Argumenten, dass Wohnraum und Lärmschutz in Form eines Autobahndeckels entstünden. Beides wird dringend benötigt. In Hamburg herrscht Wohnungsnot; Vorsichtige Schätzungen gehen von 60.000 fehlenden Wohnungen aus. Zudem droht der Hansestadt ein Verkehrskollaps; gerade in Bahrenfeld als Einfahrtschneise in die Stadt gibt es kaum einen Ort, wo nicht Verkehr lärmt.

Wo liegt also das Problem? Ich frage den Kleingartenverfechter. Die Forderung nach bezahlbarem Wohnraum ist eine Hauptforderung von Recht auf Stadt. Sicherlich einer der größten Erfolge der Bewegung war es, das Thema prominent auf die politische Agenda gepuscht zu haben, nachdem jahrelang der städtische Wohnungsbau komplett runter gefahren wurde. Dies will der Senat nun im Hauruck-Verfahren ändern und dazu passend forderte der eher konservative Mieterverein zu Hamburg den Senat auf: „Wenn Wohnungsbau das wichtigste ist, dann müssen auch Bürgerbeteiligung und Naturschutz zurück stecken".

„Ökologie und Wohnungsbau dürfen nicht gegeneinander ausgespielt werden und genau das passiert hier", sagt Ralf Hendel. „Die Lebensqualität sinkt dramatisch, wenn es keine Grünflächen gibt und auch die Kleingärten sind grüne Lungen für das Stadtklima". In Bezug auf den sozialen Wohnungsbau, der hier entstehen soll, zeigt er sich ebenfalls skeptisch. Das habe Alibifunktion, wenn man sich anguckt, wo Sozialwohnungen gebaut werden sollen. „Das sind Gebäuderiegel, die direkt an einer stark befahrenen Straße liegen, und als bewohnte Lärmschutzwände zur Aufwertung der dahinter liegenden Grundstücke mit Eigentumswohnungen dienen". Nicht wenige KleingärtnerInnen befürchten, dass sie ihre Gär-

ten räumen müssen, die Autobahn erweitert wird, dann aber für den Deckel das
Geld fehlt. Das Ende der Geschichte wäre: Noch mehr Verkehr, noch mehr Lärm,
noch weniger Grünflächen. Ein sozial gerechtes und nachhaltiges Konzept von
Stadt müsste, auch dem Auto als klimakillendes hochsubventioniertes Individu-
alverkehrsmittel den Kampf ansagen, darin waren wir uns am Ende einig. Dies
käme jedoch im Land der Autolobbyisten einer Revolution gleich.

3. Kaltenkirchener Platz: Der neue Geist der Partizipation

Ihr seid ja immer nur dagegen, lautet eine gängige Kritik gegenüber den RAS-
Initiativen. Und tatsächlich: Jede Partizipation beginnt mit einem Nein: Nein,
wir wollen nicht länger derart regiert werden. Nein, wir wollen keine weiteren
Imageprojekte, die den Profit einiger weniger maximieren und den Verlust kollek-
tivieren. Das kollektive Nein ist nicht misszuverstehen als ein Nein zu Veränderung. Die Beziehungsgefüge in der Stadt verwandeln sich kontinuierlich und gerade die Unterschiede und Gegensätze bilden den Kern des urbanen Lebens. Die
neoliberale Stadt hingegen bedeutet Stillstand, da sie diese Unterschiede brachial mit ihren Aufwertungswalzen planiert. Sehr schön beschreibt dies die Frankfurter Initiative Kulturcampus in ihrem Kurzmanifest „Ist heute schon morgen":
„Auf einmal hatte die Stadt aufgehört in Bewegung zu sein. Da war sie eine Im-
mobilie geworden."

Mein nächstes Ziel ist ein Ort, über dem ebenfalls ein dickes Nein prangt.
Gegen hegemoniale Planungskultur von Oben. Von der Bushaltestelle aus gehe ich
an brachliegenden Gleisflächen vorbei, rechts Kleingewerbe, links Wohnhäuser
und die Lagerfläche einer Brauerei. Hier treffe ich Thomas Leske. Wir befinden
uns mitten in Altopia – eine Melange aus Altona und Utopie, so nennt die gleich-
namige Anwohnerinitiative das Gebiet. Die Stadt nennt es „Neue Mitte Altona"
und damit ist der Grundkonflikt bereits skizziert. Soll an dieser Stelle mit Bürgerbeteiligung etwas Neues gewagt werden oder entsteht nur ein weiteres inves-
torenfreundliches Portfolio-Getto?

Es geht um ein insgesamt 75 Hektar großes innerstädtisches Areal, das –
wenn ein Fernbahnhof verlegt werden würde, was die Deutsche Bahn aber noch
nicht entschieden hat – städtebaulich „entwickelt" werden könnte. Entstehen soll,
so preist es die Stadt an, „ein buntes, familienfreundliches Wohnquartier mit cir-
ca 3.500 Wohnungen". Die Flächen befinden sich größtenteils im Privatbesitz von
global playern, wie der Bahn AG, der Firma Aurelis und dem Shoppingcenter-
bauer ECE. Auch wenn die Stadt nicht Eigentümerin ist, hat sie über die Master-
planentwicklung erhebliche Gestaltungsmöglichkeiten, in Bezug auf Art der Ver-

gabe von Grundstücken und die Zusammensetzung des Quartiers. Zudem gibt es ein Vorkaufsrecht der Stadt zur Entwicklung des Gebiets ohne die Eigentümer, wenn diese nicht im städtischen Sinne handeln sollten.

Doch was zum Wohle aller ist, daran scheiden sich die Geister. Die Stadt macht sich für einen Drittelmix stark: ein Drittel Eigentumswohnungen, ein Drittel frei finanzierter Mietwohnungen, ein Drittel Sozialwohnungen mit subventionierter Mietpreisbindung für 15 Jahre. Altopia hält dies für Gentrifizierung auf einen Schlag und spricht sich stattdessen für eine alltagstaugliche Mischung aus. „Darunter verstehen wir", erläutert Leske, „dass sich die sozialen Verhältnisse, die sich im Umfeld befinden, auch im neuen Stadtteil widerspiegeln". Die Initiative fordert einen Mix aus 30 % Kleingewerbe und 70 % genossenschaftlichen Wohnungen, wovon die Hälfte sozialer Wohnungsbau sein soll. Zudem müsse gewährleistet werden: eine 80 %ige Autofreiheit und dass 40 % migrantische BewohnerInnen dort leben können. Dies könnte die Stadt letztlich günstiger kommen, da man im Zuge einer nachhaltigen Stadtentwicklung ein langfristig funktionierendes, sozial ausgeglichenes Viertel schaffen würde.

Klar ist, dass so ein Megaprojekt spätestens seit Stuttgart 21 nicht im Verborgenen geplant werden kann. Und so wird hier ein neuer Geist der Stadtplanung zelebriert, der Partizipation vortäuscht ohne diese zu gewähren. Auf diversen Veranstaltungen dürfen BürgerInnen ihren Unmut über die Planungen loswerden. Es gibt ein Infocenter, in dem Wünsche auf Pinnwänden hinterlassen werden können. Von der Stadt eingesetzte Mediatoren haben so genannte „Dialogische Interviews" mit den behördlichen Planern, Anwohnenden, Initiativen, Gewerbetreibenden und Investoren geführt. Es gibt ein detailliertes Bürgergutachten zum Masterplanentwurf, das konkrete Verbesserungsvorschläge macht, von denen bisher kein einziger aufgenommen wurde. Es wurde ein Bürgergremium gegründet, das aber kein Stimmrecht hat. Dieses Gremium hat einstimmig einen sofortigen Planungsstopp gefordert, da unter Zeitdruck und aufgrund fehlender Transparenz vom Senat jetzt noch kein Masterplan verabschiedet werden solle. Aller Voraussicht nach wird der Masterplan nach der Sommerpause verabschiedet. „Von Partizipation im eigentlichen Sinne des Wortes kann keine Rede sein", fasst Leske die städtischen Informationsangebote zusammen, „das war bisher nur Erwachsenenbespaßung ohne Verbindlichkeit".

4. Feldstraße: Soziale Bewegung braucht Räume

„Wir müssen uns das Recht auf Stadt zurück erobern", sagt der marxistische Geograph David Harvey und zwar von denjenigen, die derzeit ihre gläsernen Hochglanz-Visionen einer Stadt, die sich rein am Profitinteresse orientiert, verwirklichen. Was verschwindet, sind die Orte, die sich ökonomisch nicht tragen, die jedoch von hohem Gebrauchswert für diejenigen sind, die sie nutzen. Es sind die unbespielten Ecken, die verwilderten Zwischenräume, die heterogenen Viertel, die öffentlichen Plätze, an denen sich Menschen aufhalten können ohne zu konsumieren.

Der neue Bauzaun an der Haltestelle Feldstraße verkörpert jene Hochglanzversion von Profitinteressen, von denen Harvey schreibt. Er schottet das riesige Areal der „Alten Rindermarkthalle" gegen anwohnerorientierte, kleinteilige Planungsszenarien ab. Hier entsteht eine Fassade aus Pseudodenkmalschutz, hinter der sich bald ein Riesensupermarkt befinden wird. „Leuchtturm der verhinderten Beteiligung" steht in großen Lettern auf einem Plakat vor der Baustelle – aufgestellt von dem Zusammenschluss lokaler Initiativen „Unser Areal". Während der drei Jahre, in denen das Gelände mit der 14.000 qm großen Shedhalle leer stand, haben die Inis gegen eine top-down-Planung gekämpft und mit unterschiedlichen Taktiken selbstorganisierter Planungskulturen für das Areal begonnen. Doch statt diese konkreten Angebote aufzugreifen, hat die Immobilienverwaltungs-AG der Stadt „Sachzwänge" durchgesetzt. Das Gelände ist bis auf weiteres an eine Handelskette vermietet und die alternativen Wunschproduktionen und Planungsgärten drohen ins Leere zu laufen.

Aber eine, die gut im „Rückerobern von Orten" ist, treffe ich auf der anderen Seite der Straße: Tina Fritsche. Wir stehen vor dem Nachbarschaftszentrum Centro Sociale, das sich als „Kontrapunkt gegen Gentrifizierung" versteht und das eine Art Keimzelle von RAS war. Hier fand im Herbst 2009 das Gründungstreffen mit rund einem Dutzend Initiativen und etwa 100 Leuten statt. Ein selbst verwalteter Ort, der selbst mit viel Charme und Vehemenz der Stadt abgerungen wurde, wenn auch für eine schmerzhaft hohe Miete. Im Eingangsbereich des Centros klebt eine bunte Tapete aus drei Jahren Recht-auf-Stadt: Plakate, die zu Demos gegen Leerstand und steigende Mieten mobilisierten, blaue Knochen, die zum internationalen Recht-auf-Stadt-Kongress einluden, eine Plakatreihe von No BNQ, die sich gegen Gentrifizierung in St. Pauli wendet, aber auch Klassiker wie das Plakat: „Für dich soll's rote Rosen regnen" zur Unterstützung der besetzten Roten Flora.

Tina Fritsche erinnert sich an die ersten RAS-Treffen. „Wir sagen ja immer, dass Stadt verdichtete Unterschiedlichkeit sei, und im Netzwerk war gerade in der Anfangszeit viel Fingerspitzengefühl erforderlich, um diese verdichteten Unterschiede respektvoll in der gemeinsamen Vernetzung auszuloten". Die Zusammenarbeit läuft nicht immer widerspruchsfrei. Gerade an der Frage: wie grün soll die Stadt sein versus wie urban muss sie sein? wird im Netzwerk gestritten. Wie kann eine Verdichtung aussehen, die sozial gerecht ist und die nicht zu Lasten von Natur und Gemeinschaftsflächen geht? Die taz subsumierte den neuen Charakter der Vernetzung unter der Überschrift: „Grüner Daumen trifft schwarzen Block". Und diese ungewöhnliche Koalition hat sicherlich auch den damaligen Schwarz-Grünen Senat ordentlich zum Schwitzen gebracht. „Die Stärke von Recht auf Stadt ist, dass so viele Initiativen mit ihren jeweiligen Kämpfen andocken können," sagt Fritsche. „Die lose Vernetzung hat auch den Vorteil, dass wir von außen nicht so leicht zu packen sind."

5. Johannes-Brahms-Platz: Eine andere Stadt ist nötig

Eingekeilt zwischen Bürogebäuden der Staatsanwaltschaft, der Bildzeitung und verglasten Eigentumswohnungen mit hochpreisiger Einzelhandelsfläche liegt der Bäckerbreitergang, an dem der Bus hält. Am Ende des Gangs knallt es gewaltig: eine neongelbe Fassade mit riesigen grünen Punkten blitzt hinter einem Baugerüst hervor. Willkommen im Gängeviertel, dem wohl bekanntesten Symbol des Hamburger Widerstands gegen die neoliberale Stadtpolitik. Es handelt sich um 12 Gebäude, deren trostlose Zukunft eigentlich schon besiegelt war: 80 %iger Abriss und Luxussanierung für den denkmalgeschützten Rest. Ein niederländischer Investor hatte die Altbauten der Stadt billig abgekauft, nachdem diese das historische Erbe jahrelang vernachlässigt hatte. Seit 2002 war das Viertel größtenteils entmietet und das städtische Wohnungsunternehmen Saga/GWG schaute dessen Verfall zu, um bessere Argumente für die Notwendigkeit des Verkaufs zu sammeln.

Business as usual könnte man meinen, bis zu dem Tag, an dem Kunst- und Kulturschaffende, PolitaktivistInnen und AnwohnerInnen in die Gänge kamen. Am 22. August 2009 besetzten sie mit einem Kunst-Coup die Räume und rannten allerorts offene Türen ein. Der komplette Gebäudekomplex wurde zur Ausstellungsfläche erklärt, im Rahmen eines harmlosen Hoffestes gekapert und mit Kunstobjekten „bespielt". Darin bestand die „Besetzung", die auch eine intensive Diskussion über Formen des Widerstands und das Verhältnis von politischem und künstlerischem Handeln ausgelöst hat. Die Sympathisanten reichten von etablierten Kulturschaffenden über konservative Abendblattlesende bis hin zu Kaufleuten und Kunstmäzen. In den folgenden Wochen kamen Tausende zum Staunen, Feiern und Diskutieren vorbei. Dieser wilde Mix in der Nutzung und das Gefühl, dass auf einmal mehr gehen kann, gab dem Anfang ein enormes utopisches Potential: Was wäre, wenn ...?

Wenn Menschen sich ihr Recht auf Stadt nehmen, dann geht es immer auch um diesen Akt der Aneignung und Selbstermächtigung. Dabei darf nicht vergessen werden, dass in den Städten in den letzten Jahrzehnten eine massive Umverteilungspolitik von unten nach oben stattgefunden hat. Die Politik verkauft im großen Stil städtische Gemeingüter, wie Stadtwerke, Energie- und Verkehrsbetriebe, Immobilien und Grundstücke oder setzt städtische Unternehmen unter Druck, Profit abwerfen zu müssen, wie im Fall der SAGA/GWG, die, wie eine eierlegende Wollmilchsau, günstigen Wohnraum zur Verfügung stellen und dabei jährlich 100 Millionen Euro für die Staatskasse erwirtschaften soll.

Im Fall des Gängeviertels hatte die Stadt schließlich aufgrund des enormen öffentlichen Druck dem Investor die Gebäude für 2,8 Millionen wieder abgekauft. Ein riesiger Erfolg der RAS-Bewegung in einer glücklichen historischen Konstellation. So machte dem damaligen grünen Koalitionspartner zu schaffen, dass er sich den Slogan „Kreative Stadt" auf die Fahnen geschrieben hatte und nun ausgerechnet die umgarnten KünstlerInnen gegen ihn rebellierten. Das Gängeviertel markiert zwar keine Kehrtwende in der Stadtentwicklungspolitik, sein Erfolg zeigt aber, dass ein drohender Imageverlust eine Achillesferse sein kann, um widerständige Projekte durchzusetzen. Seitdem geht der zähe Kampf der Komm-in-die-Gänge-Ini mit der Stadt weiter: Die dringend notwendige Sanierung steht bevor und um die Autonomie in der Nutzung wird immer wieder gerungen.

6. Marco-Polo-Terrassen: Das Unternehmen Stadt hat abgewirtschaftet

Vom Gängeviertel aus fahre ich mit der 3 durch die Innenstadt, in der nur etwa 5.000 Menschen wohnen und in die man zum Arbeiten oder Konsumieren fährt. Das Leben findet woanders statt. Zentralität ist nicht zwingend etwas Feststehendes oder Fixes. „Jeder Punkt kann zum Brennpunkt werden, zum privilegierten Ort, an dem alles konvergiert", schreibt Lefebvre in „La révolution urbaine". Ein wandernder Marktplatz oder eher viele in Bewegung begriffene Zentren, in denen sich jederzeit Unvorhergesehenes Platz verschaffen kann: „Aber schon im Entstehen verflüchtigt sich die Verdichtung wieder, wird rissig. Ein anderes Zentrum, eine Peripherie, ein Anderswo werden erforderlich."

Nicht nur in Bezug auf die HafenCity eine überaus hoffnungsvolle Vorstellung, denke ich, als ich südlich der Innenstadt schließlich im „Vorzeigeprojekt internationaler Waterfront- und ‚New Downtown'-Entwicklung" und an der Endstation der 3er-Buslinie ankomme. Ein Projekt, das laut eigenem Presseportal, nicht

weniger sein will als „ein Modell für die Entwicklung der europäischen City des
21. Jahrhunderts". Bis 2025 entsteht hier auf ehemaligem Hafengelände ein Stadtteil, der die Hamburger Innenstadt um 40 Prozent erweitern soll. Noch herrscht
eher bedrückende Leere in den frisch angelegten Einkaufspassagen. Konflikte, an
denen sich Widerstand formieren könnte, gibt es genug. Die Hafencity ist klandes-
tin geplant und zutiefst sozial unausgeglichen. Sie besticht durch eine Kette von
Fehlplanungen, wie die 50.000 qm Leerstand im Überseeviertel, wo die Stadt als
Investorenmitbringsel einst Festmieten garantierte und nun selbst zu Wahnsinns-
preisen einzieht. Kritik gibt es auch an der unentschiedenen Klötzchen-Archi-
tektur und am Retro-Verkehrskonzept aus Tiefgaragen und überteuerter U-Bahn.
Im Gegensatz zum Osdorfer Born hat man hier keine Kosten gescheut und dem
Hochwassergefahrengebiet HafenCity ausgerechnet ein versenktes Transport-
mittel geschenkt. Zur Krönung das Leuchtturmprojekt Elbphilharmonie, das die
Stadt schon jetzt eine halbe Milliarde kostet.

Doch gibt es niemanden von Recht-auf-Stadt, der hier aktiv wäre und den ich
treffen könnte. Während sich beispielsweise im heterogenen St. Pauli überproportional viele Menschen für ihren Stadtteil engagieren, sind hier ohne größeren Protest sehr viele städtische Ressourcen versenkt worden. Verräumlichte Konflikte
und Auseinandersetzungen, wie sie im RAS-Bündnis geführt werden, haben an-
scheinend immer auch etwas mit Identifikation zu tun. Und St. Pauli ist – neben
aller Kiez- und Rotlichtromantisierung – ein Stadtteil, in dem das Geworden-Sein
von Stadt architektonisch und sozial sichtbar wird. Ein Ort, der aufgrund seiner
Heterogenität funktioniert, etwas, von dem die fix hochgezogene Hafencity nur
träumen kann. Es haben hier keine Menschen gelebt, die den Planungen hätten
entgegen treten können und die kleineren widerständigen Aktionen, die es gegeben hat, sind in der Imagekampagne der Stadt für die HafenCity untergegangen.

Mit dem Marco-Polo-Tower im Rücken blicke ich über die Elbe in Richtung
Süden. Von hier aus will die Stadt in kolonialer Geste neues Land erobern. „Sprung
über die Elbe" nennt sie eins ihrer Leitprojekte für eine „Wachsende Stadt", dessen Highlights 2013 die Internationale Bauausstellung (IBA) und die Internationale Gartenschau (IGS) sein werden. Dort, wo hingesprungen werden soll, ist es
mitnichten leer. Auf den Elbinseln Wilhelmsburg und Veddel leben etwa 50.000
Menschen. Viele von ihnen haben schon lange eine Entwicklung für ihre Viertel
gefordert, aber keine Werbemaschinerie für Investoren, wie es nun passiert. Verschiedene Menschen von den Elbinseln sind im Rahmen von Recht auf Stadt aktiv. Und auch wenn wir den Sprung über die Elbe nicht mehr verhindern, können
wir doch dafür sorgen, dass die Landung hart wird.

„Born on the road", dieser Slogan vom Osdorfer Born hängt mir noch nach als ich zum letzten Mal in den Bus einsteige und nach Hause fahre. Es gibt die Erzählung, dass Henri Lefebvre seine Theorie vom Recht auf Stadt durch das Hin- und Herpendeln zwischen Paris und der zehn Kilometer entfernten Trabantenstadt Nanterre entwickelt hat, wo er ab Mitte der 1960er Jahre Soziologie lehrte. In dem Jahrzehnt wurde dort nicht nur die Uni, sondern auch das Büroviertel La Défense in Windeseile hochgezogen. Nanterre glich einer gigantischen Großbaustelle. Und ausgerechnet in dieser rauen Campusuni, die nicht nur architektonisch das Gegenteil der Pariser Eliteschmiede Sorbonne darstellte, nahmen die 68er-Proteste ihren Anfang. Initialzündung war am 22. März 1968 die Besetzung des Uni-Verwaltungsgebäudes und erst danach sprang der Funke von der Peripherie auf das Zentrum, die Sorbonne, über.

Dieser Aufsatz ist zuerst in derive – Zeitschrift für Stadtforschung (2012, Nr. 49) erschienen. Wir danken für das Einverständnis des Wiederabdrucks.

„Oben bleiben!"
Die Protestbewegung gegen „Stuttgart 21": politische und emanzipatorische Dimensionen

Annette Ohme-Reinicke

> „Die Ungleichheit nahm in dem Moment zu, als sich unsere Umwelt verändert hat. (…) weil da Leute kamen, die alles zugebaut haben, ohne sich darum zu kümmern, dass da unsere ganze Jugend drinsteckte. Sie kamen und bauten die Sachen da hin (…) Ich denke, wir alle werden jeden Tag beleidigt."
>
> (Said, zehn Jahre lang Sozialarbeiter in Val Fourré, einem der Banlieues von Paris, Ende der 90er Jahre im Gespräch mit Pierre Bourdieu)
>
> „Hin und wieder gab es dann Quittungen für dieses permanent provozierende, beleidigende (…) Verhalten."
>
> (Klaus Gebhard, Gründer der „Parkschützer", Stuttgart, 2011)

„Stuttgart 21" wurde als Label für den Bau eines neuen Bahnhofs in Stuttgart erfunden. Der alte Kopfbahnhof sollte einem neuen unterirdischen Durchgangsbahnhof weichen. Dafür sollte auch der benachbarte Stuttgarter Schlossgarten verkleinert und teilweise mit einer Betondecke versehen werden. Die Umwandlung von Gleisflächen in Bauland versprach Investoren Milliardengewinne. Entgegen der Erwartung der Erfinder ist „Stuttgart 21" allerdings zum Synonym für eine Protestbewegung geworden, deren Anfänge beinahe 20 Jahre zurückliegen und deren Kontinuität in der Bundesrepublik „einzigartig" ist (Rucht 2012). So fanden bis Anfang Dezember 2013 in vier Jahren 200 Montagsdemonstrationen gegen das Projekt statt. Die Teilnehmerzahlen bewegen sich stets zwischen drei- und siebentausend. Zu Großdemonstrationen kamen bis zu 150 000 Menschen. Eine rund um die Uhr besetzte Mahnwache informierte über den Stand der Auseinandersetzung, über 600 Bürger wechselten sich dabei ab. Die Protestbewegung hat zwei neue Zeitungen, einen Fernsehsender, mindestens fünf Fernsehfilme, einige Romane, verschiedene Krimis, etliche Sachbücher und mindestens zwei Theaterstücke hervorgebracht. Sie hat eine Landesregierung gestürzt, eine Volksbefragung erzwungen und den ersten grünen Bürgermeister einer Landeshauptstadt ermöglicht.

Auch in anderen Städten bildeten sich gleichzeitig Bürgerproteste. In Deutschland etwa gegen Gentrifizierung, in Italien und Frankreich demonstrierten Bürgerbewegungen gegen technische Großprojekte und im Oktober 2010 organisierte sich die weltweite Occupy-Bewegung, um öffentliche Plätze in Besitz zu nehmen.

Die Gleichzeitigkeit der Proteste führt zu der Frage, ob die Protestbewegung gegen „Stuttgart 21" Teil einer international agierenden sozialen Bewegung ist oder ob es sich um ein lokales Phänomen, eine städtische soziale Bewegung handelt, deren Erscheinen kontingent ist. Welche Vorstellungen gelingenden, guten Lebens artikuliert der Stuttgarter Protest und in welcher Weise materialisiert sich die Proklamation „Unsere Stadt"? Diesen Fragen spürt der Beitrag nach.

1. Das Projekt „Stuttgart 21" und seine Provokationen

Das Projekt „Stuttgart 21" ist kein regionales Infrastrukturprojekt, sondern Teil der politisch-ökonomischen Privatisierungsanstrengungen seit den 1990er Jahren (Harvey 2007). 1993 wurde die Bahn per Gesetz teilprivatisiert und arbeitete fortan als gewinnorientiertes Unternehmen. Kosten und Gewinne der Bahn AG wurden nun entkoppelt, Infrastruktur und Verkehr getrennt. So sind kostenaufwendige Bereiche, wie die Instandhaltung der Schienen öffentlich finanziert, während die Gewinne privatisiert werden (Wolf 2007). Unter dem Motto „Verkehrsprojekte Deutsche Einheit" waren 24 sogenannte „21-Projekte" erfunden worden. Dazu gehörten etwa die Tieferlegung des Frankfurter sowie des Münchner Bahnhofs. Es ging „um die gesamtdeutsche Vermarktung von Bahngelände und von Bahnhöfen zum Zwecke der Bodenspekulation, was keusch als ,Stadtentwicklung' umschrieben wird." (Wolf 2011: 169f.) Die durch „Stuttgart 21" freigewordenen Gleisflächen entsprechen 100 Hektar Bauland in bester City-Lage. Der Schätzwert beträgt zehn Milliarden Euro. Hier soll ein neues Innenstadtviertel entstehen. Insbesondere der Hamburger ECE-Konzern plant den Bau von 43000 Quadratmeter Verkaufsflächen (Heißenbüttel 2013). Der meistbesuchte Teil des Schlossgartens mit einer großen Liegewiese, soll mit einer Betondecke versehen werden. Dafür wurden bereits viele, bis zu 200 Jahre alte Bäume gefällt.

Die Proteste gegen „Stuttgart 21" erhielten ihre Dynamik vor allem durch zwei Faktoren: Einer von Unternehmern und Politikern angekündigten massiven Veränderung des öffentlichen Raumes, in dessen Zentrum der Bahnhof und der Schlossgarten steht, sowie der Nichtanerkennung der Bürgerforderung nach dem Recht auf Mitsprache bei der Gestaltung dieser Räume. Während sich die Ablehnung des Projekts an verschiedenen Interessen – bürgerschaftlicher versus unternehmerischer – der Gestaltung städtischen Raumes entzündete, führte die Verweigerung der Mitsprache der Bürger zu deren zunehmender Politisierung. Die auf diese Weise provozierten Proteste entwickelten sich als Lernprozesse und schlagen sich insbesondere in dem Bemühen nieder, Einfluss auf städtische und kommunalpolitische Entscheidungen zu erringen. Dies lässt sich mit Lefebvre als Versuch der Aneignung von Räumen gesellschaftlicher Repräsentation fassen.

2. Kleine Genealogie der Protestbewegung gegen „Stuttgart 21"[1]

Im Jahr 1994 wurde das Projekt „Stuttgart 21" der Öffentlichkeit von Vertretern aus Politik und Wirtschaft vorgestellt. Bereits im selben Jahr organisierte sich dagegen das Bündnis „Umkehr Stuttgart", bestehend aus dem NABU, dem VCD, dem Fahrgastverband Pro Bahn, den Naturfreunden, dem ADFC und dem BUND[2]. Ein weiteres Jahr später gründete sich die Gruppe „Leben in Stuttgart – kein Stuttgart 21". Die Gegner des Projekts hatten vor allem zwei Ziele. Erstens die Erhaltung des historischen Bahnhofsgebäudes als ein Symbol der Stadt.[3] Dies wurde mit der architektonischen Besonderheit des Bahnhofsgebäudes und dem Denkmalschutz begründet. Zweitens wollten sie die Stadt in einer als „ökologisch und sozial" sinnvoll erachteten Weise mitgestalten. Diese Motive blieben auch tragend als sich 2007 ein „Aktionsbündnis gegen Stuttgart 21" gründete. Es bestand aus dem BUND, den Initiativen „Pro Bahn", „Leben in Stuttgart", dem Verkehrsclub Deutschland und Vertretern der Partei Die Grünen. Das Bündnis sammelte Unterschriften für einen Bürgerantrag und gelegentlich fanden Demonstrationen statt. Im Jahr 2003 stellte der BUND und der VCD ein Alternativkonzept zu „Stuttgart 21", „K 21", vor, das den Erhalt und die Modernisierung des Kopfbahnhofs beinhaltete. Während dieser Zeit fanden etwa halbjährlich Demonstrationen gegen „Stuttgart 21" statt.

Im Vordergrund stand während dieser ersten Protest-Phase die Forderung nach Erhalt des erfahrenen Lebensraums der Stadtbevölkerung. Der Bahnhof war dafür zum Symbol geworden. Denn im Visier der Protagonisten steht die Veränderung des gesamten innerstädtischen Raumes. So befindet sich im Zentrum der Stuttgarter Innenstadt, die in einem Talkessel liegt, die Königstraße, eine Fußgängerstraße, in deren Mittelpunkt wiederum der Schlossplatz liegt, ein großer öffentlicher und begrünter Platz, der zugleich als Liegewiese und Treffpunkt dient. Die Achse zur Königstraße bildet der Bahnhof mit seinem Turm und dem

---

1   Eine ausführliche Darstellung der Protestbewegung ist zu finden in: Ohme-Reinicke 2012.
2   NABU: Naturschutzbund Deutschland, VCD: Verkehrsclub Deutschland, ADFC: Allgemeiner Deutscher Fahrradclub, BUND: Bund für Umwelt- und Naturschutz Deutschland.
3   So sagte der damalige Oberbürgermeister Manfred Rommel noch im Jahr 1987 in einer Festschrift der Deutschen Bahn: „Ich freue mich, daß der Stuttgarter Hauptbahnhof seit nunmehr 65 Jahren ein markantes Wahrzeichen unserer Stadt ist. Die Bürger Stuttgarts sind stolz auf dieses Bauwerk. Der Bahnhofsturm und die gewaltige Front .. stellen eine unverzichtbare Bereicherung des Stadtbildes dar." (zit. in: Roser 2010: 141)

angrenzenden Schlossgarten. Der Bahnhof wirkt „als ein der Zeit und dem Wandel bereits enthobenes ‚klassisches' Bauwerk in seiner ansonsten zutiefst von ‚Zeitlichkeit' geprägten Umgebung. (…) allein seine Präsenz als Altes im Rahmen von sich ständig wandelndem Neuen dürften genügt haben, es zum ‚Klassischen' (…) zu erheben. Daraus bezieht dieses Bauwerk seinen emotionalen Stellenwert für die Stuttgarter, auch wenn diese Seite des Protestes kaum artikuliert werden kann." (Göschel 2011: 183)

So trafen zwei Vorstellungen aufeinander: entweder sollte der Bahnhof die innerstädtische Konsummeile begrenzen und in einen Naherholungsraum, den Schlossgarten, münden oder der Bahnhof würde selbst zum Zentrum der Konsummeile, da ein neues Viertel entstünde und das Naherholungsgebiet, der Schlossgarten, bebaut und zerstört würde. Das Interesse an städtischem Bodengewinn und Immobilienspekulation kollidierte mit dem Interesse an der Erhaltung eines vertrauten Stadtbildes und dem Naherholungsgebiet. Während ersteres die Perspektive von Unternehmern und Spekulanten darstellt, bildet zweites die innerstädtische Betrachtung der Stadtbevölkerung ab. „Es begegnen sich im Konflikt um ‚Stuttgart 21' nicht etwa unterschiedliche Benutzungsanforderungen an ein technisches Bauwerk (…), sondern zwei Kulturen, materielle gegenüber postmaterielle, industrielle gegenüber postindustriellen Wertehorizonten, und zwischen diesen gibt es keinen Kompromiss" (Göschel 2011: 190)

Eine Politisierung der Proteste fand im Jahr 2007 statt. Das „Aktionsbündnis" hatte 67 000 Unterschriften für einen Bürgerentscheid gesammelt, nur 20 000 wären notwendig gewesen. Die Petition auf Zulassung des Verfahrens wurde im Gemeinderat jedoch abgelehnt. Diese Verweigerung beförderte das Anwachsen der Protestbewegung, die sich aus verschiedensten sozialen und politischen Milieus zusammensetzte. Innerhalb der Projektgegner bestand nun die Auffassung, dass die Meinung der Stadtbevölkerung, der Bürger, nicht wirklich gefragt war und die Möglichkeit demokratischer Mitbestimmung verwehrt werden sollte. (vgl. zur Bedeutung der Ablehnung des Bürgerentscheids für die Zunahme des Protests: Göttinger Institut für Demokratieforschung 2010) Dem Aktionsbündnis waren inzwischen auch das „Architekturforum Baden-Württemberg", „die Linke" sowie die „GewerkschafterInnen gegen S 21" beigetreten.

Die Bürgerbewegung hatte die Erfahrung gemacht, dass ihre Forderung nach Mitsprache von den politisch Verantwortlichen nicht anerkannt wurde und in der Stadt als gelebtem Raum die Interessen von Politikern sowie einiger Unternehmer und Manager dominieren sollten. Diese Erfahrung führte zu einer Frage, die während verschiedenster öffentlicher Versammlungen immer wieder gestellt wurde: „Wem gehört die Stadt?" Die Empörung über den verwehrten Bürgerentscheid

artikulierte sich in einem Anwachsen der Proteste ab Ende des Jahres 2009. Es
änderten sich nicht nur die Mehrheiten im Gemeinderat – die Grünen stellten die
größte Fraktion –, sondern es ging auch die Website der „Parkschützer" online
und die im Oktober begonnenen „Montagsdemonstrationen" gewannen an Dynamik. Im Frühjahr 2010 hatten sich die Teilnehmerzahlen bei vier- bis fünftau-
send eingependelt.

Nachdem jedochim Februar 2010 der offizielle Baubeginn erklärt wurde,
wollte das Aktionsbündnis – in der Annahme, „Stuttgart 21" sei nicht mehr zu
verhindern – die Proteste bald absagen. Zugleich erhielten sie durch eine ZDF-
Reportage des Magazins „frontal 21" im März 2010 bundesweit Beachtung, sodass sich nun auch die lokalen Zeitungen gezwungen sahen, darüber zu berich-
ten. Am 24. April 2010 hatten unter dem Motto „Unser Park – unsere Stadt" etwa
20 000 Menschen gegen „Stuttgart 21" demonstriert. Abrupt weiteten sich seit
Juli 2010 die Proteste aus und gewannen an Dynamik. Die Zahl der Demonstranten schnellte in die Höhe und die Projektbetreiber wollten dagegen offenbar
„Fakten" schaffen. Doch die Anlieferung eines Abrissbaggers vor dem Nordflü-
gel des Bahnhofs ließ eine zweite Mobilisierungswelle entstehen. Am 20. August
demonstrierten 30 000 Menschen, drei Tage später 10 000, am 30. August waren es 17 000. Der Platz vor dem Bahnhof wurde zu einem täglichen Treffpunkt
der Bürgerbewegung. Dort stand eine Mahnwache, ein Bauzaun wurde in Besitz genommen und mit Plakaten sowie Kunstwerken aller Art versehen. (Weitz
2010) Im August 2010 sprachen sich fast 70 Prozent der Stuttgarter Bürger gegen „Stuttgart 21" aus. Allein im September fanden sechs Großdemonstrationen
statt, an denen zwischen 17 000 und 70 000 Menschen teilnahmen. Es hatte sich
die Gruppe der „Parkschützer" gegründet, die regelmäßige Trainings in zivilem
Ungehorsams unternahm. Auf ihrer Website waren im Sommer 2010 über 30 000
(!) Personen namentlich registriert, die sich bereit erklärt hatten, einen Abriss des
Bahnhofs sowie das Fällen der Bäume im Schlossgarten zu blockieren. Die Stimmung war dermaßen von Tatenddrang geprägt, dass nicht mehr nur einmal wö-
chentlich demonstriert wurde, sondern neben den montäglichen Demonstrationen
außerdem ein „Kulturmittwoch" veranstaltet wurde und oftmals auch samstags
Demonstrationen stattfanden. Es wurden Aktionswochen gezählt und auf Hand-
zetteln über die wöchentlichen Protestaktivitäten informiert. Die Bürger reagier-
ten auf den beginnenden Abriss eines Teils des Bahnhofs mit Regelverletzungen
wie Straßenblockaden, Ankettungen, der Besetzung von Bäumen oder Bauge-
rät sowie der Störung öffentlicher Auftritte von Politikern. Gelegentlich wurden
unter freiem Himmel vor dem Bahnhof Dokumentarfilme gezeigt, etwa über die

Auseinandersetzung um das Atomkraftwerk in Whyl oder die atomare Wiederaufbereitungsanlage in Wackersdorf.

Gleichzeitig hatten sich Angehörige verschiedenster Berufe in Initiativen organisiert und lieferten sich Auseinandersetzungen mit ihren Standesvertretungen: etwa die „Architekten gegen S 21" mit der Architektenkammer, die „Theologinnen und Theologen gegen S 21" mit Kirchenoberen oder eine Gruppe „Unternehmer gegen S 21" mit der Industrie und Handelskammer (IHK). Es gab „Ingenieure gegen S 21", „Grafiker gegen S 21", „Ärzte, Psychologen und Therapeuten gegen S 21" sowie auch altersspezifische Gruppen wie „Seniorinnen und Senioren gegen S 21" und eine „Jugendoffensive". Es kam zu Disziplinarmaßnahmen und Gerichtsverfahren. Darüber hinaus waren der Schlossgarten durch ein Zeltlager okkupiert und diverse Bäume besetzt. An Lehrer öffentlicher Schulen war die Anweisung ergangen, das Thema „Stuttgart 21" im Unterricht nicht zu behandeln.

Die Zeit von Juli bis Ende September 2010 war die Phase der stärksten und kreativsten Proteste gegen „Stuttgart 21". Dabei artikulierte sich ein breiter Unmut gegen die etablierte Politik und die Einflussnahme großer Unternehmen.

Ein Phänomen, das zu dieser Zeit besonders deutlich wurde, ist, dass die Zusammensetzung der Protestbewegung relativ heterogen war. Allerdings zeigte sie einen hohen Anteil an besser Verdienenden und Menschen mit höherem Ausbildungsabschluss. Die Rede vom „erwachenden Citoyen" machte die Runde. Viele überraschte, dass der Protest in einer Stadt hervorbrach, in der die Arbeitslosigkeit im Bundesdurchschnitt die zweitniedrigste ist, die Sparguthaben zu den höchsten zählen und die eine Hochburg der CDU war. Die Gründe für die Heterogenität der Protestbewegung und deren abruptes Anwachsen im Sommer 2010 liegen meines Erachtens in zwei Faktoren: 1. Die Ambivalenz gerade der Stuttgarter Stadtbevölkerung. „Zum einen unterliegen zahlreiche Stuttgarter als Mitarbeiter in Unternehmen, die auf technische Innovationen basieren, in besonders hohem Maße den Wandel- und Verschleißbedingungen, die zur Aufwertung von Altem führen. Zum anderen aber sind möglicherweise die gleichen Gruppen oder Einzelnen von den Umsetzungen dieser Innovationen abhängig, und dies auch dann, wenn Altes dadurch vernichtet wird." (Göschel 2011: 184) 2. Infolge der Finanzmarktkrise war ein Misstrauen in Unternehmen und Politik entstanden, während gleichzeitig Leistungsdruck und Arbeitsdichte aufgrund neoliberaler Wirtschafts- und Sozialpolitik, angestiegen sind. So erklärten im Jahr 2010 55 Prozent der Bundesbürger, dass sie sich Sorgen um ihre Ersparnisse machten. Auf die Frage, welche Partei die besten politischen Rezepte gegen die Krise habe, antworteten 50 Prozent mit „keine Partei/weiß nicht". Der Aussage „Den Unternehmen geht es zwar besser, aber die Beschäftigten merken nichts davon", stimmten 77 Prozent zu. (infratest dimap 2010a) So war das Vertrauen in politische Repräsentanten geschwunden während gleichzeitig die Furcht bestand, finanzielle Absicherungen zu verlieren. Die angekündigten Milliardenkosten des Tiefbahnhofs mussten wie die Ankündigung erneuter unkalkulierbarer Geldverschwendung wirken, während zugleich der Abriss des Bahnhofs die Zerstörung tradierter Werte symbolisierte. Die Menschen fühlten sich bedroht. In dem Versuch, den Bahnhof zu erhalten, artikulierte sich freilich auch der Wunsch, eine alte, bekannte Ordnung zu behalten, eine Ordnung, die es vermeintlich vor der Finanzmarktkrise gab. Mitunter berief man sich sogar auf Rechtsverhältnisse aus der Monarchie, dass nämlich der Schlossgarten ein Geschenk von Königin Katharina und König Wilhelm an die Stuttgarter Stadtbevölkerung gewesen war und deshalb deren Eigentum sei.

Da jedoch fortan versucht wurde, über die herrschende Politik aufzuklären, kam es innerhalb der Protestbewegung folgerichtig zu Auseinandersetzungen mit dem gesamten Repertoire herrschaftsstabilisierender Maßnahmen in einer modernen neoliberalen Gesellschaft: Erfahrungen mit der Funktion der Medien wurden reflektiert, die Produktion herrschender Meinung transparent gemacht, Befriedungsstrategien durch „Schlichtungsgespräche" gedeutet. Es wurden Veranstaltungen organisiert, etwa über die Funktion von Marketing und Werbung. Bei einer Veranstaltung beispielsweise, die im Rathaus stattfand, diskutierten etwa 500 Besucher ein Referat von Winfried Wolf über die Frage, was „Stuttgart 21" mit der Wirtschaftskrise zu tun habe. In verschiedenen Diskussionen setzte sich bald die Überzeugung durch, dass Parteienvertreter zum Großteil an Mehrheitsgewinnen interessiert sind und sich allenfalls in zweiter Linie an den Bedürfnissen ihrer Wähler orientieren. Die Bürger waren davon überzeugt, dass sie immer wieder zum Objekt herrschender Politik gemacht worden waren und Demokratie erst durchsetzen müssten. Dies wiederum bestärkte die Auffassung, Entscheidungsmacht über städtische Belange durchsetzen zu müssen.

Während das erklärte und konsensstiftende Ziel der Protestbewegung vornehmlich darin bestand, den Kopfbahnhof und die Bäume des Schlossgartens zu retten und Bürger verschiedenster Herkunft ihr Unbehagen an Politik und Ökonomie auch kulturell ausdrückten, war der Streit um „Stuttgart 21" für die Bundesregierung und einflussreiche Industrielle allerdings zu einer politischen Machtfrage ersten Ranges geworden. So erklärte Bundeskanzlerin Angela Merkel am 28. September 2010 vor dem Bundesverband der Deutschen Industrie (BDI) die Bedeutung von „Stuttgart 21" für die Bundespolitik: „Stuttgart 21" sei Teil der europäischen Verkehrspolitik, also keine nationale Angelegenheit. „Frankreich", so Merkel, „hat seinen Beitrag geleistet. Wir diskutieren seit 1994 (...) Wenn dieses Projekt nicht realisiert würde, würde das dazu führen, dass wir als nicht mehr verlässlich gelten. Wenn ich als Bundeskanzlerin dann auf europäischer Ebene sage: ‚Weil bei uns so viel protestiert wurde, können wir leider das, was wir versprochen haben, nicht mehr einhalten', dann kommt morgen mein griechischer Kollege und sagt: ‚Weil bei uns so viel protestiert wurde, kann ich die Stabilitätskultur nicht mehr einhalten.' Das möchte ich auf keinen Fall riskieren." (Presse- und Informationsamt der Bundesregierung) Der langjährige BDA-Präsident Dieter Hundt meinte einen Tag später, „Stuttgart 21" sei zu einem Symbol dafür geworden, ob sich die Industrie „eines Teils der Öffentlichkeit beugen" würde. (Schwarz 2010) Auch die IHK vertrat diese Auffassung und gab auf ihrer Internetseite bekannt: „Ein Scheitern von Stuttgart 21 (...) würde die parlamentarische Demokratie auf den Kopf stellen." (Stuttgarter Zeitung, 14.12.12.) Es sollte verhindert werden, dass die Stuttgarter Bürgerbewegung auch auf europäischer Ebene ein Beispiel dafür würde, dass sich Politikformen jenseits der etablierten und kontrollierbaren Formen repräsentativer Demokratie beispielhaft durchsetzen können. Dies wäre eine Anerkennung der Legitimität und Notwendigkeit nichtrepräsentativer Politikformen geworden. Anders gesagt: Die Räume gesellschaftlich-politischer Repräsentation sollten auf jeden Fall das neoliberale Politikmodell abbilden. Deshalb stand die politische Niederschlagung des außerparlamentarischen Bürgerprotests nunmehr im Zentrum der Interessen der Protagonisten von „Stuttgart 21". Unisono wurde politisch und nicht verkehrstechnisch argumentiert. So standen sich Forderungen nach plebiszitären Demokratieformen einerseits und das Primat repräsentativer Demokratie als herrschender – und in diesem Fall beherrschender – Politikform andererseits gegenüber. Die Bürger sollten unter das Prinzip der Repräsentation, der Stellvertreterpolitik, gezwungen werden. Eine Aneignung von Räumen der Repräsentation durch die Bürgerbewegung sollte es nicht geben.

Dies bildet den Hintergrund für die Kompromisslosigkeit des Vorgehens gegen die Bürgerbewegung. Die Äußerung der Bundeskanzlerin über die *politische* Notwendigkeit der Durchsetzung von „Stuttgart 21" mag für den Baden-Württembergischen Ministerpräsidenten Stefan Mappus wie ein Freibrief gewirkt haben. Am 30.10.2010 fand im Stuttgarter Schlossgarten ein Polizeieinsatz gegen Demonstranten statt, bei dem über vierhundert Menschen verletzt wurden, vier davon schwer. Ein Mann erblindete nach dem Beschuss durch Wasserwerfer. An jenem „schwarzen Donnerstag" sollte die Protestbewegung mit Gewalt aufgelöst werden. Dieses Vorgehen provozierte jedoch die bis dahin größten Demonstrationen mit an die 150 000 Teilnehmern. Die „Stuttgart 21"-Gegner hatte nach dem Polizeieinsatz so viele Unterstützer und Sympathisanten wie nie zuvor.

Nachdem der Versuch, die Protestbewegung mit polizeilicher Gewalt zu beseitigen, gescheitert war, entstanden drei weitere Möglichkeiten, das Projekt „Stuttgart 21" durch Verfahren und Mehrheiten zu legitimieren: die Schlichtungsgespräche, die Grünen als Regierungspartei und eine Volksabstimmung.

So ergriffen, nach jenem „schwarzen Donnerstag", zunächst Vertreter der Partei Die Grünen – ihrerseits der Logik repräsentativer Politik verpflichtet und im Hinblick auf die sechs Monate später stattfindende Landtagswahl – die Initiative. Sie unternahmen die ersten Schritte, den Protest in einem Mediationsverfahren zu kanalisieren und schlugen den CDU-Politiker Heiner Geißler als Mediator vor. Für die Mehrheit der Protestbewegung – viele Aktivisten waren zum ersten Mal auf die Straße gegangen – versprachen die „Schlichtungsgespräche" Transparenz, sie waren überzeugt von der Wirkmacht besserer Argumente und empirischer Grundlagen. Durchsetzen würde sich, so die Vorstellung, wer den größten Sachverstand habe. Überdies sahen die Projektgegner mehrheitlich das „Schlichtungsverfahren" als Anerkennung ihrer Empörung. Einzig die Gruppe der „Parkschützer" verweigerte sich dem Mediationsverfahren. Ergebnis der Gespräche waren verschiedene Vereinbarungen, wie etwa das Verpflanzen statt dem Fällen alter Bäume oder die Simulation des Bahnhofsumbaus an einem Modell, dem so genannten „Stresstest". Die Protestbewegung hielt die „Schlichtungsergebnisse" für verbindlich, schließlich waren sie ja in aller Öffentlichkeit ausgesprochen worden. Tatsächlich aber hatte das Mediationsverfahren keinerlei rechtsverbindliche Wirkung. Es waren *politische* Übereinkünfte, die aufgrund des Drucks der Protestbewegung entstanden waren und deren Durchsetzung nun ebenfalls eine *politische* Angelegenheit werden sollte. Zur öffentlichkeitswirksamen Aussage wurde die durch das Mediationsverfahren legitimierte Geißler'sche Aufforderung zum Weiterbau, „durch ihre Verfahrensbeteiligung waren die Projektgegner zur Hinnahme des Ergebnisses geradezu verdammt, um am Ende nicht (…) als unfähig und unwillig zum politischen Kompromiss, zu erscheinen." (Rucht 2012a: 350)

Der Aufforderung des CDU-Politikers Geißler schloss sich die Mehrheit der Bevölkerung an. Während sich unmittelbar vor den Schlichtungsgesprächen 54 Prozent der Baden-Württembergischen Bevölkerung gegen „Stuttgart 21" ausgesprochen hatten, kehrte sich nach den Gesprächen die Mehrheit um: Nun stimmten 54 Prozent für das Projekt (infratest dimap 2010b). Die politischen Gewinner der Schlichtungsgespräche waren Die Grünen. Ihre Umfragewerte gingen rapide in die Höhe und lagen im Dezember 2010 bei 29 Prozent. Offenbar hatten sich verschiedene Erwartungen an die Grünen aufgebaut. Ein wachsender Teil der Bevölkerung sah sie als schlichtende, integrative Kraft an, während zugleich ein

Großteil der „Stuttgart-21"-Gegner erwartete, dass die Grünen als Regierungspartei das Projekt „Stuttgart 21" verhindern würden.

Denn die Protestbewegung war und ist von jener Ambivalenz gekennzeichnet, die vielen Protestbewegungen eigen ist: Einerseits ist das Aufbegehren motiviert von der Überzeugung, dass die etablierten Parteien die Bürger nicht hin-
reichend vertreten, andererseits richten sich Forderungen, Aufrufe und Appelle
der Protestbewegung, ja Hoffnungen auf Veränderung genau wieder an diese Parteien. So erhielten die Baden-Württemberger Grünen im März 2011 genügend
Stimmen, um mit der SPD die Landesregierung zu stellen. Ein Kompromiss der
Koalitionsverhandlungen beider Parteien war die Durchführung einer Volksabstimmung.[4] Sie fand im November 2011 statt, erbrachte aber keine Mehrheit für
einen Ausstieg aus den Verträgen über „Stuttgart 21". Politisch schien der Bau
des Projekts nun legitimiert. „Damit, so die Hoffnung (der Projektbefürworter,
A.O.-R.), ließ sich dann ein mit demokratischen Weihen versehener Schlussstrich
unter die Auseinandersetzung ziehen." (Rucht 2012: 15)

Diese Hoffnung erfüllte sich jedoch nicht. Zwar schrumpfte die Bürgerbewegung nun zahlenmäßig erheblich, aber weiterhin fanden kontinuierlich mon-
tags Demonstrationen statt. Die Teilnehmerzahlen lagen wieder bei drei- bis fünf-
tausend. Außerdem gab es Versuche, die Proteste thematisch auszuweiten, etwa
hinsichtlich von Wohnungsverkäufen in Stuttgart an einen Hedgefond oder der
Finanzmarktkrise. Zudem wurden Kontakte geknüpft zu anderen europäischen
Protestbewegungen gegen großtechnologische Projekte wie die Hochgeschwin-
digkeitsstrecke im italienischen Val de Suza, den Bau eines Großflughafen im
französischen Notre-Dames-des-Landes oder den geplanten Tiefbahnhof in Florenz. Bei Protestveranstaltungen kamen Projektgegner aus verschiedenen europäischen Städten zu Wort. Im Fokus der Proteste blieb dennoch die Verhinderung
des Projekts „Stuttgart 21".

Die politische Akzeptanz, die „Stuttgart 21" durch die Volksabstimmung
erlangt hatte, wurde aufgehoben, als die Bahn AG im Dezember 2012 neuerlich
Finanzierungskosten bekannt gab. Demnach liegen die zu erwartenden Baukos-
ten bei bis zu 6,8 Milliarden Euro.[5] Vertraglich war eine Kostengrenze von 4,5
Milliarden Euro festgelegt. Überdies konnte die Bahn AG Detailfragen der Finanzierung gegenüber Landespolitikern und der lokalen Presse nicht schlüssig

---

4   Abgestimmt wurde jedoch nicht, wie oft suggeriert, über den Bau von „Stuttgart 21". Die Frage
     war vielmehr, ob die Bürger einer Kündigung der Verträge durch die Baden-Württembergische
     Landesregierung zustimmen oder nicht.
5   Damit bestätigte die Bahn AG letztlich jene Kostenberechnungen, die sowohl der
     Bundesrechnungshof in einem Gutachten 2008 bekannt gegeben hatte als auch die Zahlen
     der Projektkritiker.

beantworten. Im Dezember 2012 sprach DB-Vorstand Kefer von einer „stark ge-
sunkenen Wirtschaftlichkeit" des Projekts. (Wüpper 2012: 23) Zudem wirkten
die gleichzeitig bekannt gewordenen Probleme um den Fertigbau des Berliner
Großflughafens wie der Hinweis auf die mögliche Entwicklung der Stuttgarter
Bahnhofsbaustelle. „Stuttgart 21" steht in der Öffentlichkeit politisch wieder zur
Disposition, seit bekannt wurde, dass das Projekt wirtschaftlich unrentabel ist.

3. „Recht auf Stadt": emanzipatorische Aspekte

Die Protestbewegung gegen „Stuttgart 21" ist zwar ein Beispiel für eine städtische, eine lokale soziale Bewegung, sie weist aber dennoch zahlreiche Paralle-
len zu anderen sozialen Bewegungen auf. Am Anfang des Protestes steht meist
die Furcht vor Veränderungen der vertrauten Wirklichkeit, die mit symbolischen
Orten verknüpft ist. Städtische Bauprogramme oder technische Großprojekte
werden als Übergriff auf den erfahrenen Lebensraum und einen Bruch mit Traditionen wahrgenommen. Dies trifft etwa auf die Anti-AKW-Bewegung zu, auf
die Erfahrungen Berliner Mieterinitiativen gegen Gentrifizierung und selbst auf
die Proteste in den Banlieus von Paris. Dieses konservative Moment ist fast allen
sozialen Bewegungen eingeschrieben. Der Versuch, Tradiertes zu bewahren ist
jedoch immer verknüpft mit einem „Nein!", einer Negation, die die Gestalt einer kritischen Öffentlichkeit annehmen und Lernprozesse in Gang setzen kann.

Dabei beginnt die Produktion von Handlungsräumen mit einer bestimmten
Form der Interaktion. Was in den Protestbewegungen stattfindet ist zunächst eine
Verständigung der Individuen darüber, wie sie die sozialen und politischen Verhältnisse tatsächlich erfahren. Darin liegt die Möglichkeit der Neudefinition der
eigenen Situation. Der vereinzelte Einzelne erfährt seine Situation als allgemeine
und kann so zu neuem Selbstverständnis, ja Selbstbewusstsein gelangen. Dabei
kommt Verdrängtes ans Licht und Privates wird politisch. Dieser Prozess wird
meist als befreiend empfunden und zeigt sich empirisch etwa darin, dass immer
wieder Demonstranten ihre Freude darüber beschreiben, dass sich neue Freund-
schaften bilden oder neue Netzwerke entstehen. Der Einzelne erfährt sich nun
als „Mensch unter Menschen" (so Maurice Blanchot über den Pariser Mai). Kurz:
Es entsteht eine neue Wertigkeit, die nicht von der kapitalistischen Verwertungslogik dominiert ist, sondern auf einem gemeinsamen Interesse basiert, nämlich
dem eigenen Unmut kollektiv Ausdruck zu verleihen und gemeinsam zu ermitteln, was die beste Lösung für das Allgemeinwohl ist. Bei dieser Ermittlung definieren sich die sozialen Beziehungen um: Im Mittelpunkt steht nicht mehr die
Frage, wie sich der vereinzelte Einzelne gegen andere behauptet, die er als po-

tentielle Konkurrenten erlebt, als Hobbes'scher „Wolf", und sich selbst am profitträchtigsten zu Markte trägt. Im Mittelpunkt steht vielmehr die Frage, wie das kollektive Ganze in der Weise organisiert werden kann, dass die Interessen aller berücksichtigt werden. Dieser Prozess des „Sich-seiner-selbst-gewahr-Werdens im Anderen" ist Grundlage jeder emanzipatorischer Veränderung. Und dies wiederum, die emanzipatorische Gestaltung sozialer Räume, bildet den Kern der Forderung des Rechts auf Stadt. Denn „Begriffe, die Orte und die Eigenschaft des Raums zu bezeichnen scheinen, bezeichnen im Grunde doch nur soziale Beziehungen" (Lefebvre 1990: 101). So ist der Forderung nach „Recht auf Stadt" die Forderung nach dem Recht auf soziale Beziehungen immanent – allerdings auf bestimmte soziale Beziehungen, nämlich solche, die nicht der Logik neoliberalen Konkurrenzindividualismus unterworfen sind. Nach Hannah Arendt ist die Zerstörung des öffentlichen Raums die Zerstörung der Möglichkeit, in Freiheit zu Handeln. „Das Wesentliche der totalitären Herrschaft liegt (…) darin (…) dass der Raum des Handelns, und dies alles ist die Wirklichkeit der Freiheit, verschwindet." (Arendt 1951: 935) Dies erzeugt die totale Unterwerfung der Einzelnen, die sich selbst lediglich als isolierte Marktsubjekte erfahren und einander dergestalt gegenübertreten. In diesem Sinn ist Gerard Raulet zu verstehen: „Es ist (…) zu befürchten, dass der Neoliberalismus den Totalitarismus des 21. Jahrhunderts darstellt." (Raulet 2012: 170)[6] Soziale Bewegungen dagegen, beinhalten die Möglichkeit, in der Produktion von Handlungsräumen, die marktgerechte Zurichtung und psychische Verelendung der Individuen zu überwinden. Insofern manifestiert sich in den Protesten auch ein produktives Aufbegehren gegen eine moderne Form der sozialen Verelendung.

Der Prozess der Bewusstseinsbildung, der sich in den Anfängen sozialer Bewegungen entwickelt, ist ein Phänomen, das in der Soziologie und der Philosophie oft ausgeblendet wird. Er lässt sich als ein „Aufwachen" beschreiben. Dieses „Aufwachen" ist eine Mischung aus Selbst-Bewusstwerden und sich gegenseitig „wecken". Er ist ein Akt der Produktion, ein „Ergebnis von Produktionsverhältnissen, die eine handelnde Gruppe übernommen bzw. in die Hand genommen hat." (Lefebvre 1990: 164) Dabei ist offen, welche Richtung dieser Prozess annimmt.

---

6   Selbstverständlich soll hier nicht der Nationalsozialismus mit dem Neoliberalismus gleichgesetzt werden. Das Verschwinden jenes „Raums des Handelns" als öffentlichem Raum, von dem Arendt spricht, muss allerdings nicht aufgrund diktatorischer Zwangsmaßnahmen erfolgen. Darauf verweist auch Arendt selbst, wenn sie davon spricht, dass der Faschismus in dem Augenblick begann, als die Menschen wegschauten, während ihre Nachbarn abtransportiert wurden. „Totalitarismus" bezeichnet hier gesellschaftliche Verhältnisse, die sich als unpolitische, weil teilnahmslose erweisen, sodass die Vereinzelung der Einzelnen als Bedingung wachsender sozialer und ökonomischer Verelendung wirkt. Die Rede vom „öffentlichen Raum" als Freiheit beinhaltet somit immer auch eine politische Qualität sozialer Beziehungen.

Ein Aufwecken aufgrund individueller Empörung beschreibt etwa die Handlung eines Gründers der Stuttgarter „Parkschützer". Als er im Stuttgarter Schlossgarten auf Menschen zuging, die sich dort sonnten, und ihnen seine Postkarten des geplanten Bahnhofs zeigte, wurden die zu erwartenden räumlichen Veränderungen sinnlich nachvollziehbar. Viele empörten sich spontan: „Ja wenn das so ist und die Wiese auf der ich gerade liege zu Beton werden soll, dann kette ich mich an einen Baum!" Ähnlich verhielten sich die Winzer im Badischen Whyl, die den Bau des Atomkraftwerks verhindern wollten. Zunächst suchten sie das Gespräch mit ihren Nachbarn, liefen von Haus zu Haus und informierten die Anwohner. Schließlich fertigten sie eine Grafik an, auf der ein Atomkraftwerk neben dem Freiburger Münster zu sehen war. Damit gingen sie auf den Freiburger Marktplatz und sprachen mit den Bürgern. Auch hier war die Reaktion oft eine spontane Empörung. Durch die Gespräche, die Appelle an andere und die grafische Darstellung, war die Dimension der geplanten Veränderung gelebten Raumes sinnlich erfahrbar geworden.

So drückt die Rede vom „Aufwachen" einen Prozess aus, der sich während verschiedenster Anlässe historisch wie subjektiv wiederholt. „Und zwar werden die historischen Fakten zu einem uns soeben Zugestoßenen: sie festzustellen ist die Sache der Erinnerung. Und Erwachen ist der exemplarische Fall des Erinnerns. Jener Fall, in dem es uns gelingt, des Nächsten, Naheliegendsten (des Ich) uns zu erinnern. (…) Erinnern und Erwachen sind aufs engste verwandt. Erwachen ist nämlich die dialektische, kopernikanische Wendung des Eingedenkens. Es ist ein eminent durchkomponierter Umschlag der Welt des Träumers in die Welt des Wachen." (Benjamin 1991: 1057) Dies ist auch der Inhalt von Stephan Hessels Feststellung, im Moment der Empörung verbinde man sich „mit dem Strom der Geschichte." (Hessel 2011:10) Denn das Aufwachen bedeutet, dass sich Menschen in der Auseinandersetzung mit anderen ihres politischen Seins bewusst werden. Sie sehen sich selbst als diejenigen, die bestimmte Interessen und Rechte haben, wie das Recht auf die Gestaltung ihrer städtischen Lebensräume. Diese Rechte, die sie geltend machen möchten, werden ihnen aber verwehrt. Das Aufwachen ist das Erkennen der Illusion, das Subjekt könne sich mit seinen Interessen politisch vertreten lassen. Dabei hatte es die Geschichte längst eines Besseren belehrt. Der Aufgewachte findet sich wieder in der Welt wie sie ist und nicht wie sie scheint. Während der Schlafende dem politisch Bewusstlosen gleichkommt, ist der Aufgewachte das sich regende politische Subjekt, das entsprechend der Erkenntnis handelt: Gerechtigkeit, Räume der Repräsentation, werden nicht gegeben, sondern müssen ausgehandelt, ja erstritten werden.

4. Schlussfolgerungen

„Stuttgart 21" ist zum Synonym für eine städtische soziale Bewegung geworden,
die ihren Anfang in der Forderung hatte, einen für die städtische Bevölkerung
identitätsstiftende Ort, den Kopfbahnhof mitsamt dem angrenzenden Schlossgarten zu erhalten. Die angekündigte Veränderung dieses städtischen Ortes wurde
als Bedrohung der eigenen Identität erfahren. Zwar wehrten sich die Bürger implizit gegen die Logik neoliberaler Privatisierungspolitik, doch diese Dimension spielte für die Proteste anfänglich keine Rolle. Während des Versuchs aber,
städtischen erfahrenen Lebensraum zu erhalten, stieß die Protestbewegung auf
massive Ablehnung ihrer Forderung nach Mitsprache seitens Politik und Unternehmer. Dies führte zu einer Politisierung der Bürgerbewegung in deren Verlauf
die Frage gestellt wurde, „Wem gehört die Stadt?". Damit weitete sich die Auseinandersetzung aus von einem Versuch der Bewahrung städtischen Raums zur
Aneignung politischer Verfahren durch die Bürgerbewegung.

So verbirgt sich in der Forderung nach dem Recht auf Stadt auch die Forderung nach sozialen und politischen Räumen, die nicht von der kapitalistischen
Logik besetzt sind. Orte des Verweilens, wie eine Liegewiese im Schlossgarten,
stehen symbolisch einer Raumästhetik gegenüber, die keine Orte mehr kennt,
weil sie diese durch den abstrakten Raum der Strecke verdrängt. Die Protestbewegung artikuliert den Anspruch auf ein qualitatives Leben, auf eine bestimmte
Form des sozialen Verkehrs, die nicht von der kapitalistischen Verwertungslogik
durchdrungen ist, deren Wert sich nicht an Profitversprechen orientiert, an Einkommen oder Gehalt, an Popularität oder Mehrheitsgewinnen. So ist die Aussage „Uns gehört die Stadt!" selbst ein Symbol, nämlich für den Anspruch auf ein
qualitatives Leben.

Die Missachtung des Anspruchs der Bürger auf Mitgestaltung des öffentlichen Raums führte auch dazu, dass jetzt vieles, was auf stadtpolitischer Ebene
geschah, von einer politisch bewussteren Bürgerbewegung öffentlich beobachtet und radikaldemokratisch hinterfragt wurde. Dazu gehört die Privatisierung
der städtischen Wasserversorgung ebenso wie der illegale Verkauf von Teilen der
Energieversorgungsgesellschaft EnBW an einen französisches Unternehmen oder
die Übernahme städtischen Wohnraums durch einen Hedgefond. All diese Maßnahmen neoliberaler Privatisierungspolitik provozierten eine Diskussion über
Möglichkeiten der politischen Einflussnahme der Bürger auf kommunaler Ebene. Infrage gestellt wurden nicht nur die Verwertungsrechte öffentlicher Räume,
sondern auch Verfahren der Politik selbst. Adressaten der Bürgerbewegung waren dabei stets städtische und Landesvertreter aus etablierten Parteien. Die Stuttgarter Protestbewegung – und dies kennzeichnet ihre regionale Bezogenheit und

ihren Charakter als städtische soziale Bewegung – richtete Appelle vornehmlich an Landes- und städtische Politiker, wie etwa den Bürgermeister und den Ministerpräsidenten, nicht aber an die Bundeskanzlerin. Vor allem aber kam die verwehrte politische Mitsprache einer Aufforderung gleich, selbst Formen des Politischen zu entwickeln.

Die Lernprozesse der Stuttgarter Bürgerbewegung materialisieren sich auch in einem veränderten Verhältnis zu kommunalen Organisationen und kommunitären Organisationsformen. So wurde zunächst die Straße als Ort entdeckt, an dem sich Öffentlichkeit und Kontrolle der etablierten Politik konstituiert. Ferner richtete sich das Augenmerk auf kommunale Gremien, wie den Gemeinderat. Dorthin wurden Vertreter der Bürgerbewegung gewählt. Und schließlich war stets das Rathaus ein Ort bürgerschaftlicher Repräsentation. So fanden die meisten Montagsdemonstrationen auf dem Marktplatz vor dem Rathaus statt, das Rathaus wurde zum Tagungsort des sogenannten „Ratschlags" einer Bürgerversammlung, die bisher drei Mal mit etwa 700 Teilnehmern tagte und hier fand im Januar 2013 ein Konvent zur Gründung eines Bürgerparlaments statt. Angelehnt an Erfahrungen in Belgien und Porto Alegre wurde über Formen bürgerschaftlicher Selbstorganisation und politischer Mitsprache diskutiert.

So hat sich aus dem Streit um „Stuttgart 21", der mit der Forderung nach Bewahrung des erfahrenen städtischen Lebensraums begann, eine kritische Öffentlichkeit gebildet, die auf der Suche nach solchen städtischen Politikformen ist, mit denen sich das Primat des Gemeinwohls gegenüber einer Orientierung an wirtschaftspolitischer Gewinnmaximierung durchsetzen lässt. Offen ist freilich die Frage, ob die Protestbewegung gegen „Stuttgart 21" neue Formen des Politischen dauerhaft durchsetzen oder lediglich zu einer Veränderung der „politischen Kultur" beitragen wird.

Literatur

Arendt, Hannah (1951): Elemente und Ursprünge totaler Herrschaft. München: Piper
Benjamin, Walter (1991): Das Passagen-Werk. In: Gesammelte Schriften, Bd. V.2, Frankfurt/Main: Suhrkamp
Göschel, Albrecht (2011): Ort und Raum: Die kulturelle Dimension im Konflikt um „Stuttgart 21". In: Forum Stadt. Vierteljahreszeitschrift für Stadtgeschichte, Stadtsoziologie, Denkmalpflege und Stadtentwicklung. Jg. 38, H3, S. 181-193

Harvey, David (2007): Räume der Neoliberalisierung. Hamburg: VSA

Heißenbüttel, Dietrich (2013): Shoppen ohne Ende. In: kontext-Wochenzeitung,16.1.2013

Hessel, Stephan (2011): Empört Euch! Berlin: Ullstein. 7. Aufl.

Göttinger Institut für Demokratieforschung (2010): Neue Dimensionen des Protests? Ergebnisse einer explorativen Studie zu den Protesten gegen Stuttgart 21. URL: http://www.demokratie-goettingen.de/content/uploads/2010/11/Neue-Dimensionen-des-Protests.pdf (Stand: 28.1.2013)

infratest dimap (2010a): Zustimmung zur Aussagen zur Finanz- und Wirtschaftskrise. URL: http://de.statista.com/statistik/daten/studie/6401/umfrage/zustimmung-zu-aussagen-zur-finanz--und-wirtschaftskrise/ (Stand: 10.4.2013)

infratest dimap (2010b): ARD-DeutschlandTREND: Oktober 2010. Stuttgart 21. URL: http://www.infratest-dimap.de/umfragen-analysen/bundesweit/ard-deutschlandtrend/2010/oktober/ (Stand: 10.4.2013)

Lefebvre, Henri (1990): Die Revolution der Städte. Frankfurt am Main: Hain

Presse und Informationsamt der Bundesregierung: Rede der Bundeskanzlerin Angela Merkel anlässlich des BDI-Tages der Deutschen Industrie. Datum: 28.09.2010. http://www.bundesregierung.de/Content/DE/Rede/2010/09/2010-09-28-merkel-bdi.html (Stand: 28.01.2013)

Ohme-Reinicke, Annette (2012): Das große Unbehagen. Die Protestbewegung gegen „Stuttgart 21": Aufbruch zu neuem bürgerlichen Selbstbewusstsein? Stuttgart: Schmetterling-Verlag

Raulet, Gérard (2012): Republikanische Legitimität. Münster: Westfälisches Dampfboot

Roser, Matthias (2010): Der Stuttgarter Hauptbahnhof. Vom Denkmal zum Mahnmal. Stuttgart: Schmetterling-Verlag, 2. Aufl.

Rucht, Dieter (2012): „Von diesem Streit geht ein Signal aus". In: Stuttgarter Zeitung, 21.1.2012

Rucht, Dieter (2012a): Akzeptanzbeschaffung als Legitimationsersatz: Der Fall Stuttgart 21. In: Leviathan, Jg. 40, Sonderband 27, S. 339-358

Schwarz, Konstantin (2010): Hundt: Kosten von S21 kein Kriterium. http://m.stuttgarter-nachrichten.de/inhalt.stuttgart-21-hundt-kosten-von-s-21-kein-kriterium.9d850b4e-48df-4668-b19c-ad4c25cb01a9.html (Stand: 28.01.2013)

Weitz, Sibylle und Ulrich (2010): Der Stuttgarter Bauzaun. Phantasie des Protests. Stuttgart: Silberburg. 2. Aufl.

Wolf, Winfried (2007): Verkehr. Umwelt. Klima. Die Globalisierung des Tempowahns. Wien: Promedia.

Wolf, Winfried: (2011): Bahnprivatisierung als Immobiliengeschäft. In: Lösch, Volker/ u. a.: Stuttgart 21 – Oder: Wem gehört die Stadt. Köln: PapyRossa, S.165-181

Wüpper, Thomas (2012): Bahn zweifelt selbst an Stuttgart 21. In: Stuttgarter Zeitung, 15.12.2012

Lokale *Workfare*-Konflikte in Berlin und Amsterdam

Christian Schröder

Städte sind Schauplatz von sozialpolitischen Auseinandersetzungen und Mobilisierungen. Proteste gegen Arbeitsplatzabbau und Sozialkürzungen, lokale Kämpfe gegen *Workfare* und für Arbeitsförderprogramme gehören zum Alltag vieler Metropolen. Ich untersuche im Folgenden Auseinandersetzungen um die Ausgestaltung lokaler *Workfare*-Politiken[1] in Berlin und Amsterdam seit den 2000er Jahren. Zunächst frage ich danach, inwiefern es sich bei lokalen Protesten von Erwerbslosen tatsächlich um spezifisch „städtische" Proteste handelt. Danach ordne ich die lokalen Auseinandersetzungen in die Restrukturierungsprozesse der Arbeitsmarkt- und Sozialhilfepolitiken ein und gehe auf die Spielräume vor Ort ein. Anschließend beschreibe ich anhand von vier lokalen sozialpolitischen Auseinandersetzungen von Erwerbslosen die Ausgestaltung lokaler *Workfare*-Politiken in Berlin und Amsterdam. Dabei greife ich auf das Instrumentarium der Forschung über *contentious politics*, soziale Bewegungen und politischen Protest (politische Gelegenheitsstrukturen, *Framing*, Ressourcenmobilisierung) zurück und frage danach, welche Bedingungen und Prozesse das Auftreten sowie den Erfolg oder Misserfolg solcher Proteste „schwacher" Akteure erklären.

Der Artikel basiert auf 29 Interviews mit aktiven Erwerbslosen, sozialpolitischen Aktivist_innen, Gewerkschafter_innen und Politiker_innen in Berlin und Amsterdam sowie umfangreichen Dokumentenanalysen und Presseauswertungen im Rahmen meiner Dissertation.

---

1   Der Begriff *Workfare* – abgeleitet von der US-amerikanischen *Welfare-to-Work*-Politik – steht für die Verpflichtung zu öffentlicher Arbeit, zur Aufnahme von Beschäftigung oder anderen Gegenleistungen für staatliche Transferleistungen sowie für die Ausweitung des Niedriglohnsektors und prekärer Beschäftigungsverhältnisse.

1. Der lokale Fokus von Erwerbslosenprotesten

Protestmobilisierungen von marginalisierten Gruppen wie Erwerbslosen und anderen Bezieher_innen von Transferleistungen gelten als höchst unwahrscheinlich. In der Forschungsliteratur wurden zahlreiche Gründe festgestellt, warum Erwerbslose nicht gegen ihre missliche Lage aufbegehren: Erwerbslosigkeit führe zu Resignation und Apathie, ihre prekäre Lebenslage sei durch Ressourcenarmut geprägt, Erwerbslose seien nur in geringem Maße protestaffin, ihre individuelle und klientelistische Abhängigkeiten von der Sozialbürokratie verhindere Solidarisierungen, und sie verfügen aufgrund ihres Ausschlusses aus dem Arbeitsleben nur über ein geringes Drohpotenzial (zu einer Kritik dieser Sichtweise vgl. Rein/ Scherer 1993). Trotzdem hat es in zahlreichen Ländern Proteste von Erwerbslosen gegeben (Giugni 2010; Reiss/Perry 2011). Umfangreichere Protestmobilisierungen von Erwerbslosen auf nationalstaatlicher Ebene sind jedoch historische Ausnahmen und finden nur in Zeiten historischer Umbrüche statt. Entsprechende Proteste lassen sich weder formal organisieren noch als Bewegungen verstetigen (Piven/Cloward 1986). Auch in Deutschland und den Niederlanden waren Erwerbsloseninitiativen nur in Ausnahmesituationen und auch nur ansatzweise als soziale Bewegung auf der Straße wahrnehmbar und wirkungsmächtig (Lahusen/ Baumgarten 2010). Die Existenz einer eigenständigen Erwerbslosenbewegung in Deutschland (Rein 2008: 595) und den Niederlanden (van der Lende 1992: 215) wird daher bestritten. Es handelt sich vielmehr um kleine bis mittlere Erwerbslosen- und Sozial*initiativen*, die aufgrund der individuell meist nur temporären Phase der Erwerbslosigkeit und ihrer Stigmatisierung oftmals keinen dauerhaften Bestand haben (Scherer 2010).

Auch Proteste von Erwerbslosen in Deutschland und den Niederlanden erlangen nur selten die Form sozialer Bewegungen und lokale Proteste von Erwerbslosen lassen sich nur eingeschränkt als „städtische soziale Bewegungen" bezeichnen. Ihre lokale Ausrichtung bedeutet nicht unbedingt, dass „ihre Ziele und ihre Aktionsbasis auf die Stadt und dort relevante Entscheidungsprozesse bezogen sind" (Mayer 2008: 295). Die Mobilisierungsfelder von Erwerbslosen beschränken sich auch nicht auf die lokale Ebene, seien es die finanzielle und soziale Absicherung bei Erwerbslosigkeit und Armut, der Einsatz für öffentlich geförderte Beschäftigung, Sicherung von Arbeitsplätzen, materielle Verbesserungen wie preisgünstigen Wohnraum, bezahlbare Mobilität oder gegen repressiv-kontrollierende Maßnahmen der Leistungsgewährung. Der zumeist auf die lokale Ebene beschränkte Aktionsradius deutet vielmehr auf ihre Schwäche in materieller, organisatorischer und politischer Hinsicht hin. Für die überregionale Mobilisierung und Vernetzung fehlen ihnen die Ressourcen. Auf lokaler Ebene ist Mobilisierung auch mit wenig Ressourceneinsatz möglich, Erfolge lassen sich leichter durchsetzen und der Zugang zu Verbündeten, Medien und Politik ist einfacher.

In der Bewegungs- und Protestforschung gilt die Mobilisierung von Ressourcen und Verbündeten als Voraussetzung und Erfolgsfaktor für eine erfolgreiche Protestpolitik. In den Mobilisierungen von sozial Ausgegrenzten sind Ressourcen und Bündnisse hingegen oft eher als Ergebnis des Protests zu sehen (Wagner/Cohen 1991: 553). In den Protesten von Erwerbslosen in Berlin und Amsterdam lassen sich verschiedene Erfolgsfaktoren identifizieren: Rahmenbedingungen wie politische Konstellationen, Elitenkonflikte und fallspezifische Gelegenheitsfenster, die Entwicklung von politischen Forderungen, welche anknüpfbar für weitere Akteure sind, kreative und konfrontative Aktionsformen und die Herausbildung von breiteren Allianzen, welche Mobilisierungen von Erwerbslosengruppen aktiv unterstützen.

2. Die Restrukturierung der Arbeitsmarkt- und Sozialhilfepolitik und ihre Spielräume vor Ort

Die Arbeitsmarkt- und Sozialhilfepolitik in Deutschland und den Niederlanden ist seit den 1990er Jahren tiefgreifenden Veränderungen ausgesetzt. Es hat eine richtungweisende Verschiebung von ‚passiven' zu ‚aktivierenden' Arbeitsmarkt- und Sozialhilfepolitiken stattgefunden. Die Inanspruchnahme von Sozialhilfe oder Arbeitslosenunterstützung ist stärker an Gegenleistungen von Erwerbslosen gekoppelt und mit rigiden Auflagen verbunden. Zu den Gegenleistungsverpflichtungen zählen die Teilnahme an Beschäftigungs-, Weiterbildungs-, Bewerbungs- und Erziehungsmaßnahmen. *Workfare*-Regime gründet sich auf materielle Knappheit durch niedrige Geldleistungen, den Abbau sozialer und politischer Rechte von Leistungsberechtigten sowie die teilweise rigide Überwachung von Eigenaktivitäten. Zahlreiche Eingriffe schränken den Alltag der Leistungsbezieher_innen ein: knappe Mietobergrenzen für die Wohnung, Kontrollbesuche zu Hause, die Überwachung von Einkommen und Vermögen sowie der partnerschaftlichen Beziehungen in einem Haushalt. Diese Merkmale kennzeichnen *Workfare*-Regime in Deutschland und den Niederlanden ebenso wie in zahlreichen anderen Industrieländern, deren Arbeitsmarkt- und Sozialhilfepolitiken ähnlichen Trends unterliegen (vgl. Kötter 2006).

Arbeitsmarkt- und Sozialhilfepolitiken werden zudem skalaren Neustrukturierungsprozessen unterworfen. Dabei werden nicht einfach nationalstaatliche Kompetenzen auf die lokale Ebene verlagert, sondern es finden widersprüchliche Prozesse statt. Arbeitsmarkt- und Sozialhilfepolitiken sind sowohl national als auch lokal definiert. So werden in Deutschland und den Niederlanden „passive" beitragsgestützte Maßnahmen wie das Arbeitslosengeld überwiegend auf nationaler Ebene, „Aktivierungsmaßnahmen", Sachleistungen und die Gewährungspraxis dagegen meist auf lokaler Ebene definiert (Kazepov 2011). Europäische Vorgaben und nationale Gesetze werden nicht einfach „eins zu eins" auf der lokalen Ebene umgesetzt. Nationalstaatliche Politiken und Kontexte sind einflussreich, aber sie bestimmen nicht in einem top-down-Verhältnis lokale Politik. Stattdessen bedarf es einer ortsspezifischen Anpassung gesetzlicher Vorgaben, an der zahlreiche Akteure mit unterschiedlichen Interessen beteiligt sind. Gesetze und Richtlinien, seien sie national oder lokal, müssen darüber hinaus in Verwaltungshandeln übersetzt werden. Diese Prozesse beinhalten Spielräume für lokale Akteure, um das *Workfare*-Regime abzumildern oder zu verschärfen. Die sozialen Kämpfe von Erwerbslosen finden vor dem Hintergrund dieser Prozesse und der jeweiligen politischen Rahmenbedingungen statt. Metropolen wie Berlin und Amsterdam bilden aufgrund ihrer Größe und politischen Relevanz oftmals „Experimentierfelder" für arbeitsmarktpolitische Projekte, die – von lokalen oder nationalen Eliten initiiert – auf andere Kommunen übertragen werden, sofern sie „erfolgreich" verlaufen.

3. Proteste von Erwerbslosen in Berlin

In Berlin sind gewerkschaftliche, selbstorganisierte, kirchliche und verbandliche Erwerbslosengruppen aktiv. Besonders ausgeprägt ist die gewerkschaftliche Erwerbslosenarbeit. Seit Anfang der 1990er Jahre besteht der landesweite *Koordinierungskreis der gewerkschaftlichen Erwerbslosengruppen im DGB* (KOK). Die kirchliche Erwerbslosenarbeit wird vor allem durch das *Berliner Arbeitslosenzentrum* (BALZ) und den *Treffpunkt Regenbogen* vertreten, welche Beratung und politische Lobbyarbeit leisten. Stark vertreten in Berlin sind die unabhängigen Arbeitsloseninitiativen wie die *Hängematten, Erwerbslosentreff Lunte, ErwerbsLosenVersammlung in Schöneberg* (AK ELViS), *Berliner Kampagne gegen Hartz IV, AHA Spandau, Berliner Kampagne gegen Zwangsumzüge,* ErWiN, *AG Beschäftigungsindustrie, no service* u. a. Diese kleinen Gruppen erhalten keine staatliche Förderung und existieren meist nur kurze Zeit. Die verbandliche Erwerbslosenarbeit ist durch den *Arbeitslosenverband Berlin* gekennzeichnet, der Arbeitslosenzentren in drei Ostberliner Stadtteilen unterhält und dort Beratung anbietet, politisch aber nur selten in Erscheinung tritt.

Der Schwerpunkt der Erwerbslosenaktivitäten lag in den 1990er Jahren vor allem auf dem Erhalt von Arbeitsplätzen, der Forderung nach Arbeitsfördermaß-

nahmen sowie bezahlbarer Mobilität im Nahverkehr. 2003 bis 2005 fanden Mobilisierungen gegen die Hartz-Gesetze und *Workfare*-Maßnahmen sowie für ein
ÖPNV-Sozialticket statt. In den Jahren nach Einführung von Hartz IV stritten
Erwerbsloseninitiativen gegen lokale *Workfare*-Maßnahmen und die Verdrängung von Erwerbslosen aus ihren angestammten Wohnvierteln (vgl. Kampagne
gegen Zwangsumzüge 2007).

Im Folgenden werden zwei zentrale Mobilisierungen der Berliner Erwerbs-
losenszene in den 2000er Jahren skizziert: die Kämpfe für ein Sozialticket und
die Auseinandersetzungen um Mietobergrenzen für Erwerbslose.

3.1 Ringen um ein Sozialticket in Berlin (2003/2004)

Der Berliner Senat strich im Herbst 2003 im Rahmen eines umfangreichen Kür-
zungspakets den Zuschuss an die Verkehrsbetriebe für ermäßigte Tickets für
Sozialhilfebeziehende. Daraufhin nahmen die *S-Bahn Berlin* sowie die landes-
eigenen *Berliner Verkehrsbetriebe* (BVG) die ermäßigten Monatskarten für Sozi-
al- und Arbeitslosenhilfeberechtigte ersatzlos aus ihrem Angebot. Rund 600.000
anspruchsberechtigte Berliner_innen sollten fortan knapp 60 Euro statt wie bisher rund 20 Euro für eine Monatskarte zahlen. Erwerbsloseninitiativen, sozialpolitische Aktivist_innen, Studierende, linke Gruppen, Gewerkschaften und Wohlfahrtsverbände stritten 2003/2004 monatelang für die Wiedereinführung eines
Sozialtickets in der Hauptstadt.

Das Thema Mobilität bot günstige Anknüpfungspunkte für die lokalpolitische Auseinandersetzung, weil zum damaligen Zeitpunkt ohnehin großer Unmut
über die rigide Kürzungs- und Privatisierungspolitik des rot-rot regierten Senats,
die Fahrpreispolitik im ÖPNV und die Agenda-2010-Politik der rot-grünen Bundesregierung herrschte. Die Verantwortlichkeit für die Abschaffung des Sozialtickets lag eindeutig bei den lokalen, politischen Eliten und konnte nicht auf bun-
despolitische Akteure abgewälzt werden. Das Thema Mobilität für Menschen mit
geringem Einkommen erwies sich als gut skandalisierbar. Die Erwerbsloseninitiativen thematisierten erfolgreich den Widerspruch zwischen gesteigerten Mo-
bilitätsanforderungen durch den Arbeitsmarkt und der Einschränkung ihrer Mobilität durch die Abschaffung des Sozialtickets (Genschel 2010; Kneschke 2004).

Die Protestakteure sammelten sich in verschiedenen Bündnissen und entwickelten unterschiedliche Forderungen, Strategien und Aktionsformen. In der *AG
Mobilität des Berliner Sozialforums* versammelten sich radikalere Gruppen[2] aus

---

2   Als „radikale" werden hier solche Gruppen bezeichnet, welche auch konfrontative Protestre-
     pertoires und Aktionen des zivilen Ungehorsams zurückgreifen und das Regime aktivierender
     Arbeitsmarkt- und Sozialpolitik grundlegend ablehnen.

Erwerbslosen- und Sozialinitiativen. Sie forderten ein Ticket für zehn Euro. Viele dort Engagierte verfügten über jahrelange Bewegungserfahrung. Später fusionierte sie mit einer studentischen Initiative zum *Trägerkreis Recht auf Mobilität*. Ihre Einflussnahme auf die Politik erfolgte überwiegend durch konfrontative Protestaktionsformen (Umsonstfahraktionen, Kundgebungen, Demonstrationen, *Go-Ins*, Spaßaktionen) und die Mobilisierung der Öffentlichkeit (Bahn/Haberland 2004; Haug et al. 2007: 215–222). Den gemäßigteren Protestakteuren wie gewerkschaftlichen und kirchlichen Erwerbsloseninitiativen und Einrichtungen, die sich überwiegend im *Berliner Arbeitskreises Sozialticket* sammelten, gelang es, Kirche, Diakonie und Gewerkschaften mit in die Proteste einzubinden. Das Aktionsrepertoire ihrer Proteste reichte von Unterschriftensammlungen, Appellen und Lobbying bis hin zu Kundgebungen. Spontaneistischen Gruppen sammelten sich im Bündnis *Berlin-umsonst* und nutzten aktionsorientierte Kampagnen und konfrontative Protestformen, um ihre weitreichende Forderung nach einem Nulltarif im ÖPNV zu artikulieren. Die Protestaktionen waren keine Massenmobilisierung, sondern blieben auf mehrere Dutzend bis Hundert Teilnehmer_innen beschränkt.

Neben den politischen Gelegenheitsstrukturen erklärt das *Framing*[3] der Protestakteure die relativ erfolgreiche Mobilisierung im Ringen um das Sozialticket 2003/2004. Der *Frame* „Mobilität ist ein Menschenrecht" war anknüpfungsfähig für Verbündete. Erwerbslose und ihre Verbündeten erreichten, dass Mobilität zunehmend zu einem Thema wurde, zu dem sich Wohlfahrtsverbände, Gewerkschaftsspitzen, Kirchen und Parteien positionierten. Mit Hilfe dieser etablierten Akteure gelang es, den nötigen Druck auf die Entscheidungsträger_innen aufzubauen, um die Wiedereinführung des ermäßigten Tickets für Erwerbslose zum Januar 2005 zu erreichen. Der Preis des neuen Tickets lag mit anfangs 32 Euro weit über den ursprünglichen Forderungen. Das Ticket galt zudem nur für einen eingeschränkten Berechtigtenkreis, der Geringverdienende nicht mit einschloss. Der Preis lag aber unterhalb des vom Senat zwischenzeitlich genannten Preises von 39 Euro. Mit Einführung des Sozialtickets zum Januar 2005 verlor der Protest an Fahrt. Dennoch wurden die Berliner Proteste für ein Sozialticket bundesweit vielerorts nachgeahmt.

---

3   Unter *Framing* werden in der Bewegungs- und Protestforschung jene bewussten Strategien verstanden, mit deren Hilfe Bewegungsakteure versuchen, sich selbst und ihre Thematik so darzustellen, dass sie eine mobilisierende Wirkung entfalten und Koalitions- und Bündnisbildungsprozesse befördern können (vgl. Snow 2004).

3.2 Auseinandersetzungen um die lokalen Mietobergrenzen für Erwerbslose (2006-2008)

Mit Einführung von Hartz IV zum Januar 2005 ging die finanzielle Verantwortung für die Wohnkosten der Arbeitslosenhilfebeziehenden vom Bund auf die Kommunen über, die bis dahin nur die Wohnkosten der Sozialhilfebeziehenden trugen. Weil der Bundesgesetzgeber keine Mindestvorgaben für die gesetzlich festgelegten „angemessenen" Wohnkosten machte, wurden die konkrete Umsetzung und Ausgestaltung auf die lokale Ebene verlagert. Die Kommunen erhielten dadurch den „maximalen Entscheidungsspielraum bei der Bestimmung der Angemessenheitsgrenzen" (Busch-Geertsema et al. 2011: 569). Dies führte dazu, dass die kommunalen Regelungen für die Kosten der Unterkunft bundesweit sehr unterschiedlich ausfielen (Holm 2006).

In Berlin führten der rigide Sparkurs, ein enger werdender Wohnungsmarkt sowie die (Teil-)Privatisierung und Ökonomisierung des kommunalen Wohnungsbestandes dazu, dass Erwerbslose aus zunehmend gentrifizierten Stadtvierteln verdrängt wurden (Holm 2011). Daher stritten seit Einführung von Hartz IV Erwerbsloseninitiativen und Mieterorganisationen teils in Kooperation, teils in Abgrenzung zu anderen zivilgesellschaftlichen Akteuren wie Gewerkschaften, Wohlfahrtsverbänden und stadtpolitischen Initiativen um die Ausgestaltung der lokalen Wohnkostenregelung, die *Ausführungsvorschriften Wohnen* (AV-Wohnen), für Hartz-IV-Bezieher_innen.

Erwerbslosen- und Sozialinitiativen sowie ihren Verbündeten gelang es phasenweise über Einzelinitiativen hinaus zu mobilisieren und das Thema Wohnraum für Einkommensarme auf die lokalpolitische Agenda zu setzen. Die unabhängigen Initiativen sammelten sich in der *Berliner Kampagne gegen Zwangsumzüge*. Daneben protestierten die gewerkschaftlichen Erwerbslosengruppen, das Berliner Arbeitslosenzentrum (BALZ) sowie verschiedene Gewerkschaften. Anfangs stellten sie die Wohnkostenregelung grundsätzlich infrage und forderten die Übernahme der tatsächlichen Miete. Von Frühjahr bis Herbst 2006 dominierte vor allem der *Frame* „Zwangsumzüge verhindern". In dieser Zeit umfasste das Aktionsrepertoire der Erwerbslosen auch konfrontative Aktionen wie morgendliche „Weckbesuche" bei Politiker_innen. Mit den Protesten gelang es, eine im Bundesvergleich vergleichsweise milde Regelung für Berlin zu erstreiten, die als „sozialpolitisch vernünftige" Regelung mit längeren Fristen sowie Härtefall- und Sonderregelungen über einen gewissen Zeitraum von der Mehrheit der Parteien politisch getragen (SPD, PDS und Grüne) oder zumindest geduldet wurde (CDU). Die Mobilisierung war in dieser Phase relativ erfolgreich, da es den Erwerbsloseninitiativen gelang, die Verdrängungswirkungen der Wohnkostenregelung für Erwerbslose und Arme zu skandalisieren, ihre Forderungen anknüpfungsfähig für Verbündete waren, das Thema in der Öffentlichkeit hoch emotional besetzt war und steigende Mieten zunehmend für große Teile der Stadtbevölkerung eine Rolle spielten.

Ab Mitte 2008 geriet die Berliner Wohnkostenregelung von zwei Seiten unter Druck: Einerseits wollte eine andere politische Mehrheit auf Bundesebene die Berliner Sonderregelung abschaffen, andererseits verlor sie aufgrund fehlender Fortschreibung der Mietobergrenzen trotz rapider Preissteigerungen am Berliner Wohnungsmarkt ihre „Schutzfunktion". Im Sommer und Herbst 2008 mobilisierten Erwerbsloseninitiativen und Mieterorganisationen abermals, um eine Verschlechterung der Berliner Regelung zu verhindern und höhere Richtwerte zu erstreiten. Ihre Forderungen waren „realistischer" und konkreter, die Wohnkostenregelung selbst stellten sie kaum noch infrage. Insbesondere forderten sie höhere Richtwerte und mehr Rechtssicherheit. Die an den Protesten beteiligten Akteure waren vielfältiger, zunehmend beteiligten sich auch Wohlfahrts- und Sozialverbände. Hauptakteure der Proteste blieben aber Erwerbslosen- und Sozialinitiativen, Mieterorganisationen und Gewerkschaften. Mit der *Berliner Kampagne gegen Zwangsumzüge* und dem *Berliner Bündnis für eine bessere AV-Wohnen* existierten zwei Bündnisse, die allerdings keine kontinuierliche Dynamik und Strukturen aufbauen konnten. Es blieb vorwiegend bei Einzelinitiativen und koordinierten Aktionen in unterschiedlichen Konstellationen. Trotz zahlreicher Aktivitäten wie Protestaktionen, Veranstaltungen, Positionspapieren, öffentlichen Aufrufen und Gesprächen mit Politiker_innen gelang es den außerparlamentarischen Akteuren in dieser Phase nicht mehr, Einfluss auf die Politik des Berliner Senats zu nehmen. Zu unterschiedlich blieben die Problemdiagnosen hinsichtlich der Wohnsituation der städtischen Armenbevölkerung sowie der Bewertung der Mietsteigerungen am Berliner Wohnungsmarkt als Anzeichen des wirtschaftlichen Aufschwungs (SPD, CDU, FDP) oder einer neuen Wohnungsnot (Protestinitiativen). Die Protestinitiativen konnten allenfalls kleine Erfolge erringen, etwa Verfahrensverbesserungen in der neuen *AV-Wohnen* oder die Übernahme der Forderung nach einer Bundesratsinitiative für den Erhalt längerer Fristen durch DIE LINKE. Ihre wesentlichen Forderungen nach einer nennenswerten Erhöhung der Mietrichtwerte und anderer Maßnahmen, um die Verdrängung von Armen aus gentrifizierten Stadtvierteln zu stoppen, blieben unerfüllt. DIE LINKE und deren Sozialsenatorin übernahmen einzelne Forderungen und Kritikpunkte der Erwerbsloseninitiativen und Mieterorganisationen, konnten sie allerdings nicht mehr gegenüber der Koalitionspartnerin SPD oder dem Bund durchsetzen. Dass diese zweite Phase der Mobilisierung gegen Mietobergrenzen weniger erfolgreich war, erklärt sich zum einen aus dem Fehlen radikaler Forderungen und konfrontativer Aktionen seitens der Protestakteure. Zum anderen gelang es der lokalen Regierung erfolgreich öffentlich zu argumentieren, dass Berlin eine vergleichsweise großzügige Regelung habe und die befürchteten Massenumzüge nicht stattgefunden hätten. Die Proteste flauten ab, bildeten aber den Auftakt für spätere wohnungspolitische Auseinandersetzungen.

4. Proteste von Erwerbslosen in Amsterdam

Mit zunehmender Massenarbeitslosigkeit gab es in Amsterdam in den 1970er Jahren erste Proteste von erwerbslosen Bauarbeitern und Akademiker_innen. 1976/1977 gründeten sich auf Initiative der niederländischen kommunistischen Partei CPN überall im Land Erwerbslosenkomitees (*Werklozencomitees*), die später zu Erwerbsloseninteressenvereinigungen (WBV: *Werklozenbelangenvereinigung*en) umgebildet wurden, um eine dauerhafte und landesweite Organisation der Erwerbslosen zu schaffen (van der Lende 1992: 43f). Amsterdam war Ende der 1970er und 1980er Jahre räumlicher und organisatorischer Schwerpunkt lokaler und nationaler Erwerbslosenmobilisierungen mit entsprechender Bewegungsinfrastruktur. Aufgrund der relativ geringen Entfernungen in den Niederlanden ließen sich landesweite Protestaktionen deutlich leichter organisieren als in Deutschland. Der thematische Schwerpunkt der Erwerbsloseninitiativen lag in den 1980er Jahren vor allem auf steigender Armut und Erwerbslosigkeit sowie der Abwehr von erzwungenen Arbeitseinsätzen, zunehmenden Gegenleistungsverpflichtungen, Kürzungen bei der Sozialhilfe sowie der lokalen Leistungsgewährungspraxis (van der Lende 1992; Vlek 1997).

Die Lokalregierung Amsterdams setzte Anfang der 1980er Jahre einerseits auf repressive Maßnahmen insbesondere gegen die Hausbesetzerszene, andererseits zeigte die sozialdemokratisch dominierte Stadtregierung erstaunliche Fähigkeiten, lokale Konflikte einzudämmen und soziale Bewegungen einzubinden. Dem Lokalstaat gelang es, Protestinitiativen durch staatliche Finanzierung, Ressourcenangebote und Anerkennung weitgehend durch etablierte Institutionen in den Staatsapparat zu inkorporieren.

Mit dem landesweiten Wirtschaftsaufschwung Mitte der 1990er Jahre ging die Zahl der Erwerbslosen stetig zurück, ehemals aktive Erwerbslosengruppen verschwanden, einige Erwerbsloseninitiativen weisen aber über Jahrzehnte eine personelle Kontinuität auf und existieren bis heute. Neben der *WBV Amsterdam* gibt es den *Bijstandsbond* sowie die Fraueninitiative *Vrouwen en de Bijstand*. Neben diesen radikaleren Gruppen sind die gewerkschaftlich organisierten Erwerbslosen bei der lokalen Ortsgruppe *FNV lokaal Amsterdam* der niederländischen Dachgewerkschaft organisiert (van der Lende 1992; Vlek 1997).

In den 1990er Jahren veränderte sich der politische und gesellschaftliche Diskurs in den Niederlanden zuungunsten von Transferleistungsbeziehenden. Die politischen Eliten setzten unter dem Motto „Arbeit über Sozialleistungen" (*werk boven uitkeringen*) parteiübergreifend zunehmend auf *Workfare*-Politiken. Hinkte Amsterdam in den 1990er Jahren den landesweiten Trends zur Verschärfung der Arbeitsmarkt- und Sozialhilfepraxis noch hinterher, verschärfte die Gemeinde ihren politischen Kurs in der Sozialhilfepolitik um die Jahrtausendwende deutlich. Innerhalb weniger Jahre wandelte sich das lokale Sozialhilferegime von einem vergleichsweise gemäßigten in ein strenges *Workfare*-Regime.

In den 2000er Jahren mobilisierten Erwerbslosengruppen in Amsterdam mit teilweise beträchtlichem Erfolg gegen diese veränderte lokale Arbeitsmarkt- und Sozialhilfepolitik. Zwei zentrale Mobilisierungen werden im Folgenden dargestellt: gegen das *Workfirst*-Projekt *Megabanenmarkt* sowie gegen kontrollierende Hausbesuche.

4.1 Konflikte um das Workfirst-Projekt Megabanenmarkt (2001/2002)

Der *Megabanenmarkt* (deutsch etwa: *Mega-Stellenmarkt*) war ein mehrmonatiges lokales *Workfirst*-Projekt. Zwischen November 2001 und Oktober 2002 mussten alle rund 40.000 arbeitspflichtigen Sozialhilfebeziehenden der Stadt nach einer schriftlichen „Einladung" beim *Megabanenmarkt* in einer umgebauten Lagerhalle im westlichen Hafengebiet erscheinen. Dort sollten sie umgehend in Arbeit, Maßnahmen der Beschäftigung und Weiterbildung oder zu sozialen Diensten vermittelt werden. Bei Nichterscheinen oder Weigerung drohte ihnen der Verlust ihrer Sozialhilfe. Erwerbsloseninitiativen und einige Gewerkschaftsgliederungen protestierten gegen den *Megabanenmarkt* und die *Workfirst*-Ausrichtung der Amsterdamer Sozialhilfepolitik (Tamboer 2002).

Der *Megabanenmarkt* bildete das Kernstück des *Handlungsplans Sozialer Dienst*[4] (*Plan van Aanpak Sociale Dienst*), womit die städtische Sozialhilfepolitik auf Druck des niederländischen Sozialministeriums reorganisiert werden sollte. Der Druck der nationalen Ebene bot den lokalen *Workfare*-Verfechter_innen in Politik und Verwaltung die Gelegenheit, die Amsterdamer Sozialhilfepraxis als zu generös zu delegitimieren (ebd.). Mitten im Kommunalwahlkampf erlangten die Themen Erwerbslosigkeit und Sozialhilfemissbrauch Dynamik. Die lokalen Parteien positionierten sich weitgehend in Richtung *Workfirst*, sofern sie dies

---

4   Der *Sociale Dienst* war bis 2003 das kommunale Sozialamt der Gemeinde Amsterdam.

nicht bereits getan hatten. Der sozialdemokratischen PvdA als stärkster Kraft gelang es, zahlreiche lokale Akteure wie Oppositionsparteien, Arbeitgeberverbän-
de, soziale Dienste sowie private Agenturen in das Großprojekt *Megabanenmarkt*
einzubinden und phasenweise einen weitreichenden Elitenkonsens zwischen Regierung, Opposition, Arbeitgeberverband und Medien zu erzeugen. Eine parlamentarische Oppositionsarbeit fand so gut wie nicht statt.

Die außerparlamentarischen Gruppen aus Erwerbsloseninitiativen sowie einigen Gewerkschaften sammelten sich im *Bündnis Arbeit, Wohlfahrt und Wohl-
ergehen (Samenwerkingsverband Werk, Welvaart, Welzijn)*. Sie zweifelten die
Erfolgsmeldungen der Sozialbehörde und Stadtregierung öffentlich an und bezeichneten sie als Statistiktricks. Sie kritisierten die Neuausrichtung der lokalen
Sozialhilfepolitik in Richtung *Workfirst* und den Druck auf Erwerbslose, jegli-
che Arbeit anzunehmen. Sie bemängelten Behördenwillkür in großen Umfang
sowie das Fehlen tatsächlicher Förderung und Unterstützung von Erwerbslosen
im *Megabanenmarkt*. Mobilisierungen in größerem Umfang und konfrontative
Protestaktionen wie Blockaden oder Störaktionen blieben aus. Die Protestakteure beschränkten sich weitgehend darauf, Sozialhilfeberechtigte zu beraten sowie
einen Informations- und Erfahrungsaustausch zu organisieren, damit diese vor
Ort ihre Rechte besser durchsetzen konnten. Sie gaben Stellungnahmen heraus,
schalteten Online-Foren, betrieben Pressearbeit, führten Infostände, Theaterstücke und aktivierende Befragungen vor dem *Megabanenmarkt* durch, erstellten
eigene Umfragen zur Zufriedenheit und versuchten, Einfluss auf die lokalen Ab-
geordneten zu nehmen. Der *Bijstandsbond* unterstützte zahlreiche Erwerbslose,
deren Sozialhilfe eingestellt worden war, bei juristischen Auseinandersetzungen.

Erwerbslosen- und Sozialinitiativen und ihren Verbündeten konnten keinen
erfolgreichen *Frame* entwickeln und hatten Schwierigkeiten, positive Forderungen aufzustellen und zuzuspitzen. Ihre Problemdiagnose und Kritik wurde kaum
aufgegriffen, ihre Sichtweise politisch und medial ausgegrenzt. Bis auf wenige
Meinungs- und Presseartikel schafften sie es kaum, ihre Sichtweise in den Medi-
en zu platzieren. Der professionellen Öffentlichkeitsarbeit des Sozialen Dienstes
konnten sie nicht viel entgegensetzen. Stadtregierung und Sozialer Dienst wie-
sen die Kritik als unseriös zurück. Die Berichte über Behördenwillkür seien Ein-
zelfälle, die Umfragen der Kritiker_innen nicht repräsentativ. Sie ließen eigene
Umfragen erstellen und versuchten – teilweise erfolgreich – das Bündnis der Er-
werbslosen- und Sozialinitiativen und der Gewerkschaften zu spalten, indem sie
einzelnen Vertreter_innen Jobs im *Megabanenmarkt* anboten.

Die Proteste gegen den *Megabanenmarkt* sind ein Beispiel für den relativ
erfolglosen Versuch von Erwerbslosenakteuren, gegen Projekte der lokalen Ar-

beitsmarktpolitik zu protestieren. Das relative Scheitern erklärt sich dadurch, dass es den Erwerbsloseninitiativen nicht gelang, ein erfolgreiches *Framing* und entsprechende Forderungen zu entwickeln, welche die Kritik an der schikanösen Verwaltungspraxis und schlechten Qualität der Arbeitsvermittlung anschlussfähig für potenzielle Verbündete machte. Den Protesten mangelte es zudem an konfrontativen Aktionsformen. Mit ihren Forderungen drangen sie nicht in die lokale Öffentlichkeit vor. Der kampagnenartigen Öffentlichkeitsarbeit des Lokalstaats konnten sie nicht wirklich etwas entgegenstellen, und es gelang dem Lokalstaat potenzielle Gegner_innen zu inkorporieren.

Drei Jahre später fand gegen die kontrollierenden Hausbesuche bei Sozialhilfebezieher_innen hingegen eine vergleichsweise umfängliche und erfolgreiche Mobilisierung statt.

4.2 Proteste gegen kontrollierende Hausbesuche (2005/2006)

Zum 1. Januar 2004 trat das niederländische *Gesetz über Arbeit und Sozialhilfe* (WWB: *Wet Werk en Bijstand*) in Kraft, welches vergleichbar mit dem deutschen Hartz-IV-Gesetz die Sanktionsregelungen verschärfte, die Zumutbarkeit von Arbeit herabsetzte und mehr Gegenleistungen für den Bezug von Sozialhilfe verlangte. Der politische Aushandlungsprozess des Gesetzes war zudem von einer großen Debatte um Sozialhilfemissbrauch begleitet. Das WWB stattete die niederländischen Kommunen mit mehr Befugnissen in der Sozialhilfepolitik aus. 2003 hatte der Soziale Dienst Amsterdam im Rahmen von drei Modellprojekten mit unangekündigten Hausbesuchen in den Armenvierteln *Nieuw-West*, *Noord* und *Zuidoost* experimentiert. Im Herbst 2004 startete er das zweijährige Programm „Klient im Bild" (*Klant in beeld*), mit dem bis Ende 2006 alle Sozialhilfebezieher_innen Kontrollbesuche durch Außendienstmitarbeiter_innen erhalten sollten. Die kontrollierenden Hausbesuche dienten offiziell dazu, die Anspruchsvoraussetzungen (kein Vermögen, keine Bedarfsgemeinschaft) für den Bezug von Sozialhilfeleistungen zu überprüfen. Ein „Nebeneffekt" war die abschreckende Wirkung dieser Verwaltungspraxis auf Sozialhilfeberechtigte ihren Leistungsanspruch überhaupt geltend zu machen.

Mehrere Erwerbsloseninitiativen und Einzelpersonen organisierten – unterstützt von Verbündeten – in Amsterdam 2005/2006 eine Kampagne gegen diese Sozialhilfepraxis und führten die Auseinandersetzung um kontrollierende Hausbesuche sowohl auf politischer, medial-öffentlicher als auch juristischer Ebene. Anfangs mobilisierten die radikaleren Erwerbslosen- und Sozialhilfeinitiativen ihre Anhängerschaft, entwickelten Kritikpunkte und Forderungen. Sie versuchten mit öffentlichen Veranstaltungen, Stellungnahmen und Pressearbeit die Verwaltungspraxis zu skandalisieren. Sie thematisierten die Verletzung der Grund- und Menschenrechte von Sozialhilfeberechtigten durch Hausbesuche und kritisierten diese als schwerwiegenden Eingriff in die Privatsphäre sowie als Verstoß gegen die Grundrechte auf Unversehrtheit der Wohnung. Hausbesuche würden Sozialhilfeberechtigte kriminalisieren und unter Generalverdacht stellen. Sie forderten, umgehend mit den unangekündigten Hausbesuchen aufzuhören und auf mildere Mittel zurückzugreifen, um die Anspruchsvoraussetzungen zu überprüfen. Mittels Stellungnahmen und Praxisbeispielen (Bijstandsbond 2005), Lobbying über Briefe und Gespräche versuchten sie, Politiker_innen von ihrer Sichtweise zu überzeugen.

Als dies erfolglos blieb, spitzten die Erwerbslosen- und Sozialhilfeinitiativen ihre Aktionsformen zu. Die radikaleren Gruppen statteten prominenten Befürworter_innen in Politik und Verwaltung selbst Hausbesuche ab und veröffentlichten die „Untersuchungsberichte" ihrer Aktionsgruppe *Kontrolleure im Bild* (*Controleurs in Beeld*) in einem Online-Tagebuch.[5] Ihnen gelang es damit, die Auseinandersetzung auf die politische Agenda zu bringen. Die sozialistische Partei SP und die kleine, linksalternative *Amsterdam Anders/De Groenen* (AADG) positionierten sich gegen Kontrollbesuche und machten parlamentarische Oppositionsarbeit. Die oppositionellen Grünen befürworteten weiterhin Hausbesuche, legten aber Wert auf die Umstände, unter denen sie stattfanden. Die konfrontativ-spielerische Protestform der *Aktionsgruppe* führte allerdings zu Streit um Aktionsformen und Forderungen – und zwar im Klientenbeirat des Sozialen Dienstes, in dem ein Großteil der Erwerbslosengruppen vertreten war. Ein interner Konflikt zwischen gemäßigten und radikaleren Erwerbslosen- und Sozialhilfeinitiativen brach aus, der eine weitere Zusammenarbeit verhinderte.

Zwar spielte das Thema Hausbesuche im Wahlkampf zum Gemeinderat im März 2006 keine große Rolle, doch fast alle Parteien positionierten sich in ihren Wahlprogrammen dazu. Die neue Regierungskoalition aus sozialdemokratischer und grüner Partei schrieb den politischen Kompromiss im Koalitionsvertrag fest, dass die Hausbesuche bei Sozialhilfeberechtigten zwar fortgesetzt, aber strenger reglementiert werden sollten. Zeitgleich startete die lokale Sozialbehörde mit Einverständnis des sozialdemokratischen Sozialstadtrats ein weiteres Programm, wonach alle rund 2.000 Wohnungslosen künftig ebenfalls Kontrollbesuche erhalten sollten (Gemeente Amsterdam Bestuursdienst 2006). Gegen dieses Vorhaben regte sich Protest von Wohnungslosenhilfe, Wohlfahrtsverbänden und Kirche. Zeitgleich geriet der Sozialstadtrat zunehmend unter Druck, weil er ein juristisches Gutachten zurückgehalten hatte, welches vor rechtlichen Problemen

---

5   http://bijstbnd.home.xs4all.nl/controleurs/cibdagboek.html

bei unangekündigten Hausbesuchen warnte. Auch der kommunale Ombudsmann kritisierte das Vorgehen des Sozialen Dienstes bei Hausbesuchen als kompromittierend (Ombudsman Amsterdam 2006). Infolgedessen konnten Erwerbsloseninitiativen und unterstützende Anwält_innen zunehmend ihre Sichtweise in den Medien durchsetzen, und die Hausbesuche wurden zum Streitpunkt in der Koalition.

Die Erwerbsloseninitiativen setzten zunehmend stärker darauf, die Rechtsposition der Leistungsberechtigten zu stärken und riefen gemeinsam mit Anwält_innen die Kampagne *Recht im Bild* ins Leben. Ihr Ziel war es mittels einer Sammelklage gegen die Gemeinde Amsterdam und die niederländische Regierung ein landesweites Verbot von unangekündigten Hausbesuchen zu erreichen. Infolgedessen erstritten sie zwar ein Stück Rechtssicherheit für Sozialhilfeberechtigte gegenüber der Sozialbürokratie. Die Kontrollbesuche gingen allerdings weiter und wurden lediglich stärker reglementiert. Ihr Ziel, die Hausbesuche durch den Sozialen Dienst abzuschaffen, verfehlten sie schließlich. Ihnen gelang es, die Hausbesuche als stigmatisierende Verwaltungspraxis zu skandalisieren und auf die politische Agenda zu bringen, wenn auch nur mit mäßigem und kurzweiligen politischem Erfolg. Denn der Amsterdamer Sozialstadtrat machte im Februar 2007 einen Karrieresprung, wurde Sozialstaatssekretär und forcierte kontrollierende Hausbesuche zukünftig auf nationalstaatlicher Ebene.

5. Fazit

Diese Beispiele Auseinandersetzungen von Erwerbsloseninitiativen zeigen, dass Protestmobilisierungen von Erwerbsloseninitiativen auf lokaler Ebene durchaus stattfinden, Wirkung entfalten und Erfolge haben können. Während die meisten Leistungsbezieher_innen, eigensinnige Praktiken verfolgen und ihre Konflikte mit der Sozialbürokratie individuell und in verrechtlichter Form austragen, stehen die Proteste von Erwerbsloseninitiativen für kollektive Interessenformierung „schwacher" Akteure. Erst dadurch werden Widerstände sichtbar. Die dargestellten Proteste in Berlin und Amsterdam waren – zumindest teilweise oder phasenweise – erfolgreich, wenn die fallspezifische Gelegenheitsstruktur vor Ort günstig war, die Erwerbsloseninitiativen auf konfrontative Aktionsformen und -strategien setzten und ein erfolgreiches *Framing* mit anknüpfungsfähigen Forderungen für potenzielle Verbündete entwickelten. Allerdings sind Wirkung und Erfolg der kollektiven Auseinandersetzungen von Fall zu Fall und in einzelnen Phasen des Protests verschieden, von unterschiedlicher Reichweite und unterschiedlicher Nachhaltigkeit. In der Untersuchung deutet sich an, dass dies unter anderem damit variiert, inwieweit bei lokalen Bezügen auch lokale Verantwortliche adressiert werden können. Die skalaren Neustrukturierungen unterminieren dabei Proteste, indem *Workfare*-Regime in Deutschland und den Niederlanden einerseits lokal durchgesetzt werden und andererseits überwiegend nationalstaatlich verantwortet werden. „Schwache" Akteure geraten dadurch an strukturelle Grenzen.

Resonanz und Wirkung auf Protestmobilisierung sind jedoch nicht nur mit Erfolg im Sinne der Durchsetzung politischer Forderungen gleichzusetzen. Für „schwache" Akteure müssen andere Maßstäbe an die Wirkungen und Erfolge ihrer Protestmobilisierungen angelegt werden. Als Erfolg kann bereits gelten, wenn Erwerbslose als politische Subjekte sichtbar werden, ihre Probleme politisiert werden und ihre unterschiedlichen Widerstandsformen Legitimität erlangen (Cress/ Snow 2000: 1066ff). Künkler et al. (2013: 91f) unterscheiden drei Arten des politischen Erfolgs von Erwerbsloseninitiativen: Im Idealfall können sie *materielle Verbesserungen* durchsetzen, d.h. Geldleistungen werden erhöht, Rechtsansprüche ausgeweitet oder repressive Maßnahmen entschärft (1). Sie können die *öffentliche Meinung beeinflussen und Agendasetting betreiben*, indem sie ihre Problemsicht verallgemeinern (2). Zudem können sie *Strukturen verbessern*, indem sie die Gründung neuer Initiativen befördern, die Zahl der Aktiven erhöhen, über Wissenstransfer ihre Kompetenzen erweitern sowie Allianzen bilden (3).

Im Fall der Proteste für ein Sozialticket in Berlin war das Thema gut skandalisierbar, die Verantwortlichkeiten waren klar auf lokaler Ebene identifizierbar, das zugespitzte *Framing* „Mobilität als Grundrecht" war anschlussfähig für zahlreiche potenzielle Verbündete. Die Erwerbsloseninitiativen platzierten das Thema bezahlbare Mobilität schnell und herausragend auf der politischen Agenda. Ihre Proteste wurden in lokale Medien und Öffentlichkeit als legitim anerkannt. Sie setzten auf kreative und konfrontative Aktionsformen und waren insofern erfolgreich, als sie mit der Wiedereinführung eines Sozialtickets eine konkrete materielle Verbesserung erreichten.

Die Auseinandersetzungen um die lokalen Mietobergrenzen für Hartz-IV-Bezieher_innen waren zumindest phasenweise erfolgreich. Die fallspezifischen Gelegenheitsstrukturen waren durch steigende Mieten vor allem für Geringverdiener_innen und eine Dezentralisierung der Kämpfe für die lokalen Mietobergrenzen infolge des weit reichenden Umbaus des nationalstaatlichen Sozialleistungssystems gekennzeichnet. Den Erwerbsloseninitiativen gelang es, die Verdrängung auf dem lokalen Wohnungsmarkt von Erwerbslosen und Armen zu skandalisieren und ihre Forderungen anknüpfungsfähig für Verbündete zu machen. Ihnen gelang das Agendasetting, und sie erzielten zumindest phasenweise materielle Erfolge durch eine vergleichsweise „milde" Umsetzungspraxis der Mietobergrenzen.

In den Konflikten um das *Workfirst*-Projekt *Megabanenmarkt* in Amsterdam war die Mobilisierung hingegen wenig wirkungsvoll. Die mediale und öffentliche Resonanz der Proteste war gering. Den Erwerbsloseninitiativen gelang es nicht, ein erfolgreiches *Framing* und entsprechende Forderungen zu entwickeln, welche ihre Kritik und Forderungen anschlussfähig für mögliche Verbündete machten. Den Protesten mangelte es zudem an konfrontativen Aktionsformen. Ein Agendasetting misslang und materielle Verbesserungen waren so nicht zu erzielen.

Die Proteste gegen die kontrollierenden Hausbesuche waren teil- und phasenweise erfolgreich. Die repressive Maßnahme konnte zwar nicht verhindert, aber doch entschärft werden. Erwerbsloseninitiativen gelang es, die Kontrollbesuche als zu weit reichenden Grundrechtseingriff zu thematisieren und auf die öffentliche und politische Agenda zu setzen. Sie gewannen Verbündete und führten mittels eines breiten Protestrepertoires von konfrontativen Aktionen bis hin zu juristischen Auseinandersetzungen die politische Auseinandersetzung auf unterschiedlichen Ebenen erfolgreich und vergleichsweise andauernd.

In Berlin – wie in Deutschland insgesamt – ist die institutionelle Repräsentanz von Erwerbslosen(initiativen) äußerst gering. Sie verfügen über keine direkten Zugänge und Einflussmöglichkeit auf politische Entscheidungen: Weder finden sie im parlamentarischen Raum Gehör noch sind sie in relevanten deliberativen Gremien der lokalen Arbeitsmarkt- und Sozialhilfepolitik vertreten. Daher sind sie darauf angewiesen, Protest zu organisieren, um ihren Anliegen Gehör zu verschaffen. In Amsterdam – wie in den Niederlanden insgesamt – befördert der Staat seit den 1990er Jahren Zusammenschlüsse von sozialpolitischen „Betroffenengruppen" und gründet scheinbar partizipative Strukturen wie Klientenbeiräte bei Sozialverwaltungen und Ministerien. Diese haben zwar keinen wirklichen Einfluss auf politische Entscheidungen, binden aber die Ressourcen von Erwerbslosen- und Sozialhilfeinitiativen und fokussieren sie stärker auf kooperatives Verhalten. Solche institutionalisierten partizipativen Strukturen sind also durchaus ambivalent: Zum einen ermöglichen sie Mitsprache, zum anderen bedeuten sie Inkorporierung und damit auch Befriedung von Protest. Es ist zu vermuten, dass Letzteres mit ausschlaggebend für den geringeren Erfolg der Amsterdamer Initiativen war, im Vergleich zu den Berliner, bei denen keine institutionelle Einbindung bestand und Protest deshalb auch radikaler vorgebracht wurde.

Die Protestmobilisierungen von Erwerbslosen gingen in den letzten Jahren in beiden Städten deutlich zurück, Initiativen haben sich aufgelöst, potenzielle Verbündete haben sich anderen Themen zugewandt. Derzeit existieren keine nennenswerten Gruppen und Protestnetzwerke, welche Mobilisierungen von Erwerbslosengruppen aktiv unterstützen. Politik und Verwaltung bestimmen die öffentliche Debatte und den Kurs der Arbeitsmarkt- und Sozialhilfepolitik weitgehend allein. Die lokalen Auseinandersetzungen die Ausgestaltung der *Workfare*-Regime vor Ort scheinen vorerst abgeschlossen. Die Perspektive der Erwerbslosen spielt in den gegenwärtigen lokalpolitischen Auseinandersetzungen in Berlin und Amsterdam nur am Rande eine Rolle. Allerdings bleiben das Protestwissen und die Netzwerke bestehen und es ist möglich, dass sich die Initiativen in wirtschaftlichen Krisenzeiten wieder zusammenfinden.

Literatur

Bahn, Evelyn/Haberland, Marius (2004): Projektbericht „Initiative für ein Berliner Sozialforum" für den Projektkurs „Soziale Bewegungen und außerinstitutionelle Initiativen in Berlin" an der Freien Universität Berlin. Berlin.

Bijstandsbond (2005): De klop op de deur. Rechten en plichten van cliënten bij huisbezoeken door ambtenaren van de sociale dienst/DWI. Amsterdam: Vereniging Bijstandsbond Amsterdam.

Busch-Geertsema, Volker/Evers, Jürgen/Ruhstrat, Ekke-Ulf (2011): Mindestsicherung und die Auswirkungen auf das Wohnen unterstützungsbedürftiger Haushalte. In: *Informationen zur Raumentwicklung* 16 (9), S. 567–578.

Cress, Daniel/Snow, David (2000): The Outcomes of Homeless Mobilization: The Influence of Organization, Disruption, Political Mediation, and Framing. In: *American Journal of Sociology* 105 (4), S. 1063–1104.

Gemeente Amsterdam Bestuursdienst (2006): Start project Daklozen in Beeld. Brief van wethouder werk en inkomen Ahmed Aboutaleb aan de leden van de Commissie voor Werk en Inkomen, 8 mei 2006. Amsterdam.

Genschel, Corinna (2010): Sozialtickets und mehr. Auseinandersetzungen um die sozialen Voraussetzungen von Mobilität. In: TÜ.BUS umsonst! Das Grundrecht auf Mobilität in Zeiten von Krise und Klimawandel. Tübingen, S. 38–41.

Giugni, Marco (Hg.) (2010): The contentious politics of unemployment in Europe: Welfare states and political opportunities. Basingstoke [u. a.]: Palgrave Macmillan.

Haug, Christoph/Teune, Simon/Yang, Mundo (2007): Lokale Sozialforen in Deutschland. Kommunale Politik von unten zwischen Protest und Kooperation. In: Lillian Schwalb/Heike Walk (Hg.): Local Governance – mehr Transparenz und Bürgernähe? Wiesbaden: VS Verlag für Sozialwissenschaften, S. 206–227.

Holm, Andrej (2006): Kommunale Regelungen zu „Kosten der Unterkunft" im Rahmen der Sozialgesetzgebung nach SGB II. Eine Studie im Auftrag der Bund-Länder-Koordination der Fraktion DIE LINKE. im Deutschen Bundestag. Berlin.

Holm, Andrej (2011): Wohnungspolitik der rot-roten Regierungskoalition in Berlin. In: Holm, Andrej et al. (Hg.): Linke Metropolenpolitik. Erfahrungen und Perspektiven am Beispiel Berlin. Münster: Westfälisches Dampfboot, S. 92–112.

Kampagne gegen Zwangsumzüge (Hg.) (2007): Wohnst du noch oder haust du schon? Zur Wohnungsfrage nach dem SGB II. Frankfurt am Main: Fachhochschulverlag.

Kazepov, Yuri (2011): Rescaling in der Sozialpolitik: Die neue Rolle lokaler Wohlfahrtssysteme in europäischen Staaten. In: Walter Hanesch (Hg.): Die Zukunft der „Sozialen Stadt". Wiesbaden: VS Verlag für Sozialwissenschaften, S. 115-153.

Kneschke, Robert (2004): Fahrt schwarz! Neue Soziale Bewegungen im Bereich Öffentlicher Nahverkehr in Berlin. München: GRIN.

Kötter, Ute (2006): Der Umbau im Souterrain des europäischen Wohlfahrtsstaatsmodells. Die Reform des niederländischen und des deutschen Sozialhilfesystems im Vergleich (Teil II). In: *ZESAR Zeitschrift für europäisches Sozial- und Arbeitsrecht* 5 (3), S. 98-107 (Teil 1), (4), S. 155-159 (Teil 2).

Künkler, Martin/Schmitthenner, Horst/Kantelhardt, Uwe (2013): Wer bei Erwerbslosen kürzt, drückt auch die Löhne. Koordinierungsstelle gewerkschaftlicher Arbeitslosenarbeit. In: Harald Rein (Hg.): Dreißig Jahre Erwerbslosenprotest 1982-2012. Dokumentation, Analyse und Perspektive. München: AG Spak, S. 85-97.

Lahusen, Christian/Baumgarten, Britta (2010): Das Ende des sozialen Friedens? Politik und Protest in Zeiten der Hartz-Reformen. Frankfurt am Main/New York: Campus.

Mayer, Margit (2008): Städtische soziale Bewegungen. In: Roth, Roland/Rucht, Dieter (Hg.): Die sozialen Bewegungen in Deutschland seit 1945. Ein Handbuch. Frankfurt am Main/New York: Campus, S. 293-318.

Ombudsman Amsterdam (2006): Onverwacht huisbezoek (RA0612157). 3 Juli 2006. Amsterdam.

Piven, Frances/Cloward, Richard (1986): Aufstand der Armen. Mit einem Vorwort von Wolf-Dieter Narr und Lutz Leisering. Frankfurt am Main: Suhrkamp.

Rein, Harald (2008): Proteste von Arbeitslosen. In: Roth, Roland/Rucht, Dieter (Hg.): Die sozialen Bewegungen in Deutschland seit 1945. Ein Handbuch. Frankfurt am Main/New York: Campus, S. 593-611.

Rein, Harald/Scherer, Wolfgang (1993): Erwerbslosigkeit und politischer Protest. Zur Neubewertung von Erwerbslosenprotest und der Einwirkung sozialer Arbeit. Frankfurt am Main [u. a.]: Peter Lang.

Reiss, Matthias/Perry, Matt (Hg.) (2011): Unemployment and protest. New perspectives on two centuries of contention. Oxford/New York: Oxford University Press.

Scherer, Wolfgang (2010): Selbsthilfe, Selbstorganisation und Poor People's Movement – 31 Notate. In: Stefan Gillich/Stephen Nagel (Hg.): Von der Armenhilfe zur Wohnungslosenhilfe – und zurück? Gründau-Rothenbergen: TRIGA, S. 87-91.

Snow, David (2004): Framing Processes, Ideology, and Discursive Fields. In: David A. Snow, Sarah A. Soule/Kriesi, Hanspeter (Hg.): The Blackwell companion to social movements. Malden, MA: Blackwell, S. 380-412.

Tamboer, Kees (2002): Het onderzoek dat de raad niet wilde. In: *Het Parool, PS Achtergrond,* 12.02.2002.

van der Lende, Piet (1992): Werklozen in aktie. De geschiedenis van de Werklozen Belangen Vereniging Amsterdam, 1974-1992. Amsterdam: WBVA.

Vlek, Ruud (1997): Inactieven in actie: Belangenstrijd en belangenbehartiging van uitkeringsgerechtigden in de Nederlandse politiek 1974-1994. Academisch Proefschrift. Amsterdam: Universiteit van Amsterdam.

Wagner, David/Cohen, Marcia (1991): The Power of the People: Homeless Protesters in the Aftermath of Social Movement Participation. In: *Social Problems* 38 (4), S. 543-561.

Städtische Proteste „gegen das teure Leben" in Burkina Faso

Bettina Engels

1. Einleitung

Der außerordentliche Anstieg der Nahrungsmittelpreise insbesondere im globalen Süden zählt zu den schwerwiegendsten Folgen der gegenwärtigen globalen Krisen. Der wichtigste Index für Nahrungsmittelpreise weltweit, der *food price index* der *Food and Agriculture Organization* (FAO) der Vereinten Nationen, erreichte Anfang 2008 Höchstwerte. In Mexiko, wo der Maispreis innerhalb weniger Monate um mehr als 50 Prozent stieg, war von der „Tortilla-Krise" die Rede; in Senegal, Nigeria, Somalia und anderen afrikanischen Staaten verdoppelten sich die Preise für Grundnahrungsmittel wie Reis und Weizenmehl 2007/2008 innerhalb eines Jahres (Oxfam International 2008: 5, 18f; vgl. Bello 2009). In Dutzenden Städten weltweit protestierten ab Ende 2007 zahlreiche Menschen mit Demonstrationen und Streiks dagegen, dass Güter des alltäglichen Bedarfs für viele nahezu unbezahlbar geworden waren. In mehr als zwanzig Staaten, die Mehrheit davon in Afrika, fanden solche Proteste statt.[1] Diese sind weder ein neues Phänomen noch eine Erscheinung des globalen Südens (vgl. für historische Studien Berger/Spoerer 2001; Frank 1985; Thompson 1971; Tilly 1971). Von der Nahrungsmittelpreiskrise 2007/2008 waren die meisten Staaten in Afrika südlich der Sahara (ebenso wie in Lateinamerika und Süd- bzw. Südostasien) in ähnlicher Weise betroffen. Warum aber fanden in manchen Ländern und Städten Proteste statt und in anderen nicht? Wo es zu Protesten kam, fielen sie in Intensität und Dauer sehr unterschiedlich aus. In manchen Fällen gab es lediglich vereinzelte Demonstrationen; in anderen wie in Burkina Faso, Guinea, Haiti und Kamerun kam es wiederholt zu intensiven Auseinandersetzungen zwischen Protestierenden und Sicherheitskräften mit zahlreichen Toten, Verletzten und Festnahmen (vgl. Janin 2009; Maccatory et al. 2010; Patel/McMichael 2009).

---

1   Africa News, 12.8.2008; 18.7.2008; 16.12.2008; 12.2.2009; 28.5.2009; 12.6.2009; 8.8.2009; The Guardian, 9.4.2008; IRIN, 31.3.2008; Harsch 2008; Janin 2009; Schneider 2008; Maccatory et al. 2010; Berazneva/Lee 2011

Ich untersuche im Folgenden am Beispiel der Auseinandersetzungen um die gestiegenen Lebenshaltungskosten in Burkina Faso, welche Bedingungen und Prozesse das Auftreten solcher Proteste erklären. In Burkina Faso finden seit Anfang 2008 besonders intensive Proteste „gegen das teure Leben", wie sie dort genannt werden, statt. Bis heute gelingt es Gewerkschaften, Studierenden und Menschenrechtsorganisationen, regelmäßig zahlreiche Menschen zu mobilisieren und die burkinische Regierung damit zu manchen Zugeständnissen zu bewegen. Materialgrundlage der Fallstudie sind Berichte der burkinischen Presse, Flugblätter und Zeitungen der Gewerkschaften und anderer Protestakteure, Regierungs- und NGO-Dokumente sowie etwa 35 Interviews, die ich 2011 und 2012 mit an den Protesten Beteiligten sowie Vertreter_innen staatlicher Institutionen in Ouagadougou, Bobo-Dioulasso, Banfora und Koudougou geführt habe.[2]

Ich beziehe mich auf zwei analytische Ansatzpunkte in der Forschung über *contentious politics*, soziale Bewegungen und politischen Protest. Dies ist erstens eine Perspektive, die Protest nicht als singuläre Ereignisse herausgelöst aus ihrem jeweiligen historischen und politischen Kontext, sondern widerständige Politik als einen breiter angelegten Prozess analysiert (etwa Auyero 2003; McAdam et al. 2001). Aus dieser Sicht verstehe ich die Hungeraufstände vom Februar 2008, an denen vor allem soziale Gruppen beteiligt waren, die in den institutionalisierten Protestakteuren wenig vertreten sind, und die Aktionen von Gewerkschaften und anderen etablierten Organisationen als miteinander verknüpft (vgl. ausführlich Engels 2013). Ich greife zweitens auf den Begriff *framing* (vgl. Snow/ Benford 1992; 2000) zurück, um zu analysieren, wie die Protestakteure das Problem der gestiegenen Nahrungsmittelpreise diskursiv mit ihren früheren Kämpfen verknüpfen. Die Mobilisierung „gegen das teure Leben" gelang in Burkina Faso deshalb, weil die meisten einflussreichen sozialen Bewegungen bzw. ihre Organisationen unter einem gemeinsamen wirkungsvollen diskursiven Rahmen zusammengebunden werden konnten, wobei sie auf fast zwei Jahrzehnte früherer Aktivitäten aufbauten.

Im Folgenden stelle ich zunächst die Proteste im Zuge der jüngsten Nahrungsmittelpreiskrise im Allgemeinen und insbesondere in Burkina Faso dar. Im Mittelpunkt der darauf folgenden Analyse der burkinischen Kämpfe „gegen das teure Leben" stehen die Fragen nach der Entstehung der Proteste sowie danach,

---

2   Allen Interviewpartner_innen bin ich für ihr Vertrauen sehr dankbar. Die Fallstudie ist im Rahmen des Forschungsprojekts „Umweltwandel, Ernährungskrisen und Gewalt in Subsahara-Afrika" an der Freien Universität Berlin entstanden und wurde durch die finanzielle Förderung der Deutschen Stiftung Friedensforschung (DSF) ermöglicht. Für hilfreiche Anmerkungen danke ich den Herausgeber_innen, den weiteren Teilnehmer_innen der Tagung „Soziale Bewegungen in der Stadt" sowie Christian Schröder.

wie sich Hungeraufstände und Proteste formal organisierter und institutionalisierter Akteure zueinander verhalten. Ich rekonstruiere, wie unterschiedliche soziale Bewegungen in Burkina Faso unter dem *frame* „das teure Leben" mobilisieren. Abschließend komme ich auf das Verhältnis von Hungeraufständen und den Protesten von Gewerkschaften und Bewegungsorganisationen sowie auf die Frage zurück, warum es im Zuge der Nahrungsmittelpreise mancherorts zu Protesten kommt und anderenorts nicht.

2. Proteste im Zuge der Nahrungsmittelpreiskrise 2007/2008

Die zentralen Ursachen für den rasanten Anstieg der Nahrungsmittelpreise ab Ende 2007 liegen neben dem hohen Ölpreis in der gestiegenen Nachfrage nach Agrarkraftstoffen (die freilich nicht unabhängig vom Ölpreis ist) und in Spekulationen (FAO 2008: 3-6; Mitchell 2008). Gewinner der Nahrungsmittelpreiskrise waren vor allem große Agrarunternehmen; kleinbäuerliche und Subsistenzproduzent_innen haben von dem Preisanstieg kaum profitiert (Oxfam International 2008; Rosset 2009). Arme Menschen sind von steigenden Nahrungsmittelpreisen besonders betroffen, denn sie geben ohnehin einen großen Anteil ihres verfügbaren Einkommens für Lebensmittel aus und können Preissteigerungen schwer ausgleichen.

Bei den zahlreichen Protesten, zu denen es im Zuge der Preiskrise 2007/2008 kam, ging es keineswegs (nur) um hohe Nahrungsmittelpreise. In der mosambikanischen Hauptstadt Maputo entzündeten sich die Proteste beispielsweise am Preisanstieg im öffentlichen Nahverkehr, den „Chapas" genannten Minibussen (Macamo 2011). Insgesamt war der rasante Anstieg der Preise eher ein Auslöser als die eigentliche Ursache der Auseinandersetzungen, bei denen es im Kern um soziale Ungleichheit und politische Unterdrückung geht. Häufig richteten sich Demonstrationen explizit gegen die jeweils herrschenden Parteien und Präsidenten, die in vielen Fällen schon seit Jahren oder Jahrzehnten an der Macht sind (Bush 2010; Harsch 2008; Patel/McMichael 2009).

Die Proteste finden fast ausschließlich in den Städten statt; dort sind es vor allem Schüler_innen, Studierende und Mittelschichtsangehörige, die auf die Straßen gehen. Dies gilt insbesondere für die von Gewerkschaften und zivilgesellschaftlichen Bündnissen organisierten Aktionen. Die Protagonisten der Hungeraufstände sind meist marginalisierte Jugendliche[3]; mehrheitlich junge Männer, die ohne regelmäßiges Einkommen im informellen Sektor ihr Überleben zu si-

---

3   „Jugendlich" hier weniger im Sinne des Lebensalters denn als soziale Kategorie (vgl. Christiansen et al. 2006; Honwana/de Boeck 2005)

chern versuchen – eine zentrale soziale Gruppe in den Städten. In einigen Fällen griffen wie in Burkina Faso Gewerkschaften und andere Akteure die Aufstände auf; in anderen wie in Kamerun riefen zuerst die Gewerkschaften zu Streiks und Demonstrationen auf, denen sich dann auch viele unorganisierte Jugendliche anschlossen. Die gegenwärtigen Auseinandersetzungen um hohe Lebenshaltungskosten stellen typische städtische Proteste dar, insbesondere in Afrika – obwohl nach wie vor die Mehrheit der Afrikaner_innen auf dem Land lebt und sie die Nahrungsmittelpreiskrise meist ebenso trifft wie die städtische Bevölkerung (Oxfam International 2008). Denn die meisten ländlichen Subsistenzproduzent_innen in Afrika müssen Nahrungsmittel zusätzlich zu dem, was sie selbst anbauen, kaufen. Ein wesentlicher Grund dafür, dass die Hungeraufstände und Proteste gegen die hohen Lebenshaltungskosten vor allem in den Städten stattfinden, besteht darin, dass sich die Proteste nicht nur auf die Nahrungsmittelpreise beziehen, sondern auf die hohen Lebenshaltungskosten insgesamt – und dass es bestimmte Bevölkerungsgruppen in den Städten sind, die in diesem Zusammenhang Deprivation erfahren.

3. Proteste in Burkina Faso

In Burkina Faso fanden Ende Februar 2008 innerhalb einer Woche in den vier größten Städten des Landes Hungeraufstände statt (Maccatory et al. 2010; Harsch 2009).[4] Ein wichtiger Auslöser war die geplante Einführung einer so genannten kommunalen Entwicklungssteuer auf Mopeds, Motorräder, PKW und LKW (*taxe de développement communal*, TDC). Die Abgabe war schon Jahre zuvor beschlossen worden und sollte nun ausgerechnet zu einem Zeitpunkt eingeführt werden, als die Preise auf den lokalen Märkten enorm stiegen.

Noch am selben Tag, an dem in der Hauptstadt Ouagadougou die Hungeraufstände stattfanden, verabschiedeten die Gewerkschaften eine Erklärung, in der sie die bei den Aufständen entstandenen Schäden zwar rhetorisch bedauerten, aber darauf hinwiesen, dass die Proteste Ausdruck der legitimen Wut der Bevölkerung über die enorm gestiegenen Lebenshaltungskosten seien. Die Gewerkschaften kritisierten die Maßnahmen, welche die burkinische Regierung gegen den Preisanstieg ergriffen oder angekündigt hatte, als unzureichend. Darüber hinaus riefen sie andere zivilgesellschaftliche Akteure zu einer gemeinsamen Versammlung am 6. März und einer zentralen Demonstration in der Hauptstadt

---

4   IRIN, 43.2008; Le Pays No. 4310, 20.2.2008; L'Observateur Paalga No. 7077, 22.-24.2.2008;
     L'Evénement No. 134, 25.2.2008; Le Pays No. 4334, 30.3.2009; L'Observateur Paalga No. 7199,
     19.8.2008

Ouagadougou am 15. März 2008 auf. Am 12. März schlossen sich alle großen Gewerkschaften, Konsument_innen- und Berufsverbände, Menschenrechtsorganisationen sowie Schüler_innen- und Studierendengruppen zur „nationalen Koalition gegen das teure Leben, die Korruption, den Betrug, die Straflosigkeit und für die Freiheit" (*Coalition nationale de lutte contre la vie chère, la corruption, la fraude, l'impunité et pour les libertés,* CCVC) zusammen.

Das Bündnis organisierte landesweite Generalstreiks vom 8.-9. April sowie vom 13.-15. April 2008 und regelmäßige Großkundgebungen.[5] Die burkinische Regierung hat eine Reihe von Maßnahmen ergriffen, um die Preiskrise abzufedern, etwa vorübergehende Preiskontrollen, die Aussetzung von Steuern und Importzöllen für Grundnahrungsmittel und die Einrichtung von Ausgabestellen für subventionierte Lebensmittel (Zahonogo et al. 2011; Africa Research Bulletin 2008; Chouli 2012; AN 2008). Ende April 2011 kündigte sie darüber hinaus die Aussetzung der umstrittenen Entwicklungsabgabe sowie eine zehnprozentige Senkung der Einkommenssteuer und Lohnerhöhungen im öffentlichen Dienst an.[6] Die CCVC verbucht dies als Erfolg ihrer Proteste. Auch dass die Regierung das Bündnis als Gesprächspartner anerkennt und mit ihm verhandelt, sei ein Erfolg.[7]

Die Gewerkschaften und andere Organisationen konnten das Thema der hohen Preise unmittelbar im Anschluss an die Hungeraufstände aufgreifen und die Proteste kanalisieren, weil sie dabei auf mehr als fünfzehn Jahre vorangegangener Kämpfe für demokratische, soziale und ökonomische Rechte aufbauen konnten. Die CCVC schließt institutionell, personell und inhaltlich unmittelbar an das *Collectif d'organisations démocratiques de masse et de partis politiques* (Kollektiv der demokratischen Massenorganisationen und politischen Parteien, kurz „Kollektiv" genannt) an, zu dem sich Anfang 1999 Gewerkschaften, studentische und Menschenrechtsorganisationen zusammenschlossen. Anlass für die Gründung war der Tod des regimekritischen Journalisten Norbert Zongo im Dezember 1998 (vgl. Harsch 2009; Frère 2010; Hilgers 2010). Noch 1999 wurden sechs der Führungsfiguren des „Kollektivs" unter dem Vorwurf inhaftiert, einen Staatsstreich zu planen (vgl. amnesty international 1999; 2000). Drei von ihnen sind derzeit die Vorsitzenden großer Bewegungsorganisationen oder von Gewerkschaften und gehören zu den Unterzeichnern der Gründungserklärung der CCVC. Bis zu den Hungeraufständen 2008 bestimmten Grundrechtsfragen die Agenda der sozialen Bewegungen in Burkina Faso: Straflosigkeit, Justizwillkür, Gewalt durch

---

5   Fasozine, 19.3.2011; „ La CCVC demande au gouvernement de LAT de réduire significativement le coût de la vie! ", Pressemitteilung, 7.5.2012; CCVC/le comité d'organisation, „ Toutes et tous ensemble à la marche meeting du 26 Mai 2012 contre la vie chère " (Flugblatt, Mai 2012)
6   L'Observateur Paalga, 28.4.2011
7   Interview, Ouagadougou, 3.12.2011

die Sicherheitskräfte. Das „Kollektiv" formulierte auch wirtschafts- und sozialpolitische Forderungen, insbesondere bezogen auf die Privatisierung öffentlicher
Dienstleistungen, sie spielten in den Protesten jedoch eine nachrangige Rolle.

Die CCVC unterscheidet sich insofern vom „Kollektiv", das parallel mit großen personellen Überschneidungen weiterbesteht, insbesondere in zwei Punkten. Während im „Kollektiv" die Menschenrechtsorganisationen, vor allem der
einflussreiche *Mouvement burkinabè des droits de l'homme et des peuples* (MB-
DHP), führend waren, sind es in der CCVC die Gewerkschaften. Außerdem sind
– anders als im „Kollektiv" – in der CCVC politische Parteien ausgeschlossen.
Vertreter_innen der CCVC begründen dies damit, dass man im „Kollektiv" die
Erfahrung gemacht habe, dass Parteipolitiker_innen das zivilgesellschaftliche
Bündnis für individuelle Machtinteressen missbrauchen könnten.[8] 2011 verzich-
tete das „Kollektiv" erstmals auf eine zentrale Kundgebung in Ouagadougou anlässlich des Todestags von Norbert Zongo. Ein Grund sei die Befürchtung gewesen, im anstehenden Wahlkampf instrumentalisiert zu werden; außerdem habe
man sich auf die Mobilisierung gegen die hohen Lebenshaltungskosten im Rahmen der CCVC konzentrieren wollen.

Die CCVC hat das „Kollektiv" nicht abgelöst, stellt aber eine Verschiebung
der Schwerpunkte in den Aktivitäten sozialer Bewegungen in Burkina Faso dar.

Weder sind jedoch alle zivilgesellschaftlichen und oppositionellen außerparlamentarischen Akteure Burkina Fasos in der CCVC und den Protesten „gegen das
teure Leben" vereint, noch sind die burkinischen sozialen Bewegungen homogen,
ohne interne Konflikte und Widersprüche. Wichtige zivilgesellschaftliche Organisationen wie die Verbraucher_innenorganisation *Ligue des Consommateurs du
Burkina*, LCB), eines der Gründungsmitglieder der CCVC, teilen grundsätzlich
die Forderungen des Bündnisses, arbeiten aber mit staatlichen Institutionen in der
Implementierung der Maßnahmen der Regierung gegen die hohen Preise zusammen, etwa im Management der Ausgabestellen für subventionierte Lebensmittel.[9]
Weiterhin war die Rolle einiger Führungsfiguren der oppositionellen Bewegungen bereits in früheren Auseinandersetzungen auch innerhalb der Protestbewegungen umstritten – beispielsweise, als einige von ihnen ihre Kinder zum Studi-
um ins Ausland schickten, nachdem die Universität von Ouagadougou im Zuge
von Studierendenprotesten im Jahr 2000 von der Regierung geschlossen wurde
(Hagberg 2002: 229f). Politische Proteste, in Burkina Faso wie anderswo, finden
vor allem in den Städten statt; und in Burkina Faso sowie anderen westafrikanischen Staaten besteht eine große Diskrepanz zwischen der städtischen Franzö-

---

8   Interviews, Ouagadougou, 16.11.2011 und Koudougou, 8.12.2011
9   Interview LCB, Ouagadougou, 5.9.2012

sisch sprechenden Elite, den Angestellten im öffentlichen Dienst, Schüler_innen weiterführender Schulen und Studierenden auf der einen Seite, welche die große Mehrheit der Protestbewegungen ausmacht, und der armen ländlichen Bevölkerung auf der anderen Seite (vgl. ebd.: 227).

Auch von den Erfolgen der Kämpfe „gegen das teure Leben" wie Gehaltserhöhungen im öffentlichen Dienst, der Aussetzung der kommunalen Entwicklungssteuer und der Reduzierung der Lohnsteuer profitiert letztlich nur eine Minderheit der burkinischen Bevölkerung direkt. Über drei Viertel der Menschen in Burkina Faso leben von der kleinbäuerlichen Landwirtschaft und Tierhaltung, und die meisten von ihnen verfügen weder über ein Einkommen aus abhängiger Beschäftigung noch über ein motorbetriebenes Fahrzeug, so dass sie die betreffenden Steuern ohnehin nicht zu zahlen haben. Tatsächlich verfügen die burkinischen Gewerkschaften über wenig Unterstützung im bäuerlichen Spektrum (Maccatory et al. 2010: 359). Demgegenüber spielt für die Gewerkschaften die Überlegung, wie das Gros der nicht-gewerkschaftlich organisierten Prekarisierten erreicht werden kann, bei der Mobilisierung zu den Protesten „gegen das teure Leben" durchaus eine Rolle. Bei einer Bevölkerung von über 16 Millionen Menschen hat der öffentliche Sektor in Burkina Faso nach Gewerkschaftsschätzung weniger als 150.000 angestellte Beschäftigte, die Privatwirtschaft etwa eine halbe Million. „Auch deshalb haben wir die CCVC gegründet", so ein Gewerkschaftsfunktionär.[10] Doch auch in den anderen an dem Bündnis beteiligten Gruppen sind mehrheitlich abhängig Beschäftigte, Mittelschichtsangehörige, Schüler_ innen und Studierende organisiert.

4. Spontaneität und Organisierung in den Protesten gegen das teure Leben

Kollektives Handeln und politischer Protest beschränken sich nicht auf die mehr oder weniger formalisierten und strategisch geplanten Aktionen von Gewerkschaften und Bewegungsorganisationen. Aufstände sind eine Form kollektiven widerständigen Handelns neben anderen. Raj Patel (2009) definiert ‚Hungeraufstände' als *„mass protests over the price and accessibility of key foods [that] usually occur in urban areas and are associated with other kinds of political organizing"*. Aus dieser Perspektive stellen Hungeraufstände keine singulären, isolierten Ereignisse dar, sondern sind Teil breiter angelegter sozialer Kämpfe, die bereits vor

10　Interview, Ouagadougou, 2.9.2012, meine Übersetzung

dem Preisanstieg begonnen haben und über das Thema der hohen Konsument_
innenpreise hinausgehen können.

An den Hungeraufständen beteiligten sich vor allem erwerbslose Jugendliche, im informellen Sektor Tätige und Kleinhändler_innen. Diese sind kaum in
den Gewerkschaften und anderen großen Organisationen vertreten. In den Ju-
gendverbänden sind sie etwas häufiger beteiligt; nichtsdestotrotz sind auch diese
Organisationen von Studierenden, Schüler_innen weiterführender Schulen und
prekarisierten Absolvent_innen dominiert. Die Protagonist_innen der Hungeraufstände sind junge Leute, die sich innerhalb der Stadtviertel kennen und mündlich
oder per SMS in kurzer Zeit mobilisiert werden[11], ohne dass formale Organisationsstrukturen bestehen. Mobilisierung und Organisierung finden in lokalen informellen Netzwerken ebenso statt wie in gesellschaftlich und politisch institutionell verankerten Organisationen.

Die Explosion der Nahrungsmittelpreise Anfang 2008 war nicht mehr und
nicht weniger als ein Auslöser für eine bestimmte Form widerständigen politischen Handelns, die bereits im Zuge früherer Auseinandersetzungen Teil des gesellschaftlichen Protestrepertoires[12] geworden ist. Ähnliche Aufstände haben in
den burkinischen Städten in den vorangegangen Jahren bereits mehrfach stattgefunden – etwa 2006, als aufgebrachte Jugendliche in Ouagadougou den Versuch
der Regierung zum Scheitern brachten, eine Helmpflicht für Mopeds und Motorräder durchzusetzen (vgl. Chouli 2012: 134). Auch Parolen, Sprechchöre und andere Symboliken sind Bestandteile des gesellschaftlichen Protestrepertoires und
verbinden unterschiedliche Auseinandersetzungen symbolisch miteinander. Im
burkinischen Fall wurde der populärste Slogan der Demonstrationen nach dem
Tod von Norbert Zongo – *„trop, c'est trop!"* („genug ist genug!"; vgl. Hagberg
2002; Harsch 2009) – auch im Zuge der Hungeraufstände vielfach skandiert. Der
Slogan „gegen das teure Leben" war von den Gewerkschaften ebenfalls bereits
früher etabliert worden.[13] In beiden Varianten des Protests im Zuge der Nahrungsmittelpreiskrise – den Hungeraufständen ebenso wie den gewerkschaftli-

---

11   Anders als in der Berichterstattung insbesondere über die jüngsten Proteste im Maghreb und
      Maschrek häufig betont wird, spielen Internet basierte soziale Netzwerke für die Mobilisie-
      rung in Burkina Faso und anderen Beispielen westafrikanischer Protestbewegungen eine
      vergleichsweise geringe Rolle (vgl. Prause 2013).
12   Gesellschaften verfügen über Traditionen, Riten und routinierte Handlungsweisen, wie sie
      kollektive politische Auseinandersetzungen führen. Der Begriff des Protestrepertoires bezieht
      sich auf diese Formen kollektiven Handelns, die in der politischen Kultur einer Gesellschaft
      eingeschrieben sind (vgl. Tarrow 1998: 20; Taylor/van Dyke 2004).
13   Interviews Gewerkschaften, Ouagadougou, 10. und 19.11.2011, 2.9.2012; Banfora, 22.11.2011;
      Menschenrechtsorganisationen, Ouagadougou, 14.11.2011; Studierendenbewegung, Oua-
      gadougou, 16.11.2011; Jugendverband, Ouagadougou, 3.12.2011

chen Protesten „gegen das teure Leben" – lassen sich also symbolische Anknüpfungspunkte an frühere Auseinandersetzungen beobachten.

Darüber hinaus stellen für die Gewerkschaften und anderen Organisationen die „spontanen Bewegungen", als die sie die Hungeraufstände bezeichnen, einen wichtigen diskursiven Bezugspunkt dar. In der Konstruktion sowohl der Gewerkschaften und Bewegungsorganisationen als auch ihrer staatlichen Gegenüber (Regierung, Verwaltungen, Sicherheitskräfte) besteht ein Dualismus von Marsch (*marche*[14]) gegenüber Aufstand (*émeute*). Marsch meint eine geplante, gut organisierte, dem Versammlungsrecht entsprechend angekündigte Demonstration, die von identifizierbaren kollektiven Akteuren organisiert wird sowie in geregelten Bahnen und ohne Probleme verläuft. Dabei sind mit Problemen vor allem Sachschäden und gewaltsame Auseinandersetzungen zwischen Sicherheitskräften und Demonstrant_innen gemeint. Demgegenüber werden Aufstände als spontane und unorganisierte Aktionen dargestellt, die potenziell mit Sachschäden (*casses*[15]) verbunden sind (unabhängig davon, ob diese intendiert sind oder nicht).[16]

Durch den Verweis auf die Aufstände wurden in Burkina Faso die Aktionen der Gewerkschaften und anderen Organisationen argumentativ aufgewertet – und zwar ebenso durch diese Organisationen selbst wie durch ihre staatlichen Gegenspieler. Dabei fällt die rhetorische Distanzierung der institutionell verankerten Akteure von den Aufständen schwach aus: Es müsse „Rauch geben" („*il faut qu'il y ait de la fumée*"), meinten beispielsweise Vertreter_innen einer der Nähe zu den „spontanen Bewegungen" unverdächtigen Mitgliedsorganisation der CCVC.[17] Sie würden zwar niemanden auffordern, etwas kaputt zu machen; die Regierung reagiere aber erst, wenn es Zerstörungen gebe.

---

14 Im westafrikanischen Sprachgebrauch ist der Begriff *marche* für eine reguläre Demonstration üblicher als die Bezeichnung *manifestation* (die jedoch auch gebräuchlich ist).

15 *Casse* ist die Substantivierung des französischen Verbs *casser*, das wörtlich brechen oder zerbrechen bedeutet. In der burkinischen Debatte, auf die ich mich hier beziehe, wird es als Oberbegriff für alle Gewalt gegen Sachen und Personen seitens der Protestierenden gebraucht, insbesondere gezielte oder unbeabsichtigte Beschädigungen an Gebäuden, etwa durch Steinwürfe oder Feuer.

16 Interviews Studierendenbewegung, Ouagadougou, 16.11.2011, 18.11.2011; Berufsverband, Ouagadougou, 20.11.2011, 3.12.2011; Händler_innen, Ouagadougou, 5.12.2011; Jugendorganisation, Banfora, 22.11.2011; Studierendenbewegung, Koudougou, 8.12.2011; lokale Verwaltung, Banfora, 22.11.2011

17 Interview, Ouagadougou, 18.11.2011

5. „Das teure Leben": diskursive Rahmung des Problems

Die burkinischen Gewerkschaften und Bewegungsorganisationen konnten die Hungeraufstände deshalb aufgreifen und zum Anlass für weitere Mobilisierung nutzen, weil die hohen Lebenshaltungskosten bereits länger auf ihrer Agenda standen, insbesondere jener der Gewerkschaften. Die vorangegangene Mobilisierung machte es für die Gewerkschaften einfach, die Proteste gegen die hohen Preise zu kanalisieren. Bereits eine Woche vor den Hungeraufständen hatte der gewerkschaftliche Dachverband *Confédération générale des travailleurs du Burkina* (CGT-B) die „anderen Organisationen (der Studierenden, Konsumenten, Menschenrechtsorganisationen, Frauen, der Jugend...)"[18] öffentlich zu gemeinsamen Initiativen gegen die hohen Lebenshaltungskosten aufgerufen.

Die Mobilisierung wurde möglich, weil Gewerkschaften und Bewegungsorganisationen das Problem der hohen Preise diskursiv so rahmten, dass es an ihre früheren Kämpfe und Forderungen anschlussfähig war. *Framing* als Konzept in der Bewegungsforschung bezieht sich darauf, wie Akteure in politischen Auseinandersetzungen ein bestimmtes Problem durch ihre Diskurse und Praktiken darstellen; welche Problemursachen, Lösungsmöglichkeiten und Handlungsoptionen sie daraus ableiten; und wie sie diese diskursiven Rahmungen zur Mobilisierung einsetzen (vgl. Snow/Benford 1992; 2000). Im burkinischen Beispiel wurde „das teure Leben" („*la vie chère*") der zentrale *frame*, der die wichtigsten sozialen Bewegungen des Landes und ihre Forderungen zusammenband. Dies wird bereits im Namen des Bündnisses sichtbar: „Koalition gegen das teure Leben, die Korruption, den Betrug, die Straflosigkeit und für die Freiheit". Die Gründungserklärung der CCVC vom Juli 2008 spiegelt das breite Spektrum der in dem Bündnis zusammengeschlossenen Organisationen und ihrer Forderungen wider. Sie umfasst Forderungen nach höheren Löhnen und Gehältern im öffentlichen und privaten Sektor, eine „signifikante und effektive Preiskontrolle" für Grundnahrungsmittel ebenso wie Forderungen nach kostenfreier Grundbildung, Presse-, Meinungs- und Versammlungsfreiheit.[19] Ähnlich breit sind die Aufrufe zu den großen Kundgebungen des Bündnisses gefasst: „Nein zum teuren Leben, der Korruption und der Straflosigkeit! Nein zur Liquidierung der schwachen Industrien im Land!", hieß es beispielsweise im Aufruf zur Großdemonstration am 15. März 2008.

Der *frame* „das teure Leben" bezieht sich nicht nur auf die hohen Preise für Grundnahrungsmittel, sondern auf die hohen Lebenshaltungskosten insgesamt. Den Protestakteuren gelang es, im Rahmen des Bündnisses eine gemeinsame Pro-

---

18   Erklärung der CGT-B, 14.2.2008, in: Le Travail No. 46, Oktober 2008
19   CCVC, platform revendicative, 15.7.2008

blemanalyse und gemeinsame Forderungen zu entwickeln. Erstens wird anschlie-ßend an gewerkschaftliche Forderungen „das teure Leben" als ein Problem der stets weiter auseinander gehenden Schere zwischen Löhnen und Preisen darge-stellt. Aufbauend auf das Argument, dass nicht die steigenden Preise als solche, sondern die Kombination aus Preisanstieg und stagnierenden oder nur geringfü-gig steigenden Einkommen das Problem sei, entspricht die zentrale Forderung der CCVC jener der Gewerkschaften: eine deutliche Erhöhung der Löhne und Gehäl-ter mit dem Ziel, die Kaufkraft zu stärken.[20] Die Lohnerhöhungen müssten we-sentlich höher ausfallen als sonst üblich, so die Gewerkschaften, um die hohen Preise auszugleichen (vgl. CGT-B 2011: 104).[21] Zweitens besteht der Argumen-tation der Protestakteure folgend eine wesentliche Ursachen für „das teure Le-ben" in den infolge von Privatisierung und struktureller Unterfinanzierung ge-stiegenen Kosten für soziale Grundversorgung, insbesondere für Bildung. Über dieses Argument werden die Studierenden und Schüler_innen weiterführender Schulen in die Proteste integriert. Bei steigenden Preisen und stagnierenden Ein-kommen würde den Familien erst recht keine Mittel für Schulgebühren, Bücher und andere Ausgaben für die weiterführende oder akademische Ausbildung ihrer Kinder bleiben.[22] Die Forderungen der Studierendenbewegung fügen sich naht-los in die Proteste „gegen das teure Leben" ein, denn sie richten sich seit jeher vor allem auf die prekären sozioökonomischen Bedingungen, unter denen die al-lermeisten Studierenden in Burkina Faso leben (vgl. Loada 2010; Mazzocchetti 2010). „Das teure Leben", so argumentieren sie, perpetuiere die schwierige Situ-ation der Studierenden noch.[23] Dabei sehen Studierende und Schüler_innen die Hauptursache der hohen Lebenshaltungskosten in den Strukturanpassungspoliti-ken, die auf Druck der internationalen Finanzinstitutionen in den 1990er Jahren in Burkina Faso umgesetzt wurden, vor allem in der Liberalisierung und Privati-sierung im Bildungs- und Gesundheitsbereich sowie der Privatisierung staatsei-gener Firmen. Infolge dessen seien die Kosten für die soziale Grundversorgung insbesondere für die einkommensarmen Gruppen in den Städten gestiegen und die Arbeitslosigkeit habe zugenommen. Die Studierenden sehen ihre Proteste ge-

---

20 CCVC, platform revendicative, 15.7.2008; Interviews Studierendenbewegung, Ouagadougou, 16.11.2011; Berufsverband, Ouagadougou, 19.11.2011; Gewerkschaften, Ouagadougou, 19.11.2011 und Banfora, 22.11.2011; Menschenrechtsorganisation, Banfora, 24.11.2011; Jugendverband, Ouagadougou, 3.12.2011
21 Interview Gewerkschaften, Ouagadougou, 2.9.2012
22 Interviews Gewerkschaften, Ouagadougou, 10.11.2011; Gewerkschaften, Menschenrechts- und Studierendenorganisationen, Bobo-Dioulasso, 25.11.2011
23 Interviews Studierendenbewegung, Ouagadougou, 16.11.2011 und Bobo-Dioulasso, 25.11.2011

gen die hohen Lebenshaltungskosten als einen Höhepunkt ihrer Kämpfe gegen die Strukturanpassung, die bereits mehr als zehn Jahre zuvor begonnen haben.[24] Drittens wird „das teure Leben" als Menschenrechtsproblem gerahmt. Die Protestakteure deuten die gestiegenen Preise eher als einen Indikator denn als eine Ursache für „das teure Leben". Sie argumentieren, dass neben stagnierenden Einkommen und der strukturellen Unterfinanzierung in den Bereichen Bildung und Gesundheit Korruption und „schlechte Regierungsführung" ursächlich relevant für die hohen Lebenshaltungskosten seien. Die regierende Elite bereichere sich selbst auf Kosten der Bevölkerung; öffentliche Mittel würden in der Korruption versickern, so die Argumentation.[25] In der Gründungserklärung der CCVC heißt es: „Die grundlegenden Ursachen dieser Situation [des „teuren Lebens"] [sind] das Missmanagement der menschlichen, materiellen und finanziellen Ressourcen des Landes, gekennzeichnet durch Korruption, Betrug und Straflosigkeit für politische und ökonomische Verbrechen."[26] Über dieses Argument werden die Menschenrechtsbewegung und insbesondere der einflussreiche MBDHP in die Proteste „gegen das teure Leben" einbezogen. Die Menschenrechtsorganisationen erklären, für sie hätten ökonomische und soziale Rechte wie der Zugang zu Bildung, Gesundheit und Wohnraum denselben Stellenwert wie politische Rechte[27], die den Schwerpunkt ihrer früheren Kämpfe bildeten. Vice versa argumentieren die Gewerkschaften für den Einbezug politischer Rechte in den Forderungskatalog der CCVC, indem sie gewerkschaftliche und menschenrechtliche Themen als untrennbar miteinander verknüpft darstellen. „Als Gewerkschaft sind wir gleichzeitig die erste Menschenrechtsorganisation", erklärte ein führender Gewerkschaftsfunktionär.[28]

Strategisch profitieren sowohl die Gewerkschaften als auch die Menschenrechtsorganisationen von dem Zusammenschluss. Wenn die Menschenrechtsorganisationen sich den Protesten nach den Hungeraufständen von 2008 nicht angeschlossen hätten, hätten sie riskiert, deutlich an Bedeutung innerhalb der burkinischen sozialen Bewegungen zu verlieren. Für die Gewerkschaften ermöglicht das relativ breite *framing* „das teure Leben", gleichzeitig ihre Kernforderungen prominent auf die Agenda zu setzen und die Probleme nicht gewerkschaftlich organisierter Gruppen wie der Studierenden, Erwerbslosen und im informellen Sektor Tätigen zu adressieren.

---

24   Interviews Studierendenbewegung, Bobo-Dioulasso, 25.11.2011 und Koudougou, 8.12.2011
25   Interviews Menschenrechtsorganisation, Ouagadougou, 16.11.2011; Händler_innen, Banfora, 24.11.2011 und Ouagadougou, 2.12.2011; Gewerkschaften, Bobo-Dioulasso, 25.11.2011
26   CCVC, ,De la création d'une CCVC au Burkina Faso', 2008: 1
27   Interview, Ouagadougou, 14.11.2011
28   Interview, Ouagadougou, 2.9.2012

6. Schlussbemerkung

Es ist kein Zufall, dass 2008 und 2011, als die Nahrungsmittelpreise weltweit so hoch waren wie kaum zuvor, in zahlreichen Städten vor allem im globalen Süden Hungeraufstände stattfanden. Es ist auch kein Zufall, dass mancherorts in Afrika wie in Burkina Faso intensive Proteste gegen hohe Preise stattfanden und anderenorts kaum – obwohl fast alle afrikanischen Staaten von der Nahrungsmittelpreiskrise ähnlich betroffen sind. In Burkina Faso wurden die Hungeraufstände deshalb zum Ausgangspunkt für fortgesetzte Proteste gegen hohe Lebenshaltungskosten, weil Gewerkschaften und andere Organisationen das Thema zur Mobilisierung nutzten. Sie bauten dabei auf frühere Proteste auf und konnten an bestehende Netzwerke und Bündnisse anschließen. Zentrale Bedeutung kommt dem *frame* „das teure Leben" zu, unter dem es gelang, alle einflussreichen Bewegungen und ihre Organisationen mitsamt ihren jeweiligen Forderungen zusammenzubinden.

Die Hungeraufstände und die gewerkschaftlichen Proteste unterscheiden sich sowohl hinsichtlich der genutzten Handlungsrepertoires als auch der beteiligten sozialen Gruppen. Die Hungeraufstände wurden maßgeblich von Gruppen getragen, die in den Gewerkschaften und anderen Organisationen wenig repräsentiert sind. Das heißt natürlich nicht, dass alle sozialen Gruppen, die dort nicht oder gering vertreten sind, an den Aufständen teilnahmen. Beispielsweise sind Frauen sowohl an Aufständen als auch an den gewerkschaftlichen Protesten zwar beteiligt, aber unterrepräsentiert.

Im Anschluss an Thompson (1971) sowie Frances Fox Piven und Richard A. Cloward (1977) lassen sich die Hungeraufstände ebenso als kollektives politisches Handeln fassen wie die Proteste von Gewerkschaften und Bewegungsorganisationen. Das Beispiel der burkinischen Hungeraufstände bestätigt zudem die Feststellung von Piven und Cloward, dass Proteste marginalisierter sozialer Gruppen insbesondere dann erfolgreich sind, wenn sie disruptiv und jenseits institutionalisierter Formen stattfinden. Denn erst die Hungeraufstände führten dazu, dass „das teure Leben" einen zentralen Platz auf der politischen Agenda in Burkina Faso erhielt.

Die Hungeraufstände im Zuge der Nahrungsmittelpreiskrise 2007/2008, die überwiegend in Afrika stattfanden, wurden vielfach als von Emotionen und Instinkten getriebene Aktionen ohne politische Ziele wahrgenommen. Vor diesem Hintergrund gilt es, den Begriff der Hungeraufstände (wieder) explizit politisch zu besetzen. Dies war in den 1990er Jahren der Fall, als die Proteste gegen die Strukturanpassungspolitiken bewusst als „*food riots*" bezeichnet wurden, um die verheerenden sozioökonomischen Folgen der Marktliberalisierung deutlich zu machen (vgl. Walton/Seddon 1994). Schließlich steht außer Zweifel, dass Ernährung ein existentielles Bedürfnis ist und der Zugang zu Nahrungsmitteln ein inhärent politisches Thema darstellt.

Literatur

Africa Research Bulletin (2008): BURKINA FASO: Food Riots. In: Africa Research Bulletin: Economic, Financial and Technical Series. Jg. 45. (2), S. 17735C-17736A.

amnesty international (1999): Annual report 1999. London: amnesty international.

amnesty international (2000): Annual report 2000. London: amnesty international.

L'Assemblée Nationale du Burkina Faso (AN) (2008): Rapport de la Commission ad hoc sur la vie Chère. Ouagadougou.

Auyero, Javier (2003): Relational riot: austerity and corruption protest in the neoliberal era. In: Social Movement Studies. Jg. 2. (2), S. 117-145.

Bello, Walden (2009): The food wars. London: Verso.

Berazneva, Julia/Lee, David R. (2011): Explaining the African Food Riots of 2007-2008: An Empirical Analysis. Ithaca, New York: Cornell University.

Berger, Helge/Spoerer, Mark (2001): Economic Crises and the European Revolutions of 1848. In: Journal of Economic History. Jg. 61. (2), S. 293-326.

Bush, Ray (2010): Food Riots: Poverty, Power and Protest. In: Journal of Agrarian Change. Jg. 10. (1), S. 119-129.

CGT-B (2011): Etude sur le panier de la ménagerie au Burkina Faso. Ouagadougou: Conféderation Générale du Travail du Burkina (CGT-B).

Chouli, Lila (2012): Peoples' revolts in Burkina Faso. In: Manji, Firoze (Hg.): African awakening: the emerging revolutions. Cape Town u. a.: Pambazuka, S. 131-146.

Christiansen, Catrine/Utas, Mats/Vigh, Henrik (Hg.) (2006): Navigating Youth – Generating Adulthood: Social becoming in an African context. Nordic Africa Institute: Uppsala.

Engels, Bettina (2013): „Wenn Du den Esel nicht schlägst...": Hungeraufstände und gewerkschaftlicher Protest gegen hohe Lebenshaltungskosten in Burkina Faso. In: PERIPHERIE. Jg. 33. (129), S. 5-22.

FAO (2008): Growing demand on agriculture and rising prices of commodities An opportunity for smallholders in low-income, agricultural-based countries? Paper prepared for the Round Table organized during the Thirty-first session of IFAD's Governing Council, 14 February 2008. Rome.

Frank, Dana (1985): Housewives, Socialists, and the Politics of Food: The 1917 New York Cost-of-Living Protests. In: Feminist Studies. Jg. 11. (2), S. 255-285.

Frère, Marie-Soleil (2010): «Enterrement de première classe» ou «leçon de droit»: La presse burkinabè et l'affaire Norbert Zongo. In: Hilgers, Mathieu/Mazzocchetti, Jacinthe (Hg.): Révoltes et oppositions dans un régime semi-autoritaire. Le cas du Burkina Faso. Paris: Karthala, S. 241-267.

Hagberg, Sten (2002): 'Enough is Enough': an ethnography of the struggle against impunity in Burkina Faso. In: The Journal of Modern African Studies. Jg. 40. (2), S. 217-246.

Harsch, Ernest (2009): Urban Protest in Burkina Faso. In: African Affairs. Jg. 108. (431), S. 263-288.

Harsch, Ernest (2008): Price protests expose state faults. Rioting and repression reflect problems of African governance. In: Africa Renewal. Jg. 22. (2), S. 15.

Hilgers, Mathieu (2010): Identité collective et lutte pour la reconnaissance. Les révoltes à Koudougou lors de l'affaire Zongo. In: Hilgers, Mathieu/Mazzocchetti, Jacinthe (Hg.): Révoltes et oppositions dans un régime semi-autoritaire. Le cas du Burkina-Faso. Paris: Karthala, S. 175-193.

Honwana, Alcinda/de Boeck, Filip (Hg.) (2005): Makers and Breakers: children and youth in postcolonial Africa. James Currey: Oxford.

Janin, Pierre (2009): Les «émeutes de la faim»: une lecture (géo politique) du changement (social). In: Politique étrangère. Jg. 74. (2), S. 251-263.

Loada, Augustin (2010): Contrôler l'opposition dans un régime semi-autoritaire. Le cas du Burkina Faso de Blaise Compaoré. In: Hilgers, Mathieu/Mazzocchetti, Jacinthe (Hg.): Révoltes et oppositions dans un régime semi-autoritaire. Le cas du Burkina-Faso. Paris: Karthala, S. 269-294.

Macamo, Elísio (2011): Social Criticism and Contestation: Reflections on the Politics of Anger and Outrage. In: Stichproben, Vienna Journal of African Studies. Jg. 11. (20), S. 45-68.

Maccatory, Bénédicte/Oumarou, Makama Bawa/Poncelet, Marc (2010): West African social movements "against the high cost of living": from the economic to the political, from the global to the national. In: Review of African Political Economy. Jg. 37. (125), S. 345-359.

Mazzocchetti, Jacinthe (2010): Entre espoirs et désillusions: représentations politiques des étudiants burkinabè. In: Hilgers, Mathieu/Mazzocchetti, Jacinthe (Hg.): Révoltes et oppositions dans un régime semi-autoritaire. Le cas du Burkina-Faso. Paris: Karthala, S. 205-222.

McAdam, Doug/Tarrow, Sidney G./Tilly, Charles (2001): Dynamics of Contention. Cambridge: Cambridge UP.

Mitchell, Donald (2008): A Note on Rising Food Prices. Policy Research Working Paper 468. Washington, D.C.: The World Bank.

Oxfam International (2008): Double-Edged Prices. Lessons from the food price crisis: 10 actions developing countries should take. Oxfam briefing paper 121. Oxford.

Patel, Raj (2009): Food riots. In: Ness, Immanuel (Hg.): The international Encyclopedia of Revolution and Protest. Blackwell Reference Online.

Patel, Raj/McMichael, Philip (2009): A Political Economy of the Food Riot In: review. Jg. xxxii. (1), S. 9-35.

Piven, Frances Fox/Cloward, Richard A. (1977): Poor Peoples Movements: Why they Succeed, How they Fail. New York: Vintage.

Prause, Louisa (2013): Mit Rap zur Revolte: Die Bewegung Y'en a marre. In: Prokla. Jg. 43. (170), S. 23-41.

Rosset, Peter (2009): Agrofuels, Food Sovereignty, and the Contemporary Food Crisis. In: Bulletin of Science, Technology & Society. Jg. 29. (3), S. 189-193.

Schneider, Mindi (2008): "We are Hungry!" A Summary Report of Food Riots, Government Responses, and States of Democracy in 2008. Cornell University, Ithaca, NY.

Snow, David A./Benford, Robert D. (2000): Framing Processes and Social Movements: An Overview and Assessment. In: Annual Review of Sociology. Jg. 1. (26), S. 611-639.

Snow, David A./Benford, Robert D. (1992): Master Frames and Cycles of Protest. In: Morris, Aldon D./Mueller McClurg, Carol (Hg.): Frontiers in social movement theory. New Haven, CT: Yale University Press, S. 133-155.

Tarrow, Sidney G. (1998): Power in Movement: Social Movements and Contentious Politics. Cambridge, MA: Cambridge UP.

Taylor, Verta/van Dyke, Nella (2004): "Get up, Stand up": Tactical Repertoires of Social Movements. In: Snow, David A./Soule, Sarah A./Kriesi, Hanspeter (Hg.): The Blackwell Companion to Social Movements. Malden, Mass: Blackwell, S. 262-293.

Thompson, Edward P. (1971): The Moral Economy of the English Crowd in the Eighteenth Century. In: Past and Present. Jg. 1. (50), S. 76-136.

Tilly, Louise A. (1971): The Food Riot as a Form of Political Conflict in France. In: The Journal of Interdisciplinary History. Jg. 2. (1), S. 23-57.

Walton, John/Seddon, David (1994): Free markets and food riots: the politics of global adjustment. Oxford u. a.: Blackwell.

Zahonogo, Pam/Bitibale, Soumaila/Kabre, Adama (2011): Etude sur la structure des prix des biens et services de grande consommation. Ouagadougou: Ministère de l'industrie, du commerce et de l'artisanat.

III.
Stadt_Forschung und soziale Bewegungen

Das Recht auf Stadt als konkrete Utopie?
Utopisches Bewusstsein als Gegenstand der Bewegungsforschung

Alexander Neupert / Lisa Doppler

Henri Lefebvre, von dem aktuelle städtische Bewegungen die Parole ‚Recht auf Stadt' (im Folgenden: RaS) entleihen, schreibt in ‚la révolution urbaine': „Es gibt kein Denken ohne Utopie, ohne Erforschung des Möglichen, des Anderswo" (zitiert nach Vrenegor 2012). Lefebvre bezieht sich auf Utopie nicht als ausgefeilten Entwurf einer zukünftigen Gesellschaft, sondern als Geisteshaltung. Ein solcher Utopiebegriff wird im Folgenden diskutiert und in einen fruchtbaren Zusammenhang zur Bewegungsforschung gebracht. Zum theoretischen Hintergrund gehören Überlegungen, die nach der Bedeutung von Utopien für soziale Bewegungen (1.) und der besonderen Affinität des utopischen Denkens zum städtischen Raum fragen (2.). Neben Konflikten, Interessen und Handlungsmöglichkeiten muss auch das utopische Bewusstsein in sozialen Bewegungen als Gegenstand von Bewegungsforschung ernst genommen werden. Nicht zu ignorieren ist der nach wie vor bestehende „Utopieverlust, der das Feld der sozialen Kämpfe [...] auf der ganzen Welt bestimmt" (Hirsch 1998: 142). Das RaS steht auch in der Tradition des Vernunftrechts, es ist kein positives sondern ein „zu forderndes Recht" (Bloch 1985a: 622) und steht wie „Naturrecht gegen geschriebenes" (ebd.). In Debatten und Bewegungen zum RaS lassen sich Spuren utopischen Bewusstseins nachweisen, wie anhand von Beispielen gezeigt wird (3.).

1. Die Utopie als Geisteshaltung in sozialen Bewegungen

Für soziale Bewegungen sind Fragen nach ihrer Entstehung und Kohäsion grundlegend. So wollen Andreas Zick und Ulrich Wagner „die Frage studieren, wie Individuen in einem intergruppalen Kontext Einstellungen, Ideologien und Utopien gewinnen" (Zick/Wagner 1995: 59). Sie verstehen Utopie als Kohäsionsfaktor (ebd.: 61), der über persönliche Interessen hinaus ein Wir-Bewusstsein befördert (ebd.: 63). Was für die Bewegungsforschung produktiv ist, geht aber auf Kosten der Utopieforschung, da bei Zick und Wagner Unterschiede zwischen Einstellung, Ideologie und Utopie verwischen.

Die Veränderung des Utopiebegriffs seit dem frühen 20. Jahrhundert nennt Rüdiger Graf eine „mentalistische Wende" (Graf 2003: 151). Der Begriff der Utopie beziehe sich seither weniger auf umzusetzende Gesellschaftsentwürfe oder die Frage nach deren Umsetzbarkeit, sondern auf eine mentale Gestalt kritischen Bewusstseins. Erst aus der Arbeit am Begriff der Utopie ergeben sich die Kategorien, die zur Erforschung utopischen Bewusstseins in sozialen Bewegungen nötig sind.

Eingeleitet wurde die mentalistische Wende von Gustav Landauer 1907 in ‚Die Revolution', wo er Utopie als eine Geisteshaltung begreift. Landauer hält fest: „Die Utopie ist also die zu ihrer Reinheit destillierte Gesamtheit von Bestrebungen, die in keinem Fall zu ihrem Ziele führen, sondern immer zu einer neuen Topie" (Landauer 2003: 32f.). Auch Karl Mannheim schreibt 1935 in der ‚Encyclopaedia of the Social Sciences':

> „Vom soziologischen Gesichtspunkt aus gesehen, können [...] geistige Konstruktionen im wesentlichen zwei Formen annehmen: sie sind ‚ideologisch', wenn sie der Absicht dienen, die bestehende soziale Wirklichkeit zu verklären oder zu stabilisieren; ‚utopisch', wenn sie kollektive Aktivität hervorrufen, die die Wirklichkeit so zu ändern sucht, daß sie mit ihren die Realität übersteigenden Zielen übereinstimmt" (Mannheim 1986: 115f.).

Mannheim nennt zwei wichtige Aspekte: Utopie ist ein geistiges und aktivierendes Phänomen, ihre Kategorien sind Intention und Motivation. Utopie selbst hat kein Sein, sondern bezeichnet ein antizipierendes Bewusstsein. Als solches bestimmt Theodor W. Adorno die Bedeutung „utopischen Bewußtseins", welches „die Fähigkeit ist, ganz einfach das Ganze sich vorzustellen als etwas, das völlig anders sein könnte". Utopie ist in erster Linie eine Form von Erkenntnis: „Es wäre möglich, es könnte anders sein" (Adorno/Bloch 1985: 353). Diese Haltung ist eine conditio sine qua non emanzipatorischer sozialer Bewegungen: So wie es ist, muss es nicht bleiben. So wie Bewegungen, laut Zick und Wagner, der sozialen Utopie als Kohäsionsfaktor bedürfen, so bedürfen Utopien, laut Oskar Negt, der sozialen Bewegungen als ihre Trägerinnen. „Utopien sind entscheidende Kraftquellen jeder Emanzipationsbewegung. [...] Sie öffnen den Horizont für den Blick auf eine vernünftig organisierte Welt" (Negt 2012: 13). Selbstverständlich sind es Bewegungen, die Utopien haben und nicht Utopien, die Bewegungen haben. Von unmittelbar politischem Bewusstsein, das auf Bewahrung oder Reform zielt und ebenfalls zu sozialen Bewegungen gehört, unterscheidet Lefebvre sein RaS.

> „Das Recht auf die Stadt lässt sich nicht begreifen als ein einfaches Besuchsrecht oder ein Recht auf Rückkehr in traditionelle Städte [... und] man kann es nur als Recht auf ein städtisches, transformiertes, erneuertes Leben formulieren" (Lefebvre, zitiert nach Transmitter 2011).

Der Inhalt seines RaS weist eindeutig utopische Züge auf, es geht um ein neues Leben in neuen Städten. Wie aber lässt sich der Inhalt dieses Neuen angeben? Wenn Adorno sagt, Utopie sei vorzustellen als die „Veränderung des Ganzen", so kann sie, wie er selbst einräumt, nicht ausgemalt werden und soll es auch nicht (Adorno/Bloch 1985: 353). Eine Denkhaltung, die auf Veränderung des Ganzen abzielt, artikuliert sich als Kritik, die wichtigste Kategorie ist Negation des Gegebenen.

> „Utopie steckt jedenfalls wesentlich in der bestimmten Negation, in der bestimmten Negation dessen, was bloß ist, und das dadurch, daß es sich als ein Falsches konkretisiert, immer zugleich hinweist auf das, was sein soll" (ebd.: 362).

Als bestimmte Negation zielt Kritik auf die Aufhebung eines gegebenen Zustandes. Sie unterscheidet sich darin von der Artikulation einzelner Probleme und Interessen und weist den Utopien den Weg. Kritik des Ganzen und Utopie des Anderen sind als Perspektiven zu verstehen, die nur in Grundrissen gegeben werden können. Weder kann es abschließend gelingen das falsche Ganze einer Gesellschaftsformation zu kritisieren, noch soll das ganz Andere fixiert werden. Adornos negative Utopie wirft Fragen auf: Wenn Utopie nur als Negation des Bestehenden gedacht werden kann, worin unterscheiden sich dann Kritik und Utopie? Sind nicht z. B. die grundsätzliche Kritik des Krieges und die Utopie ewigen Friedens dasselbe? In der Tat ist die kritisch reflektierte Kriegserfahrung, die keine persönliche sein muss, die notwendige Bedingung der Friedensutopie als bestimmter Negation des Krieges. Sie ist aber nicht die einzige Erfahrung, die utopisches Bewusstsein antreibt.

Neben Negation und Motivation zählt die Konkretion von Möglichkeiten zu den utopischen Kategorien. Die Betonung dieses Aspektes ist die Leistung Ernst Blochs. „Hier mithin wäre der nur scheinbar paradoxe Begriff eines Konkret-Utopischen am Platz, das heißt also, eines antizipatorischen, das keinesfalls mit abstrakt-utopischer Träumerei zusammenfällt" (Bloch 1985a: 165). Utopie sei „nicht etwa Nonsens oder schlechthin Schwärmerei, sondern sie ist *noch* nicht im Sinne einer Möglichkeit, *daß* es sie geben könnte, wenn wir etwas dafür tun" (Bloch/Adorno 1985: 352). Was aber ist Möglichkeit? „Objektiv-real möglich ist das partial Bedingte, zu ihm muß ein subjektiver Faktor hinzukommen, damit das Mögliche bereichert wird genau um die Bedingungen, die zur Realisation noch fehlen" (Bloch 1985b: 281). Dieser subjektive Faktor, der das Mögliche einfordert, ist das konkret-utopische Bewusstsein. Das Aufzeigen von Möglichkeiten, die erkennbar vorliegen, aber an den Zwängen einer bestehenden Gesellschaft scheitern, ist konkrete Utopie.

Eine solche Orientierung auf die Verwirklichung von Möglichkeiten ist sozialen Bewegungen eigentümlich, sie ist mit der Kategorie praktisch-utopischer Handlungsoptionen verbunden, in denen sich individuelle und soziale Erfahrungen bündeln und über sich selbst hinausweisen. In der Beschäftigung mit sozialen Bewegungen im Allgemeinen und städtischen sozialen Bewegungen im Besonderen, eröffnet sich für die Utopieforschung ein wichtiges Forschungsfeld. Grundlage ist dabei ein Begriff von Utopie, der das Streben nach ihrer unmittelbaren Umsetzung als autoritären Utopismus verwirft (vgl. de Bruyn 1996) und sich auf das utopische Bewusstsein selbst konzentriert. Einzufordern ist die Fähigkeit zur Selbstreflexion im utopischen Denken. „Nach den Erfahrungen des 20. Jahrhunderts können utopische Szenarien nur dann noch Glaubwürdigkeit für sich beanspruchen, wenn sie die Gefahr des Umschlagens ins Gegenteil des positiv intendierten mit reflektieren" (Saage 2010: 150).

Erst durch die Verbindung mit sozialen Bewegungen wird utopisches Bewusstsein geerdet und zu einem möglichen Gegenstand empirischer Sozialforschung. Utopieforschung liefert dabei den Bezugsrahmen, um heutige Artikulationen utopischen Bewusstseins zu begreifen und einzuordnen. Als Trägerinnen utopischen Bewusstseins können soziale Bewegungen utopische Traditionen aufnehmen und ein historisch-utopisches Bewusstsein entwickeln. „Jede Utopie", so Gustav Landauer, „setzt sich aus zwei Elementen zusammen: aus der Reaktion gegen die Topie aus der sie erwächst, und aus der Erinnerung an sämtliche bekannte frühere Utopien" (Landauer 2003: 34).

Neben Intention und Bestrebungsdenken, Motivation und Wir-Bewusstsein, Negation und Kritik und der Konkretion von Möglichem muss also auch der Rückgriff auf Tradition zu den Kategorien gezählt werden, die den Nachweis eines Vorliegens oder Fehlens utopischen Bewusstseins ermöglichen. Für städtische soziale Bewegungen böten ältere städtische Utopien vielfältige Anknüpfungspunkte. Städte sind Orte, an denen soziale Bewegungen entstehen, sie sind Umschlagplatz von Ideen und Utopien. Darüber hinaus ist das Bild der utopischen Stadt der vielleicht wichtigste Topos sozialer Utopien.

2. Der städtische Raum als Topos utopischen Denkens

Die Bedeutung von Stadtutopien sieht Mara-Daria Cojocaru darin, dass „Utopien eine zentrale Textgattung darstellen, welche die Debatte um die Stadt in der Vergangenheit beschickt hat und dies im Übrigen noch immer tut" (Cojocaru 2012: 31). Die Stadt ist ein Knotenpunkt des Utopischen, da sich in ihr architektonische, technische, politische und soziale Utopien verbinden. „Fast alle unsere Utopien, ob im Himmel oder auf der Erde, sind als Städte konzipiert – als ein ‚heiliges Jerusalem' oder als weltliche Idealform eines hellenischen ‚Stadtstaates'" (Bookchin 1996: 21).

Durch den Einbezug philosophischer und religiöser Stadtvorstellungen erweitert Murray Bookchin den Bezugsrahmen der Stadtutopie. Platons Entwurf einer idealen Polis wird als eine der ersten Utopien verstanden. Der antike Philosoph verortet sein 370 v. Chr. formuliertes Ideal in einer Stadt auf dem untergegangenen Kontinent Atlantis, das Vorbild der Zukunft liegt also im mythischen Vergangenen. Philosophen und die Kriegerkaste leben in Gütergemeinschaft, das Land wird unter den übrigen Werktätigen verlost (Mosse 1974: 87ff.). Das autoritäre Moment utopischer Stadtplanung zeigt sich in Platons Kastensystem. Zukunftsorientierung besitzt Johannes' biblische Prophezeiung des Neuen Jerusalems, in der das kommende Reich Gottes als eine perfekte Stadt beschrieben wird. Ihre Merkmale sind ein viereckiger Grundriss, Gütergemeinschaft der Bewohner und die Aufnahme aller Gerechten (Die Bibel 1980: Offenbarung 21,1-22,5).

Gegen Ende des feudal geprägten christlichen Mittelalters kommen in Europa chiliastische Endzeiterwartungen auf, welche die Einlösung des Religiös-Utopischen erstreben. 1525 verkündet Thomas Münzer den aufständischen Bauern das Nahen des Reichs Gottes auf Erden, 1534 ergreift die Täuferbewegung die Macht in Münster, ihrem neuen Jerusalem. Aber auch die Ablösung der modernen Utopie von der Eschatologie vollzieht sich in dieser Zeit. 1516 beschreibt Thomas Morus sein literarisches Utopia als eine Insel mit 54 Städten. Er entwirft konkrete Institutionen, wie den gemeinsamen Besitz allen Wohnraums, die Verlosung der Häuser alle 10 Jahre und den 6-Stunden-Arbeitstag (Morus 1998: 52 u. 55). Laut Richard Saage ergeben sich die Inhalte der jeweiligen Utopie aus gegebenen Konflikten und Möglichkeiten. Die Utopie sei stets „ethischer Seismograph ihrer eigenen Herkunftsgesellschaft" (Saage 2010: 155). Utopien wandeln sich also beständig, je nach vorliegenden Konflikten und Möglichkeiten, und können veralten.

Der Schritt von der philosophischen, religiösen und literarischen zur politischen Utopie vollzieht sich im Frühsozialismus, den Marx und Engels als utopisch bezeichneten. Charakteristisch für die Frühsozialisten ist die Idee der Stadtgründung. Zwischen 1808 und 1822 erscheinen die Hauptwerke von Charles Fourier und Robert Owen. Während Owen 1825 in den USA die sozialistische Siedlung ‚New Harmony' gründet, sucht Charles Fourier per Kleinanzeige einen Investor für seinen Stadtplan, der einem Gesamtkunstwerk gleicht. Harmonische Kooperation wird zum Programm, das durch Grundeinkommen, Emanzipation der Frauen und attraktive Arbeit bestimmt ist. So schreibt Fourier: „Der soziale Fortschritt vollzieht sich entsprechend den Fortschritten in der Befreiung der Frau"

(Fourier 2006: 107). Der Siedlungssozialismus von Owen und Fourier beinhaltet zwar die Utopie der guten Stadt, unterscheidet sich aber von Stadtutopien und Bewegungen des 20. Jahrhunderts, die auf die Umwandlung bestehender Städte zielen und keine neuen Städte gründen wollen.

In den 1960ern etabliert sich ein neuer städtischer Sozialismus als eine konkrete Utopie. Dieser verbindet Ideen älterer Stadtutopien, wie die kommunale Gütergemeinschaft, zu einer Alternative zu verstaatlichter Planwirtschaft, kollektivierter Marktwirtschaft und privater Konkurrenzwirtschaft. Als ihr wichtigster Wortführer gilt Murray Bookchin.

> „Verstaatlichung führt immer zu einer bürokratisierten, kopflastigen Kommandowirtschaft, während betriebliche Selbstverwaltung ihrerseits zum Wiedererstehen privater Elemente in kollektiver Verkleidung führen kann. Die Kommunalisierung hingegen gliedert die Wirtschaft als Ganzes in die öffentliche Sphäre ein, wo sie ihre Vorgaben von der Gemeinschaft aller erhält [...]. Sie wird [...] zu einer Ökonomie der Polis oder Kommune" (Bookchin 1996: 286).

Die Stadt ist für Bookchin der Ort, wo soziale Ökonomie und politische Freiheit in Einklang gebracht werden können. Wie die Utopisten vor ihm geht er davon aus, dass ein besseres Leben nur im öffentlichen und gestaltbaren urbanen Raum möglich ist. Die Freiheit an der Gestaltung der Stadt teilzunehmen ist ein Merkmal seiner Stadtutopie. Dabei wendet er sich zugleich gegen lokale Autarkie oder Autonomie und plädiert für eine wirtschaftliche und politische Föderation von Städten (ebd.: 10).

Auf Dystopien von der Stadt als Moloch, die ebenfalls zurückreichen bis zum biblischen Babylon, antworten die Entwürfe eines neuen Urbanismus. Diese Stadtutopien, etwa der Situationisten in den 1960ern, werfen die kleinstädtischen und statischen Altlasten ihrer Vorgängerinnen ab. Großstädtische Lebensqualität und Veränderbarkeit werden einbezogen, synthetisiert werden technische und soziale Utopien.

> „In den alten Vierteln sind die Straßen zu Autobahnen geworden, während die Freizeitbeschäftigungen durch den Tourismus kommerzialisiert und entstellt werden. Dort werden soziale Beziehungen unmöglich [...] Die von uns geplanten Städte bieten auf diesem Gebiet ein noch nie dagewesenes Variationsspektrum von Eindrücken [...] Die zukünftige Stadt soll als eine kontinuierliche Tragpfeilerkonstruktion oder als ein ausgedehntes System verschiedener Konstruktionen verstanden werden [...] Regelmäßig und bewußt werden die Umgebungen mit Hilfe aller technischen Mittel [...] verändert" (Situationistische Internationale 1995: 80ff.).

Diese Entwürfe für „eine andere Stadt für ein anderes Leben" (ebd.: 80), sind im besten Sinne des Wortes utopisch. Probleme der Herkunftsgesellschaft dieser Stadtutopie, wie Verkehr und Kommerzialisierung, sind der Ausgangspunkt ihrer kritisch-utopischen Negation, die zugleich auf die soziale Vielfalt und technischen Potenziale der Stadt als utopische Konkretion von Möglichkeiten abzielt. In dem Postulat einer permanenten Veränderbarkeit der Stadt nach menschlichen Bedürfnissen drücken sich auch praktisch-utopische Optionen aus. Die von den Situationisten bzw. Bookchin geprägten sozialen Bewegungen, die französische Mai-Revolte 1968 und der ökosoziale Kommunalismus in den USA, knüpfen ausdrücklich an die sozialen Utopien der Frühsozialisten Fourier und Owen an, sie revitalisieren die Tradition des historisch-utopischen Gedankenguts ohne alte Stadtgründungspläne zu teilen. Anders als die antiken, eschatologischen, neuzeitlichen und frühsozialistischen Utopien fügen sie ihren modernen Stadtutopien ein anti-autoritäres, ein radikal-demokratisches Moment hinzu.

Welchen Ausdruck findet utopisches Bewusstsein in heutigen städtischen Bewegungen? Ein gewisses Interesse an Utopie ist offensichtlich, so bezeichnen die VeranstalterInnen des ‚Recht auf Stadt'-Kongresses 2011 in Hamburg als ihre „Lieblingsrubrik […]: die Utopie" (RaS 2011), ohne aber auf das Verhältnis von Utopie und sozialer Bewegung selbst näher einzugehen. Wie ausgeprägt ist das utopische Bewusstsein in der RaS-Debatte?

3. Das utopische Bewusstsein in städtischen sozialen Bewegungen

Ausgehend von der Bedeutung von Utopien für soziale Bewegungen und vor dem Hintergrund der Urbanität des utopischen Denkens liegt es nahe, RaS-Bewegungen hinsichtlich ihres utopischen Bewusstseins zu untersuchen. Dabei kommt es nicht darauf an zu messen, wie viel Prozent der AkteurInnen in RaS-Bewegungen ein utopisches Bewusstsein haben. Es soll aber auch nicht rein diskursanalytisch die Verwendung der Wörter utopisch oder Utopie untersucht werden. Vielmehr soll an einigen Beispielen gezeigt werden, welche Gestalten utopisches Bewusstsein in städtischen sozialen Bewegungen annehmen kann. Die Indikatoren dafür, woran utopisches Bewusstsein gemessen und von egoistischen, politischen oder ideologischen Handlungsmotiven unterschieden werden kann, lassen sich aus der eingangs erfolgten theoretischen Annäherung an die Kategorien von Utopie entwickeln: a) die Kritik und Negation des bestehenden Ganzen, b) die Benennung und Konkretion vorliegender Möglichkeiten, c) das Abbilden utopischer Ziele und Motivationen, d) das Aufgreifen der historischen Tradition von (Stadt-)Utopien und e) die utopisch inspirierte Praxis und ihre Handlungsoptionen. Für jeden der genannten Indikatoren werden im Folgenden Beispiele aus Primär-Texten der RaS-Bewegungen und aus der Sekundärliteratur präsentiert.

Zu a) Negativ-Utopisches – Die Kategorie Kritik

Jeder RaS-Bewegung liegt eine Ablehnung, ein ‚Nein' zugrunde. Seien es steigende Mieten, die Privatisierung öffentlicher Räume oder Großbauprojekte – meist sind es konkrete Anlässe, die den Beginn des Widerstandes bilden. Diese Negation beinhaltet den Gedanken, dass es anders sein sollte und auch könnte. Radikale Ablehnung tritt sehr deutlich in dem Manifest der Initiative ‚Not In Our Name, Marke Hamburg' hervor, die Teil der RaS-Bewegung ist. Die Initiative richtet sich zum einen gegen die Vereinnahmung von KünstlerInnen in der Stadtvermarktung und gegen eine (kulturelle) Aufwertung von Stadtteilen, die zur Verdrängung der Alteingesessen führt. Zum andern taucht hier ein Konzept von Freiraum auf, das „mit Utopien, mit dem Unterlaufen von Verwertungs- und Standortlogik" (Gaier et al. 2009) einhergeht. Auch die Forderungen, die aus der ersten Stadtteilversammlung SOS St. Pauli vom Oktober 2011 hervorgegangen sind, beinhalten viele negative Formulierungen: nicht weiter abreißen, privatisieren, modernisieren, keine steigenden Mieten (Erste Stadtteilversammlung St. Pauli 2011). Die einzelnen Missstände, auf deren Kritik und Negation sich die RaS-Bewegung in Hamburg in all ihrer Diversität bezieht, werden teilweise durchaus in Adornos Sinne als Ausdruck des falschen Ganzen, einer umfassenden Verwertungslogik, gesehen. Doch das Vorliegen einzelner Probleme und Interessen, bezüglich Mieterhöhungen beispielsweise, führt von sich aus noch nicht zu RaS-Bewegungen. Wahrscheinlicher ist, dass Menschen sich pragmatisch verhalten, also umziehen oder gegebenenfalls noch den Mieterschutzbund heranziehen. Zu den Bedingungen sozialer Bewegungen gehört hingegen kritisch-utopisches Bewusstsein, in diesem Fall die Fähigkeit sich die eigene Stadt als veränderbar vorzustellen.

Zu b) Konkret-Utopisches – Die Kategorie Möglichkeit

> „Ich war fasziniert von der Idee, das Konzept ‚Recht auf Stadt' ganz praktisch wiederbeleben zu können. Ich beteilige mich gerade an der Diskussion und der Schaffung von Community Land Trusts. Das ist eine Form des kooperativen Eigentums, bei der das Land gemeinschaftlicher Besitz ist, die einzelnen Wohneinheiten jedoch individuell vermietet werden. Wer dort lebt und wie viel Miete er zahlen muss, wird von der Gemeinschaft entschieden. Es ist ein Versuch, das Wohnungswesen dem Markt zu entziehen und Wohnungen wegen des Nutzwerts, nicht wegen ihres Tauschwerts zu bauen. In dem Sinne besitzt die Forderung nach Schaffung von Community Land Trusts auch etwas Transformatorisches, weil sie über das hinausweist, was gegenwärtig erreichbar ist" (Marcuse 2012).

Peter Marcuse verweist hier auf ein Konzept, dass von Teilen des RaS-Bündnisses New York entwickelt wurde. Er sagt selbst, dass kooperatives Eigentum gegenwärtig nicht flächendeckend erreichbar, also noch nicht realpolitisch sei. Trotzdem wäre mit den Community Land Trusts ein Wohnen jenseits der Marktregulation möglich. Ähnlich ist es mit der Forderung nach kostenlosen Verkehrsmitteln, wie sie in Brasilien von einer viele Gruppen übergreifenden sozialen Bewegung gestellt wird (Mengay/Pricelius 2011: 261). Es wird also im Sinne Blochs und auch Adornos eine Möglichkeit benannt, deren Umsetzung den Rahmen des heute Gegebenen überschreitet und der kapitalistischen Verwertungslogik entgegensteht. In diesen Bereich der konkreten Utopie lässt sich ebenfalls die Forderung nach Straffreiheit von Hausbesetzungen einordnen, die in der St. Pauli-Stadtteilversammlung vom 22. Oktober 2011 beschlossen wurde. Solche Forderungen, wie nach der Schaffung von Wohnraum entsprechend der Bedürfnisse der Menschen, lassen sich nicht nur theoretisch begründen, sondern auch durch genaue Prüfung dessen, was materiell und technisch „bei dem gegenwärtigen Stand der Produktivkräfte der Menschheit möglich wäre" (Adorno/Bloch 1985: 363).

Adrian Mengay und Maike Pricelius berufen sich in einem Aufsatz zu RaS in Brasilien unter anderem auf eine Zahl des Stadtministeriums, das einen Leerstand aus Spekulationsgründen von knapp 600.000 Wohneinheiten in São Paulo angibt – und das bei rund 10.000 Obdachlosen (Mengay/Pricelius 2011: 254). Solche Zahlen verdeutlichen nicht nur die Absurdität des kapitalistischen Alltags, sondern auch, dass es nicht um Verzicht und Einschränkung, sondern bedarfsgemäße Aufteilung des gesellschaftlichen Reichtums gehen muss. Das oben beschriebene Potenzial der Städte als utopische Räume, nicht nur als Wunschdenken oder Verheißung, sondern als tatsächliche Möglichkeit, kann somit aufgezeigt werden. „Eine Stadt ist keine Marke. Eine Stadt ist auch kein Unternehmen. Eine Stadt ist ein Gemeinwesen", heißt es im Manifest ‚Not In Our Name, Marke Hamburg' (Gaier et al. 2009). Das Verständnis von Stadt als etwas, das ‚uns' gehört, also allen, die hier leben, erscheint in der RaS-Bewegung selbstverständlich, obwohl es nicht der Realität entspricht. Auch die Praxis der Besetzungen selbst – ob in Hamburg oder Buenos Aires, wo es 2001 rund 45.000 besetzte Haushalte gab (Dohnke 2011: 229), kann als Beweis dafür dienen, dass jeder Mensch angemessenen Wohnraum haben könnte, die Utopie also konkret ist. Utopische Visionen der Stadtentwicklung sehen entsprechend Andrej Holm und Dirk Gebhardt.

> „Auch wenn sich die Forderungen nach einem Recht auf Stadt zumeist in konkreten Auseinandersetzungen in umkämpften Räumen artikulieren, weisen sie doch regelmäßig über das aktuelle Konfliktfeld hinaus und sind als Metapher für eine grundsätzlich andere Stadt, ja eine andere Gesellschaft zu verstehen" (Gebhardt/Holm 2011: 15).

Mengay und Pricelius sehen in Idee und Praxis des RaS das Aufblitzen einer antikapitalistischen Utopie, denn „die Verbindung von urbanen Aneignungspraxen und deliberativer Demokratie verweist auf das gesellschaftsutopische Potenzial eines Rechts auf Stadt und stellt das Eigentumsrecht als Grundlage der kapitalistischen Urbanisierung selbst in Frage" (Mengay/Pricelius 2011: 267). Laut Holm speist sich das RaS daher aus „den utopischen Versprechungen des Städtischen und reklamiert ein Recht auf die schöpferischen Überschüsse des Urbanen" (Holm 2011). Die kritische Negation der kapitalistischen Verwertungslogik und der Stadt als Marke verbindet sich mit der utopischen Konkretion der Stadt als ein gestaltbares, mögliches Gemeinwesen.

Zu c) Motivational-Utopisches – Die Kategorie Kraftquelle

Während die Bewegung selbst, an deren erster Stelle zumeist eine Negation steht, dazu führt, dass sich Utopien entspinnen, die über das Konfliktfeld konkret hinausgehen, dienen Ziele, die unter den heutigen Verhältnissen wohl kaum verwirklicht werden können, als ‚Kraftquellen' (Negt). So verstehen Gebhardt und Holm die Idee eines RaS auch im Sinne von Motivation und Maßstab:

> „Das Recht auf die Stadt als utopische Vision und gegenhegemoniales Projekt kann in der Unübersichtlichkeit von kurz- und langfristigen Forderungen, Reformorientierungen und Revolutionsphantasien als Orientierungspunkt für strategische Ausrichtungen und Maßstab für die Erfolge verstanden werden" (Gebhardt/Holm 2011: 16).

Da das RaS kein ausformuliertes Programm beinhaltet, regt es die Phantasie jedes und jeder Einzelnen an, doch das Wissen oder die Ahnung, dass für etwas Besseres gekämpft wird, hat trotzdem einen Namen, bleibt daher nicht ganz abstrakt. Peter Marcuse fordert, soziale Bewegungen hätten sich „zum Sozialismus" zu orientieren, zu einer gerechten Gesellschaft, in der sich jeder Mensch individuell entwickeln könne (Marcuse 2012). So allgemein diese Zukunftsvorstellung gemeint sein mag, so belastet ist die Bezeichnung ‚Sozialismus'. Von einem RaS können sich mehr Menschen angesprochen fühlen, da der Begriff weniger ideologisch besetzt ist und jeweils lokal auf einen konkreten Raum bezogen wird. Das RaS bietet in Hamburg die Grundlage für die Zusammenarbeit verschiedenster Initiativen und Gruppen, die dafür nur einen Minimalkonsens brauchen, der unter anderem die Ablehnung von Vertretungsstrukturen umfasst. Die Motivation entspringt aus der jeweils individuellen Identifizierung mit der Forderung, der Vorstellung davon, was vom Leben in der Stadt zu erwarten ist. Und dafür kann JedeR unter dem Motto RaS kämpfen. So schreibt Simone Buckel mit Bezug auf die Selbstaneignung der Stadt durch irreguläre MigrantInnen: „Das emanzipative Moment der Forderung ‚Recht auf Stadt' […] liegt vor allem im Moment der Selbstbestimmung und in der intrinsischen Verortung dieses Rechts innerhalb der Subjekte" (Buckel 2011: 173). Problematisch sind hierbei jedoch die materiellen Zwänge, die ganz andere Dimensionen umfassen als bei den meisten RaS-AktivistInnen: Da irregulären MigrantInnen keine oder wenige vorgegebene Strukturen offen stehen, bleibt ihnen nichts anderes übrig, als sich die Stadt selbst anzueignen, was sich mit Hilfe des RaS legitimieren lässt. Genau diese beschriebene individuelle Zielidentifikation kann aber neben den positiven kollektiven Erfahrungen als utopische Kraftquelle dienen.

Zu d) Historisch-Utopisches – Die Kategorie Erinnerung

Auch wenn Landauer schreibt, jede Utopie setze sich ‚aus der Reaktion gegen die Topie' und der ‚Erinnerung an sämtliche bekannte frühere Utopien' (s. o.) zusammen, so basiert die RaS-Bewegung nicht ausdrücklich auf einer theoretischen Begründung aus bekannten historischen Utopien (s. o.). Das offene und sich auf individuelle Vorstellungen stützende Modell schließt eine autoritäre Zielvorgabe aus. Das bedeutet allerdings keineswegs, dass nicht an lokale Forderungen, Bewegungen, Utopien und schon Erreichtes (und dann unter Umständen durch Reaktion zunichte Gemachtes) erinnert wird. In Buenos Aires wirkt die Erinnerung daran, dass vor gut 10 Jahren noch 45.000 Haushalte besetzt waren. In Hannover macht sich eine Podiumsdiskussion mit dem Titel ‚Es muss ja nicht so bleiben… – Stadtteilpolitische Utopien gestern und heute' „daran, die verschütteten Utopien zu bergen" (Stadtteilwandel 2012). Hier wurde unter anderem an die Hausbesetzungen und Kämpfe der 1970er Jahre in Hamburg und Hannover erinnert.

Jon Liss und David Staples entwickeln einen Arbeitsansatz für RaS-Bewegungen in den USA, der darauf aufbauen soll, in kommunaler Politik mitzuwirken, ohne jedoch Analyse, Kontextualisierung und radikale Kritik aufzugeben. Damit schließen sie an Bookchins Überlegungen an, führen diesen Bezug allerdings nicht weiter aus. Ihr „mögliches Programm für einen kommunalen Sozialismus" (Liss/Staples 2011: 132-140) erinnert jedoch sehr an klassische, historische Forderungen, wie sie in den Sozialutopien und im Sozialismus vorkommen – es beinhaltet unter anderem die Punkte Vergesellschaftung, Schaffung von Kooperativunternehmen und ökologische Stadtpolitik. Zentral ist auch die Idee, durch eine andere, an der Basis orientierte Lokalpolitik gegen die kapitalistische Verwertungslogik zu agieren, die Stadt somit in gewisser Weise den ökonomischen Zwängen zu entziehen, die sozialen Kämpfe jedoch zu internationalisieren und zu vernetzen. Die Idee der Kommunalisierung, sofern sie von RaS-Bewegungen vertreten wird, setzt die Tradition der utopischen Gütergemeinschaft fort, die sich vom heiligen Jerusalem über Morus Utopia und Owens Siedlungen bis zu Bookchins Stadtsozialismus erstreckt. Die Klärung ihres eigenen Bezugs auf Utopie könnte den RaS-Bewegungen das weite Feld der früheren Stadtutopien gegenwärtig machen, deren Gehalt darauf zu überprüfen ist, inwiefern in ihnen „mögliche Zukunft in der Vergangenheit" aufbewahrt ist, die zur „Nachreife" gebracht werden kann (Bloch 1985b: 294f.).

Zu e) Praktisch-Utopisches – Die Kategorie Handlungsoption

Da RaS-Bewegungen genuin keine Theoriegruppen, sondern Initiativen sind, die sich aus einem Kampf gegen unerwünschte Veränderungen in der Stadt und/ oder für eine selbstgewählte Transformation einsetzen, lassen sich in der Praxis die meisten Anzeichen für utopisches Bewusstsein finden. Allerdings gilt es gerade hier ganz genau hinzuschauen, ob die (symbolischen oder unmittelbaren) Praktiken sich wirklich auf Utopie beziehen. Die entscheidende Frage ist, ob sie auf eine Veränderung gesellschaftlicher Grundstrukturen abzielen. Solche Deutungen finden sich durchaus, etwa in Mengays und Pricelius' Einschätzung des RaS in Brasilien:

> „Die demokratischen Praxen des MTST [Movimento dos Trabalhadores Sem Teto – Bewegung der obdachlosen Arbeiter] könnten so ein Anfang sein, denn sie verweisen jenseits des Staates auf eine andere Form von Beteiligung und demokratischer Entscheidungsfindung. [...] Hierin liegt die Wendung ins Praktische, die Lefebvres Recht auf Stadt bedeuten könnte. Das Recht auf Stadt mit seiner utopischen Sprengkraft bei Lefebvre und beim MTST ist kein positives Recht, das man vor dem Staat abstrakt theoretisch einklagen kann" (Mengay/Pricelius 2011: 267f.).

Die Betonung, dass RaS nicht als staatliches Recht gemeint ist, findet sich des Öfteren und ist sehr wichtig. Es kann und soll nicht in positives, staatliches Recht übersetzt werden, die Utopie ist im Rahmen des heutigen politisch-ökonomischen Systems nicht zu verwirklichen. Diese Erkenntnis gibt es auch in Brasilien, wo in den sogenannten Stadt-Statuten zwar Elemente eines einklagbaren Rechts auf Stadt gesetzlich verankert sind, es aber nie zur richtigen Verwirklichung kommt/ kommen kann (ebd.: 253). Über das MTST wird hingegen die Besetzung und der Aufbau ganzer Quartiere organisiert, es existiert in jeder Stadt eine basisdemokratische Organisationsstruktur, die je nach den lokalen Bedingungen variiert (ebd.: 259). Die Besetzung ungenutzter Flächen und der Aufbau neuer Siedlungen erinnern an Fouriers und Owens Siedlungssozialismus, allerdings ohne dabei die Stadt verlassen zu müssen und ohne feste Vorgaben über das Zusammenleben zu machen.

Die seit den 1970er Jahren in den USA auftretende Community- und ArbeiterInnen-Selbstorganisationsform, von Liss und Staples (2011: 116) als NWCO (New Working Class Organizing) bezeichnet, steht heute ebenfalls in Verbindung mit der RaS Bewegung und hier sind in erster Linie (migrantische und afroamerikanische) Frauen aktiv. Dies kann zwar einerseits ein Zeichen für den emanzipativen Gehalt dieser Bewegung sein, wie Fourier meint (s. o.), andererseits sind Frauen auch diejenigen, deren Leidensdruck und Verantwortung am größten ist. Praktisch-utopisches Potenzial lässt sich nicht nur an Organisationsstrukturen in Brasilien, Argentinien oder den USA ablesen, sondern auch in Deutschland. In der Stadtteilversammlung Hamburg St. Pauli. (s. o.) wurde mit rund 300 Menschen eine 12-Punkte-Forderungsliste erarbeitet. Alle interessierten AnwohnerInnen dürfen und sollen mitmachen. Entscheidend ist, dass der Prozess offen ist, dass es nicht darum geht, über Politikmaßnahmen abzustimmen (wie bei Bürgerentscheiden, die auch des Öfteren zu reaktionären Entscheidungen führen) sondern gemeinsame Ideen zunächst auszuformulieren und erst in einem späteren Schritt an die Politik heranzutragen.

Liss und Staples sehen Potenzial zudem darin, lokalpolitische Strukturen nicht grundlegend abzulehnen, sondern zu nutzen, um einen kommunalen Sozialismus zu schaffen. Hierüber könnten sicherlich noch weit mehr Leute erreicht werden, doch die Gefahr der Kooptation, die ja bereits überall stattfindet, ist sehr groß. Der formulierte Anspruch, den Anschluss an emanzipatorische Kämpfe aufrecht zu erhalten und Wissensvermittlung ins Zentrum zu stellen klingt zwar gut, ist aber schwer umsetzbar. Die Abgrenzung zur konventionellen (Stadt-)Politik, die aus nicht-utopischen Plänen besteht, gehört dabei zu den Motivationen der RaS-Bewegungen und führt wieder zu der Negation des Vorhandenen als Basis des Eigenen.

> „Kein Leitbild, kein 5-Jahresplan und erst recht keine Computersimulation, wie sie InvestorInnen, StadtplanerInnen und ArchitektInnen so lieben, bei der man durch glitzernde 3-D-Welten fliegt – vorbei an virtuellen Mittelschichts-Mehrheitsgesellschafts-Menschen, die in ihrer auffälligen 0815-Konformität einen Blick auf den verengten planerischen Horizont geben" (Strickliesel 2011).

Die Entscheidungsfindung in offenen Versammlungen ist eine davon deutlich unterschiedene Praxis, deren mögliche Ausweitung und Vertiefung als Utopie vorgestellt werden kann. Die Anwesenden der Stadtteilversammlung in Hamburg-St. Pauli verlangen nicht nur Höchstmieten, Kommunalisierung aller verkäuflichen Wohnungen und die Legalisierung von Leerstandbesetzung, sondern fordern auch mehr Transparenz und neue Partizipationsformen wie Runde Tische ein: „Ideen aus dem Stadtteil, statt Bevormundung durch die Stadt" (Erste Stadtteilversammlung St. Pauli). Die kritisch-konkrete Utopie der sozialen Stadt, die auf auf Teilhabe abzielt, wird ergänzt um eine praktisch-politische Stadtutopie, die den Anspruch auf Teilnahme artikuliert.

4. Utopie in Bewegung – Ausblick und Perspektiven

Gerade RaS-Bewegungen, denen politische GegnerInnen oft abstrakten Utopismus vorwerfen, bedürfen einer reflektierten Auseinandersetzung mit ihren eigenen Utopien, um diese als Kraftquelle bewahren zu können. Für das Verständnis dieser Bewegungen ist die Einbeziehung des in ihnen aufscheinenden utopischen Bewusstseins unverzichtbar. Ausgehend von einem modernen Utopiebegriff, der utopisches Bewusstsein vor allem als kritische Geisteshaltung versteht, schlagen wir als dessen vorläufige Indikatoren vor: a) Ansätze einer aufs gesellschaftliche Ganze zielenden theoretischen Negation, b) eine konkrete Möglichkeiten aufzeigende Denkhaltung, c) die motivierende Artikulation überindividueller Hoffnungen, d) die Erinnerung oder Fortsetzung utopischer Traditionen und e) die ergriffene Option des experimentellen Handelns. Mit diesen Kategorien wird eine Annäherung an das Phänomen utopischen Bewusstseins in Bewegungen möglich.

Im Rahmen dieses Artikels konnte freilich keine abschließende Untersuchung der RaS-Bewegungen vorgenommen werden, es wurden aber Beispiele gefunden, um diese Methode der Utopieforschung als Bestandteil von Bewegungsforschung zu skizzieren. Als Forschungsansatz eignet sich diese Methodik auch für andere soziale Bewegungen, städtische soziale Bewegungen bieten sich aber als Forschungsgegenstand an, da hier Momente negativer, konkreter, motivationaler und optionaler Utopie vorliegen. Abgesehen von der unzureichend aufgegriffenen reichen Tradition städtischer Utopien sind es vor allem Besonderheiten der städtischen Wirklichkeit, die zum utopischen Denken drängen. Gesamtgesellschaftliche Widersprüche verdichten sich in Städten und fordern Kritik heraus, Möglichkeiten eines neuen Alltags werden erkennbar und verbinden die motivierende Utopie mit lokalen Handlungsoptionen.

Auffällige Ähnlichkeit haben die erarbeiteten und angewandten Indikatoren auch mit Lefebvres Utopie. Sein RaS steht ebenfalls im Kontext eines ‚Nein‘, einer Negation des Bestehenden (1960er-Revolten in Frankreich), verfolgt große Ziele (eine radikal andere Welt) und basiert auf den Möglichkeiten des urbanen Raums. Das RaS als Utopie meint dabei kein ausgepinseltes Stand-Bild der utopischen Stadt, sondern ein utopisches Leitbild der städtischen sozialen Bewegungen.

Literatur

Adorno, Theodor W./ Bloch, Ernst (1985 [1964]): Etwas fehlt... über die Widersprüche der utopischen Sehnsucht. In: Bloch, Ernst: Tendenz – Latenz – Utopie. Frankfurt/M.: Suhrkamp, S. 350-368.

Bloch, Ernst (1985a [1959]): Das Prinzip Hoffnung – Band 2. Frankfurt/M.: Suhrkamp.

Bloch, Ernst (1985b [1936]): Tendenz-Latenz-Utopie, Frankfurt a. M.: Suhrkamp.

Bookchin, Murray (1996): Die Agonie der Stadt. Greifenau: Trotzdem Verlagsgenossenschaft.

Buckel, Simone (2011): Ein Recht auf Stadt für irreguläre MigrantInnen – Städtische Politik als Handlungsraum im Konfliktfeld irreguläre Migration. In: Gebhardt, Dirk/ Holm, Andrej (Hg.): Initiativen für ein Recht auf Stadt. Theorie und Praxis städtischer Aneignungen. Hamburg: VSA, S. 165-186.

Cojocaru, Mara-Daria (2012): Die Geschichte von der guten Stadt – Politische Philosophie zwischen urbaner Selbstverständigung und Utopie. Bielefeld: Transcript.

de Bruyn, Gerd (1996): Die Diktatur der Philantropen. Entwicklung der Stadtplanung aus dem utopischen Denken. Braunschweig, Wiesbaden: Vieweg.

Die Bibel 1980. Stuttgart: Katholische Bibelanstalt.

Dohnke, Jan (2011): „Dem Europäer erschien es wie geschenkt" – Tourismus und Recht auf Stadt in San Telmo (Buenos Aires). In: Holm, Andrej/ Gebhardt, Dirk (Hg.): Initiativen für ein Recht auf Stadt. Theorie und Praxis städtischer Aneignungen. Hamburg: VSA, S. 221-244.

Erste Stadtteilversammlung St. Pauli (2011): 12 Forderungen an die Stadt Hamburg. URL: http://www.rechtaufstadt.net/recht-auf-stadt/12-forderungen-die-stadt-hamburg (eingesehen am 28.12.2012).

Fourier, Charles (2006): Charles Fourier – Der Philosoph der Kleinanzeige. Herausgegeben von Burckhardt, Martin. Berlin: Semele.

Gaier, Ted / Logan, Melissa/ Schamoni, Rocko/ Lohmeyer, Peter/ Hanekamp, Tino/ Twickel, Christoph (2009): Manifest Not In Our Name, Marke Hamburg. URL: http://nionhh.wordpress.com/about/ (eingesehen am 28.12.2012).

Gebhardt, Dirk und Andrej Holm (2011): Initiativen für ein Recht auf Stadt. In: dies. (Hg.): Initiativen für ein Recht auf Stadt. Theorie und Praxis städtischer Aneignungen, Hamburg: VSA, S. 7-24.

Graf, Rüdiger (2003): Die Mentalisierung des Nirgendwo und die Transformation der Gesellschaft. In: Hardtwig, Wolfgang (Hg.): Utopie und politische Herrschaft im Europa der Zwischenkriegszeit. München: Oldenbourg, S. 145-174.

Hirsch, Joachim (1998): Vom Sicherheitsstaat zum nationalen Wettbewerbsstaat. Berlin: ID.

Holm, Andrej (2011): Das Recht auf die Stadt. In: Blätter für deutsche und internationale Politik Heft 8, S. 89-97

Landauer, Gustav (2003 [1907]): Die Revolution. Münster: Unrast.

Liss, Jon/ Staples, David (2011): Die Neuen im historischen Block – Worker Centers und kommunaler Sozialismus. In: Holm, Andrej/ Gebhardt, Dirk (Hg.): Initiativen für ein Recht auf Stadt. Theorie und Praxis städtischer Aneignungen. Hamburg: VSA, S. 105-140.

Mannheim, Karl (1986): Utopie. In: Neusüss, Anselm (Hg.): Utopie – Begriff und Phänomen des Utopischen. Frankfurt/M., New York: Campus, S. 113-120.

Marcuse, Peter (2012): Du kannst nicht bis zur Revolution warten, wenn du gerade einen Schlafplatz brauchst. Interview mit Peter Marcuse. In: Jungle World 21/2012, URL: http://jungle-world.com/artikel/2012/21/45520.html (eingesehen am 28.12.2012).

Marx, Karl/ Engels, Friedrich (1969[1845/46]): Die deutsche Ideologie. Marx-Engels-Werke, Bd. 3. Berlin: Dietz

Mengay, Adrian/ Pricelius, Maike (2011): Das umkämpfte Recht auf Stadt in Brasilien – Die institutionalisierte Form der ‚Stadt Statute' und die Praxis der urbanen Wohnunglosenbewegung des MTST. In: Holm, Andrej/ Gebhardt, Dirk (Hg.): Initiativen für ein Recht auf Stadt. Theorie und Praxis städtischer Aneignungen. Hamburg: VSA, 245-270.

Morus, Thomas (1998/1516): Utopia. In: Grassi, Ernesto (Hg.): Der utopische Staat, Hamburg: Rowohlt, S. 7-110.

Mosse, Claude (1974): Die Ursprünge des Sozialismus im klassischen Altertum. In: Droz, Jacques (Hg.): Geschichte des Sozialismus, Band 1 – Das utopische Denken bis zur industriellen Revolution. Frankfurt/M.: Ullstein, S. 65-111.

Negt, Oskar (2012): Nur noch Utopien sind realistisch – Politische Interventionen. Göttingen: Steidl.

RaS 2011: Recht auf Stadt. Der Kongress. Hamburg. URL: http://kongress.rechtaufstadt.net/ (eingesehen am 28.12.2012).

Saage, Richard (2010): Utopische Horizont. Berlin: Lit.

Situationistische Internationale (1995/1959): Eine andere Stadt für ein anderes Leben. In: Der Beginn einer Epoche – Texte der Situationisten. Hamburg: Edition Nautilus, S. 80-82.

Stadtteilwandel (2012): Es muss ja nicht so bleiben – Stadtteilpolitische Utopien gestern und heute. URL: http://stadtwandel.wordpress.com/2012/05/24/es-muss-ja-nicht-so-bleiben-stadtteilpolitische-utopien-gestern-und-heute/ (eingesehen am 28.12.2012).

Stickliesel (2011): Die Stadt von den Rändern gedacht. URL: http://schaetzchen.blogsport.de/2011/05/ 02/die-stadt-von-den-raender-gedacht/ (eingesehen am 28.12.2012).

Transmitter 2011: freies Radio im Juni 2011 / FSK, Freies-Sender-Kombinat; AG Radio e. V. URL: http://epub.sub.uni-hamburg.de/epub/volltexte/2012/17577/pdf/tm_0611.pdf (eingesehen am 28.12.2012).

Vrenegor, Nicole (2012): Mehr als eine Insel der Unordnung. In: ak – analyse und kritik. Jg. 42 (575), S. 30.

Vrenegor, Nicole 2012: Mehr als eine Insel der Unordnung. Zum dritten Geburtstag schenkt sich das Hamburger Gängeviertel ein Buch. In: ak – analyse & kritik. Nr. 575. URL: http://www. akweb.de/ak_s/ak575/19.htm (eingesehen am 28.12.2012).

Zick, Andreas/ Wagner, Ulrich (1995): Soziale Identität und Gruppenverhalten – Sozialpsychologische Beiträge zur Analyse sozialer Bewegungen. In: Forschungsjournal NSB. Jg. 8 (1), S. 56-67.

Das Paradigma der Beteiligung: Chance oder Vereinnahmung sozialer Bewegungen?

Rolf Keim

Die Rede von der Beteiligung erfährt seit einigen Jahren eine ungeteilte Zustimmung. Selbst dort, wo Kritik an Beteiligungsverfahren geübt oder Risiken für die Demokratie benannt werden, kann die generelle Befürwortung von Beteiligung eine grundsätzliche Akzeptanz in fast allen Bereichen der Gesellschaft verbuchen. Mit einigem Recht kann von einem hegemonialen Diskurs gesprochen werden: regiert wird vermittels Beteiligung! In der Demokratie erscheint das zunächst nicht außergewöhnlich, Beteiligung ist schließlich konstitutiv für als demokratisch bezeichnete Gesellschaften. Hegemonial ist die Rede von der Beteiligung, weil die „artikulatorischen Verfahrensweisen" (Mouffe 2007: 27) geeignet sind, eine neue Ordnung zu etablieren und die Bedeutung der gesellschaftlichen Institutionen festzulegen, die auf eine „Überwindung des Wir-Sie-Gegensatzes" (ebd.: 22) anstatt auf die spezifische „Art und Weise seiner Etablierung" (ebd.) angelegt sind. Beteiligung lässt sich in diesem Sinne auch als eine komplexe Form der Machtausübung lesen. Als solche bezeichnet sie eine zentrale Schnittstelle der „Gouvernementalisierung des Staates" (Foucault 2000: 65), an der soziale und räumliche Inwert- und Außerwertsetzungen vollzogen, „Randzonen des Sozialen" (van Dyk 2013:17) neu vermessen und Ausgrenzungsprozesse manifest werden.

Städtische soziale Bewegungen sind in diese Prozesse komplex verwoben. Ihre Geschäftsgrundlage, so die These, hat sich seit den 1990er Jahren gewandelt: allein durch Kritik am und gelebte Gegenentwürfe zum bestehenden neoliberalen Gesellschaftsentwurf können soziale Probleme nicht mehr wirksam konstruiert, der soziale Antagonismus nicht dargestellt werden. Das Paradigma der Beteiligung vermag eine neue Trennlinie zu ziehen „zwischen jenen, die man für verständige Bürger hält, und jenen, denen man diese Eigenschaft abspricht" (Rose 2000: 89). Soziale Bewegungen sind insoweit in ihrem Kern getroffen, als dass ihre Aktivität als Beteiligung in die Modi des Regiert-Werdens inkorporiert ist. Unter diesen Bedingungen erscheint derzeit die Sorge von Aktivist_innen sozialer Bewegungen vor Vereinnahmung durch eine (neoliberale) Governance bzw. kooperative Demokratie sehr berechtigt. Ihre Proteste werden nicht mehr nur als

„Riots" (z. B. die Proteste in englischen Städten 2011) etikettiert oder als illegitimer Protest denunziert (z. B. die Occupy-Demonstration in Frankfurt am Main 2012) und dann kriminalisiert, befürchtet wird vielmehr eine Vereinnahmung *durch* Beteiligung. In jüngster Vergangenheit wurde diese Sorge immer wieder formuliert, z. b. beim Kongress WEMGEHÖRTDIESTADT in Frankfurt am Main im März 2012 in der Arbeitsgruppe „Bürgerpartizipation: Basisdemokratie oder Trojaner". Im Ankündigungstext heißt es: *„Nicht erst seit den Protesten gegen ‚Stuttgart 21' entdecken Politiker, Politik- und Wirtschaftsberater ihr Herz für Bürgerbeteiligungen, Planungswerkstätten, Mediation, bei denen die BürgerInnen ‚mitgenommen werden' sollen. Unklar bleibt allerdings, wohin die Reise geht, was die BürgerInnen an der Endstation erwartet. Welche Erfahrungen machen Initiativen, die gegen die Startbahn-West, gegen den Flughafen-Ausbau, gegen Stuttgart 21, gegen Gentrifizierung angetreten sind und mit dem Zauberwort ‚Bürgerpartizipation' gelockt und eingebunden werden?"* Ein Jahr zuvor in Hamburg beim Kongress RECHTAUFSTADT heißt die AG „Feindliche Umarmung: Partizipation & Vereinnahmung". Angekündigt wird sie mit dem Text: *„Die zunehmenden Proteste gegen neoliberale Raumpolitik beantworten die Herrschenden mit einem ausgeklügelten Instrumentarium: Kooperationsangebote im von oben bestimmten Rahmen hier, Repressalien dort. Multikulturelle Symbolik in der Imagebroschüre, Kontrolle von Migrant_innen in der S-Bahn. Mitmach-Kunst in Wilhelmsburg, Blockade von Bürgerentscheiden auf Stadtebene. Der Widerstand selbst wird entpolitisiert, kulturalisiert, personalisiert und entschärft. Wie parieren wir den partizipatorischen Kuschelangriff? Gibt es Wege aus der Vereinnahmungsfalle?"* Schon die wenigen Stichworte lassen erkennen, dass in dem partizipatorischen Kuschelangriff nicht nur ein strategisches Manöver zur politischen Einbindung unliebsamer sozialer Protestbewegungen gesehen wird, sondern eine spezifische Form des Regierens (bzw. des Regiertwerdens), ein politisches Verfahren, das die Konfliktformulierung zu Gunsten der Konsensfindung liquidiert. Werden soziale Bewegungen also nicht nur instrumentalisiert, sondern geradezu aufgesogen und ‚neutralisiert' durch die Omnipräsenz von Angeboten und Aufforderungen zu politischer und sozialer Partizipation? Vereinnahmung von Beteiligung stünde demnach für die Frage, „wie ein Kompromiss zwischen widerstreitenden Interessen erzielt oder ein ‚rationaler', d. h. ganz und gar einschließender Konsens ohne jede Ausschließung erreicht werden könne" (Mouffe 2007: 22). Aller Protest wäre so ‚aufgehoben' im Paradigma der Beteiligung. Unter diesen Bedingungen würden soziale Bewegungen als Teile eines bunten Beteiligungsganzen auch der zunehmenden Ökonomisierung des Sozialen die erforderliche Akzeptanz verschaffen und sie wären auf diese Weise auch in Prozesse sozialer Ausgrenzung involviert.

Die hegemoniale Macht des Beteiligungsdiskurses ist nicht zuletzt darin begründet, dass das Regieren durch Beteiligung auf allen gesellschaftlichen Ebenen und in allen Akteurskonstellationen wirksam ist. Der Wunsch der Bürger_innen, sich aktiv an der Gestaltung ihrer Gemeinwesen – von der Energiepolitik über die Einrichtung von Verkehrsinfrastrukturen und kommunalen Haushalten bis hin zu Nachbarschaftskonflikten – zu beteiligen, gilt gemeinhin als ein Ausdruck 'lebendiger Demokratie'. Mehr denn je erscheint Beteiligung heute als notwendige Grundlage von Politik. Beteiligung ist nicht nur erwünscht, sondern wird eingefordert. Aber gleichzeitig befördert die Rede von der Beteiligung – das meint hier Vereinnahmung – ein wachsendes „Unvermögen, politisch zu denken" (Mouffe 2007: 17) und befördert damit ihre eigene Kommodifizierung. Allerdings suggeriert der Begriff der Vereinnahmung auch, dass neben der vereinnahmten auch eine nicht-vereinnahmte, autonome oder doch zumindest die Beteiligten qualifizierende (Form der) Beteiligung möglich sei (Wagner 2012: 26f). Das Paradigma der Beteiligung und ihre Bedrohung durch Vereinnahmung bezeichnen also eine spannungsvolle Vielschichtigkeit des Beteiligungsbegriffes, die in diesem Beitrag näher in den Blick genommen werden soll. Dafür werden drei Ebenen gesellschaftlicher Beteiligung voneinander unterschieden: die politische Beteiligung (demokratietheoretische Perspektive), die soziale Beteiligung (zivilgesellschaftliche Perspektive) und die „lebensweltliche" Beteiligung (Perspektive der Alltagsbewältigung, Subjektivierung, öffentliche Präsenz und städtische Lebensweise). An diese drei – idealtypischen – Beteiligungsformen werden jeweils drei Fragen gerichtet: (1) Markiert die Beteiligung eine soziale Selektivität (Zugang) und evoziert sie soziale Ausgrenzung (Wirkung)? (2) Welche partizipatorischen Rechte ermöglichen die Artikulationsräume? (3) Welche gesellschaftliche Relevanz und politische Reichweite (von 'nur privat' bis öffentlich wirksam) wird der Beteiligung beigemessen? Für jede der genannten Ebenen von Beteiligung gilt es zu berücksichtigen, dass die individuellen Wirkungen der Teilnahme an Beteiligungsverfahren und Protestbewegungen – gleich ob Konflikt- oder Konsens-orientiert – für die Beteiligten Prozesse sozialen Lernens bedeuten. Der vorliegende Beitrag handelt insofern auch von der Schwierigkeit, Beteiligung unter widerstrebenden Voraussetzungen als ein zentrales Feld der Qualifizierung zur Rückeroberung des Politischen zu erhalten.

1. Politische Beteiligung als Vereinnahmung

Die Besonderheit der demokratietheoretischen Auseinandersetzung über Beteiligung wird markiert durch die Spannung einer Krisendiagnose demokratischer Institutionen einerseits und einer existierenden gesellschaftlichen Partizipationseuphorie andererseits. Vor dem Hintergrund der skeptischen Postdemokratie-Bestimmung (Crouch 2008), die den Ausbau formaler Beteiligungsverfahren und Institutionen bei gleichzeitiger inhaltlicher Aushöhlung demokratischer Partizipation diagnostiziert, entfaltet sich eine publizistische Front gegen die Infragestellung demokratischer Regulierung durch die Macht der Experten und Lobbyisten und für erweiterte Partizipationsverfahren, die als Merkmal gesellschaftlicher Demokratisierung und der Stärkung von „Bürgermacht" (Roth 2010) angesehen werden. Die Bundeszentrale für politische Bildung beschwört beim Bundeskongress 2012 das *Zeitalter der Partizipation* und veröffentlicht mit hoher Schlagzahl entsprechende Publikationen.[1] Die Schader-Stiftung führt seit 2012 eine Veranstaltungsreihe *Engagementkultur und Demokratie* durch. Fachtagungen widmen sich dem Bürgerbegehren nach Partizipation, wie das Beispiel des Berufsverbands Deutscher Soziologinnen und Soziologen mit den Themen *Bürgerbeteiligung, Bürgerschaftliches Engagement und kommunale Genehmigungsverfahren* zeigt. Das Forum für Bürgerbeteiligung und kommunale Demokratie (Stiftung Mitarbeit und Ev. Akademie Loccum) lädt 2012 ein zu der Tagung „Bürgerbeteiligung als Motor der kommunalen Entwicklung" und formuliert in der Ankündigung, dass Bürgerbeteiligung ein wichtiger Impulsgeber und Innovationsfaktor der kommunalen Entwicklung sei. Und erwartungsgemäß tritt immer wieder die Bertelsmann Stiftung als Think-Tank einer kooperativen Demokratie mit neoliberalem Vorzeichen auf: unter dem Slogan „mitWirkung" widmen sich Projekte und Untersuchungen zum Beispiel der Kinder- und Jugendbeteiligung in kommunalen Gemeinwesen. Fragen der Bürgerbeteiligung gilt damit – soviel ist gewiss – eine bislang unbekannte öffentliche Aufmerksamkeit. Der ermittelten Ohnmacht parlamentarischer Vertretungen (Alemann /Klewes /Rauh 2011) soll mit Transparenz über Entscheidungsgrundlagen und mehr Beteiligung der Bürger in Entscheidungsverfahren entgegen gewirkt werden. Landauf, landab laden Landesregierungen und Kommunen ihre Bürgerinnen und Bürger ein, Verwaltungsabläufe zu reformieren und Haushalte mit zu gestalten, prominente Beispiele sind die Verwaltungsreform in Rheinland-Pfalz und die zahlreichen kommunalen Bürgerhaushalte. Formen direkter Demokratie werden in Landes-

---

1   Allein in der Reihe ‚Aus Politik und Zeitgeschichte' sind erschienen: Direkte Demokratie (3/2006), Postdemokratie? (2/2011), Demokratie und Beteiligung (10/2011), Digitale Demokratie (2/2012), Protest und Beteiligung (6/2012).

verfassungen implementiert, Bürgerkommunen ausgerufen. Vor allem auf kommunaler Ebene eröffnen plebiszitäre Verfahren zunehmend ein Angebot direkter Beteiligung (Bogumil 2004). Mit Blick auf die Voraussetzungen und Wirkungen von Partizipation werden aber zunehmend auch Stimmen laut, die Partizipation eingebettet sehen in ein Spannungsverhältnis von Emanzipation und Herrschaft (Wagner 2012: 23) und die die Abläufe und Instrumente politischer Beteiligungsverfahren etwa am Beispiel des Runden Tisches Heimerziehung als „Asymmetrie der Macht" (Kappeler 2012: 83) beschreiben.

Über die Entwicklung demokratischer Beteiligung liegen widersprüchliche Befunde vor. Einerseits gibt es Belege, dass „in Deutschland (…) soziale und wirtschaftliche Ausgrenzung nicht zu einer gesteigerten Bereitschaft für Protest und politisches Engagement, sondern zu verstärkter politischer Apathie (führen)" (Bödeker 2012: 6). Andererseits besteht die Annahme einer Wiederbelebung der Demokratie „durch die Entstehung neuer Identitäten, die die Form der Partizipation an Debatten und Entscheidungen verändern" (Couch 2008: 20). Quer zu diesen Befunden ist seit langem bekannt, dass Beteiligung und politisches Engagement von der individuellen Ressourcenausstattung der Akteure abhängig ist (Verba/Nie 1972). Die Beteiligung an verfassten wie auch an nicht-verfassten Formen politischer Partizipation steigt danach mit dem sozialen Status, oder anders: untere soziale Schichten bzw. von sozialer Ausgrenzung bedrohte Menschen haben an den Beteiligungsverfahren (fast) keinen Anteil und sind überproportional im wachsenden Bevölkerungsanteil vertreten, der aus ‚Politikverdrossenheit' den Wahlen fern bleibt (Jörke 2011: 15f). Im hier in Rede stehenden Kontext aber ist vor allem bedeutsam, dass die Verlierer der neoliberalen Restrukturierung auch in nicht-verfassten Beteiligungsverfahren eindeutig unterrepräsentiert sind (Böhnke 2011). Für die Proteste gegen Stuttgart 21 wie auch für das Hamburger Bürgerbegehren gegen die geplante Schulreform ist belegt, dass hier maßgeblich bildungsbürgerliche Mittelschichten beteiligt waren, die sich im Falle der Hamburger Entscheidung z. B. ausdrücklich gegen die Interessen von Bewohner_innen durchgesetzt haben, für die die Reform eine Verringerung der institutionellen Diskriminierung im Bildungssektor bedeutet hätte. In der jüngsten Studie über die Sozialstruktur der in Protestaktionen und Beteiligungsverfahren engagierten Bürger_innen (Walter 2013) warnt der Autor vor der Gefahr einer zunehmenden gesellschaftlichen Polarisierung, die sich aus der Dominanz kapitalstarker Sozialschichten (hohe Bildungsabschlüsse, sichere und überdurchschnittliche Einkommen, gute Vernetzung, viel Zeit, etc.) in Beteiligungsverfahren und Protestbewegungen ergibt. Beteiligung werde zum Privileg ohnehin privilegierter Bevölkerungsgruppen, die über die in den Beteiligungsverfahren erforderliche

Artikulationsfähigkeit verfügen. „In der Zivilgesellschaft sind (...) Kapazitäten ungleich verteilt, und Formen der politischen Selbstorganisation können Prozesse der Ungleichheitsentwicklung nicht nur unterstützen, sondern gar qualitativ verschärfen." (Klatt 2012: 5). Aus erweiterten Kapazitäten resultiert eine größere Durchsetzungsmacht – nicht nur innerhalb jeweiliger Beteiligungsverfahren (Entscheidungen beeinflussen), sondern auch hinsichtlich der Möglichkeit, Verfahren zu initiieren und diese in ihrem Ablauf wie auch in ihren inhaltlichen Themen- und Problemstellungen definieren zu können.

Eine „gelingende Partizipation" (Herrmann 1995) formuliert so auch eher Ziele an kollektive Lernprozesse als dass sie diese einzulösen vermag. Strukturell bleiben Beteiligungsverfahren sozial selektiv nicht nur hinsichtlich der Anforderungen an das Ausdrucksvermögen der Akteure, sondern sie gehen auch durch das Nadelöhr der politisch zu Verfügung gestellten Artikulationsräume und den dort gegebenen Machtverhältnissen (Zuständigkeiten) und strukturellen Vorgaben (Verfahren). So bedeutet gerade die wachsende Zahl von anerkannten, also politisch zugestandenen Beteiligungsräumen einerseits eine Erleichterung bei der Konstruktion eines sozialen Problems, andererseits aber auch eine besondere Hürde für die gesellschaftliche Anerkennung davon „abweichender" Themen und Konflikte. Ganz grundsätzlich gilt unter den Bedingungen ungleicher Artikulationsfähigkeit: je umfassender und komplexer die die Beteiligung ermöglichenden Artikulationsräume werden, desto stärker geraten die Interessen marginalisierter Bevölkerungsgruppen – weil nicht artikulationsadäquat und damit nicht beteiligungsrelevant – aus dem Blickfeld bzw. werden als nicht bedeutsam eingestuft oder sogar als abweichend kriminalisiert. Obendrein bleiben die verbleibenden Artikulationsräume marginalisierter Bevölkerungsgruppen auf deren „Selbstmanagement" z. B. im Rahmen von Hilfeplanverfahren der Sozialen Arbeit und ihre Mitwirkungspflichten im Rahmen der Sozialgesetze beschränkt, Beteiligung wird zum Zwang. Zur breiten gesellschaftlichen Akzeptanz von politischer Beteiligung gehört auch ihre Partikularisierung im Interesse herrschender Praktiken. Die Diffamierungen des Occupy-Protestcamps vor der Europäischen Zentralbank in Frankfurt am Main konnte vor diesem Hintergrund mit dem Hinweis ‚begründet' werden, dass sich dort ja auch Wohnungslose und Angehörige der Drogenszene aufhalten würden, also Menschen ohne hinreichende Artikulationsfähigkeit. Die andauernde Banken- und Schuldenkrise wird allerdings nicht zum Thema der Bürgerbeteiligung, sondern im Gegenteil, offensiv dem politischen Feld entzogen und der Bearbeitung vermeintlicher Experten übergeben; die Occupy-Bewegung bleibt „ohnmächtig, aber legitim" (Beck 2011: 3) Mit anderen Worten: die Relevanz von Artikulationsräumen wird herrschaftlich definiert. In der Partizipationsgesellschaft wird es für soziale Bewegungen zunehmend schwerer, Öffentlichkeit für die Konstruktion eigenständiger Artikulationsräume herzustellen. Die Situation ist scheinbar paradox: mit der breiten gesellschaftlichen Zustimmung gegenüber Beteiligungsprozessen verringern sich die Möglichkeiten sozialer Bewegungen, öffentliche Beachtung zu erlangen.

Es lohnt in diesem Zusammenhang, die strukturellen Gegebenheiten von Artikulationsräumen näher zu betrachten. Von besonderem Interesse ist dabei, wie sie hergestellt werden und welchen Grad der Beteiligung sie repräsentieren (vgl. Herrmann 1998). Die Herstellung von Artikulationsräumen bedeutet eine erste Weichenstellung für den jeweiligen Grad der Beteilung: Kann ein Artikulationsraum ‚von unten‘, also von Betroffenen- oder Aktivistengruppen initiiert werden oder wird er ‚von oben‘, also administrativ hergestellt. Die Erfahrungen einer Vereinnahmung durch Beteiligung bestehen in beiden Fällen. Vielfach handelt es sich um „Fehlformen" (Stange 2007:14) oder Formen der „Nicht-Beteiligung" (Schnurr 2005: 1336), was bedeutet, dass die Beteiligten auf fremdbestimmte Inhalte und Arbeitsformen treffen, ohne Kenntnis der Verfahrensziele bleiben (Fremdbestimmung) oder ohne wirklichen Einfluss und Stimme sind (Alibi-Beteiligung). Im Rahmen von Anhörungen und Konsultationen werden Informationen gegeben und Meinungen eingeholt, deren Verwendung aber dem Einfluss der Beteiligten entzogen bleibt. In Schein- oder Alibi-Beteiligungen geht es vor allem um die Beschwichtigung bestehenden Unmutes. Zudem können unter dem ‚Mäntelchen‘ der Partizipation bereits getroffene Entscheidungen nachträglich mit dem Siegel der Akzeptanz der Bürger_innen versehen werden.

Überwiegend sind es heute repräsentative und stellvertretende Verfahren, die auf der Ebene der Kommunen und der Länder Bürger_innen über Beiräte und Ausschüsse in Planungs- und Entscheidungsprozesse einbinden. Im ‚Fachzirkel Gemeinwesenarbeit‘ haben wir – Sozialarbeiter_innen, Wissenschaftler_innen und leitende Vertreter_innen von Diakonie und Caritas sowie der Stadtverwaltung – für die Stadt Darmstadt annähernd vierzig Beteiligungsgremien ermittelt, an denen Bürger_innen oder Vereine, Verbände und Initiativen beteiligt werden. Unterschiedlichste kommunale Themen (Denkmalschutz, Gesundheit, Bildung, Stadtquartiere, Infrastruktur etc.) und ‚Zielgruppen‘ (Kinder, Jugendliche, Frauen, Senior_innen, Behinderte etc.) werden hier in ‚vorpolitischen‘ Gremien, Beiräten und Ausschüssen verhandelt – ein ‚Zuständigkeitsdschungel‘, den auch die Verwaltungen kaum noch überblicken. Daneben gibt es mittlerweile eine Vielzahl versammelnder Verfahren, bei denen Bürger_innen in Foren und Versammlungen zu ausgewählten Problemstellungen konsultiert werden, vor allem um mögliche Widerstände in Planungsverfahren zu ermitteln, aber auch, um das Alltagswissen

der Bürger_innen generieren zu können. Demgegenüber markieren kooperative
Verfahren (z. B. Runde Tische) einen Artikulationsraum, der schon durch Initiativen oder Selbsthilfegruppen ‚besetzt' ist. Aushandlungen über Themen und Beteiligungsformen sind in diesen Fällen nicht vorgegeben, sondern verhandlungsfähig. Aber auch in diesen Verfahren bestimmen etablierte Beteiligungsstrukturen
und mächtige Akteure den Prozessverlauf (Kappeler 2012). Von einer tatsächlich
gelingenden Beteiligung ließe sich erst sprechen, wenn die Verfahren tatsächlich
Mitsprache, Mitwirkung bis hin zur Mitbestimmung ermöglichen würden, wei-
tergehend wären schließlich nur noch die Möglichkeit zur Selbstbestimmung und
Selbstverwaltung (Herrmann 1998).

Politische Beteiligung dient der Stabilisierung institutioneller Macht, indem
sie Planungswissen, gesellschaftlichen Konsens sowie politische Legitimation erzeugt. In den etablierten legitimen Beteiligungsprozessen werden die Bürger_in-
nen zunehmend in die Pflicht genommen, ihr Regiert-Werden demokratisch zu
vollziehen. Diese Form des Beteiligt-Seins bezeichnet Rancière als „Demokratie
nach dem *Demos*, eine Demokratie, die die Erscheinung, die Verrechnung und
den Streit des Volks liquidiert hat, reduzierbar also auf das alleinige Spiel der
staatlichen Dispositive und der Bündelung von Energien und gesellschaftlichen
Interessen. (…) Sie ist die Praxis und das Denken einer restlosen Übereinstim-
mung zwischen den Formen des Staates und dem Zustand der gesellschaftlichen
Verhältnisse" (Rancière 2002: 111). Demgegenüber zielen die populären demokratietheoretischen Beiträge (z. B. Leggewie 2011) unter Bezugnahme z. B. auf
bekannte Verfahren wie das der Planungszelle ganz wesentlich darauf ab, Ver-
fahrensmodelle zu entwickeln, die die strukturelle Ungleichheit in den Beteiligungsverfahren (insbesondere hinsichtlich der Artikulationsfähigkeit) beseitigen
und eine Repräsentativität der Beteiligten herstellen sollen. Interessen sollen angemessen vertreten sein und entsprechend berücksichtigt werden – also Verfahren, die den Konflikt tilgen sollen. Vorherrschend ist hier eine Sichtweise, die
Beteiligung als das notwendige Schmiermittel zur Erlangung gesellschaftlicher
Übereinkünfte ansieht. Alle konflikthaften sozialen Fragen lassen sich danach
in demokratischen Verfahren einvernehmlich entscheiden. Umgekehrt wird das,
was nicht als verhandlungsfähig angesehen wird, als gesellschaftlich unbedeutend
deklariert, bleibt dem Denk- und Sagbaren entzogen und wird notfalls kriminalisiert. Kommuniziert wird die Behauptung „Partizipation als Gewinn für alle"
(Krummenacher 2011: 133), womit jedoch der „Raum für die *Spezifik* von Politik
als konfliktorischer Aktivität" (Marchart 2010: 181f) verschwindet.

2. Soziale Beteiligung als Vereinnahmung

Im Mittelpunkt der Erwartungen der Politik an die Zivilgesellschaft steht das Engagement der Bürger_innen, ihre Bereitschaft zur Beteiligung an der Gestaltung des Zusammenlebens und der sozialen Wohlfahrt. Die Hoffnungen sind z. T. widerstreitend, insgesamt aber weitreichend. Im zivil- und bürgerschaftlichen Engagement werden „entweder eine erforderliche Substitutionskraft angesichts von zunehmenden Defiziten des wohlfahrtstaatlichen Arrangements, ein Demokratisierungsmotor angesichts von Legitimations- und Beteiligungsdefiziten oder eine Gegenmacht zu der deutlich verschärften Kapitalisierung heutiger Gesellschaften im Rahmen der Durchsetzung neo-liberaler Regime" (Kessl 2006: 73) gesehen. Ihre letzte, bis heute andauernde Renaissance erlebte die Zivilgesellschaft mit der Krise des kapitalistischen Akkumulationsregimes in den 1970er Jahren und der Infragestellung der zentralen Modi des Regierens in den Formen regulierter Beschäftigung, wohlfahrtstaatlicher Sicherung und bürgerschaftlicher Zugehörigkeit. Die Formen sozialer Regulation der als fordistisch bezeichneten Formation (Hirsch/Roth 1986) beruhten auf einer stark reglementierten Lebensweise, die durch die Verrechtlichung und Disziplinierung in Fabrik und Institutionen abgesichert war. Sie wurde nicht nur als wettbewerbshinderlich und damit als den Wirtschaftsstandort schädigend klassifiziert, sondern galt auch als soziale Reglementierung und individuelle Gängelung. Es charakterisiert den neuen Geist des Kapitalismus, aus dieser Kritik zu lernen und die sozialen Beziehungen umfassend zu restrukturieren. „Etwas in Angriff nehmen, etwas unternehmen, sich verändern sind Begriffe, die gegenüber einer oft mit Tatenlosigkeit gleichgesetzten Stabilität zunehmend positiv bewertet werden." (Boltanski/Chiapello 2003: 209f.). Die Aufgabe bekannter sozialer Sicherheiten wurde so mit dem Versprechen von mehr Selbstbestimmung und größerer individueller Freiheit erkauft. Es konnte sich „mit der Aufforderung zur ‚kontrollierten Autonomie‘ ein neues soziales Regulativ durchzusetzen" (spaceLab 2000: 7). Dieses Regulativ spiegelt sich im Diskurs über die Potentiale zivilgesellschaftlichen bzw. bürgerschaftlichen Engagements, in dessen Mittelpunkt das Zwillingspaar Beteiligung und Aktivierung den Takt angeben und ein neues Muster sozialer Verständigung vorzugeben suchen. Beteiligung und Aktivierung als Zugewinn an zivilgesellschaftlicher und individueller Verantwortlichkeit werden so zur Begleitmusik staatlicher Deregulierung und einer bis dahin nicht bekannten Freisetzung der Marktkräfte mit der Folge fortschreitender sozialer Desintegrationsprozesse und hoher (vor allem auch psychischer) Belastungen der Menschen. Mit der Konzeption eines die Gesellschaft aktivierenden Staates setzt sich schließlich auch die Vorstellung eines aktivierenden Sozialstaates (Fordern und Fördern) durch (Lessenich 2008). Aktivierung wird zur zentralen gesellschaftlichen Vokabel, die sich in Programmen der Gouvernementalität ('beste Lösungen') und solchen zur Entwicklung zivilgesellschaftlicher Potentiale ('beste Ideen') findet. Die Mobilisierung individueller Verantwortung für die eigene Lebensgestaltung zielt auf eine Neubestimmung im Verhältnis von sozialen Rechten und individuellen Pflichten. Dabei wächst mit dem Raum für Aktivität bzw. Eigentätigkeit gleichzeitig das Risiko der Eigenverantwortung für soziale Teilhabe, wobei hier „von der Förderung individueller 'Autonomie' (…) realistischerweise keine Rede sein kann" (ebd.: 14).

Engagement (im Sinne von Aktivität) wird zur Pflicht und durch Engagementpolitik sozial strukturiert. Für die Akteure städtischer Bewegungen wird daraus ein Dilemma: „Je stärker die Einbindung der Bewegungsorganisationen in lokale Entscheidungsabläufe und Umsetzungsprogramme stattfindet, umso leichter werden sie für die Konsensbeschaffung instrumentalisiert" (Mayer 2008: 317). Bereits in den 1980er Jahren wurde die Bildung lokaler Gegenmacht als „Reforminsel" qualifiziert, die „immer auch materiell zur Stabilisierung (…) und zur Modernisierung kapitalistischer gesellschaftlicher Strukturen im überlokalen Rahmen" (Krätke/Schmoll 1987: 55) beiträgt. Heute geht die Wirksamkeit sozialer Bewegungen gewissermaßen im zivilgesellschaftlichen Diskurs auf. Sie erfahren sich „gleichzeitig als Träger antagonistischen Widerstands und Agenten der Modernisierung lokaler Wirtschafts- und Governance-Systeme" (Mayer 2008: 317). Über den Gegensatz von Agenten der Modernisierung und Trägern antagonistischen Widerstands kann man an dieser Stelle stolpern: Gibt es ein 'Dazwischen'? Den Apologeten des bürgerschaftlichen Engagements zufolge besteht diese Möglichkeit: „Von Interesse sind vor allem jene Organisationen und engagierten Personen, die Problemlagen aufgreifen, sie zu Forderungen und Botschaften transformieren und sie dann auf der Suche nach Echo und Unterstützung in die politische Öffentlichkeit einbringen" (Evers 2011: 212). Die geschilderten Restriktionen im Feld der politischen Beteiligung lassen allerdings genau an dieser Hoffnung erhebliche Zweifel aufkommen.

Zuerst sind es die Beteiligungschancen der Bürger_innen im zivilgesellschaftlichen Engagement, die uns danach fragen lassen, in welchem Verhältnis eigentlich die „engagierten Personen" zu den zu transformierenden „Forderungen und Botschaften" stehen. Unzweifelhaft stellt auch das bürgerschaftliche Engagement zuerst durchsetzungsfähigen und sozial besser gestellten Gruppen eine (zusätzliche) Bühne für die Durchsetzung ihrer Interessen. Da hilft auch nicht der Hinweis auf „vielfältige Partizipationstechniken (…), um hier durch Aktivierung und Empowerment schwächerer Gruppen ein Gegengewicht zu schaffen" (Evers 2011: 213). Partizipationstechniken sollen der Anpassung von Artikulationsräumen an die Artikulationsfähigkeiten der Beteiligten dienen, ein Angebot, das heute zumeist umgekehrt als Anpassung von Artikulationsfähigkeiten an die Vorgaben von Artikulationsräumen von privatwirtschaftlichen Agenturen wie auch von den Professionellen der Sozialen Arbeit gemacht wird. Bürgerschaftliches Engagement könne als Konflikt- und Konsensbildung im Medium der Gesellschaft begriffen werden mit der Möglichkeit, „einer ‚Vermachtung' von Öffentlichkeit entgegenzuwirken und insbesondere benachteiligten Gruppen und ihrem Engagement einen freieren Zugang zur Öffentlichkeit und damit auch mehr Partizipationsmöglichkeiten zu geben" (Evers 2011: 212). Allerdings erscheint es blauäugig, darin den entscheidenden Impuls zu sehen, durch den der „Anteil der Anteillosen (la part des sans-part)" (Rancière 2002: 22) im Bereich zivilgesellschaftlichen Engagements erhöht werden kann bzw. durch den sich Barrieren strukturell beseitigen lassen. Zahlreiche Untersuchungen belegen die Separierung ressourcenstarker und ressourcenschwacher Gruppen durch Prozesse der Selbstselektion im Dritten Sektor (Klatt 2012). Zu den nicht intendierten Folgen des bürgerschaftlichen Engagements gehört das „Spannungsfeld zwischen universalistischen Ansprüchen und der damit verbundenen Ausgrenzung von Minderheiten" (Munsch 2012: 5), das sich nicht einseitig auflösen lasse.

In mehrfacher Hinsicht wirkt Engagement ausgrenzend, nicht nur allein aufgrund ungleicher Ressourcen zur Erfüllung vorausgesetzter Qualifikationen und Fähigkeiten. Daneben sieht sich das bürgerschaftliche Engagement selber einer Vereinnahmung durch die wohlfahrtstaatlichen Anforderungen des neuen welfare-mix ausgesetzt. Die Verteidiger der Bürgergesellschaft kritisieren die „um sich greifende Monetarisierung der Gesellschaft im Medium des bürgerschaftlichen Engagements" (Embacher/Klein 2011: 266) und wehren sich dagegen, dass dieses Engagement als Lückenbüßer wohlfahrtstaatlicher Defizite eingesetzt wird. Wachsende Verarmung und Prozesse sozialer Ausgrenzung werden heute allerdings erfolgreich umgedeutet: sie werden nicht als gesellschaftliche Verwerfungen durch die neu geregelten Verantwortlichkeiten für soziale Teilhabe gesehen, sondern als bislang ungeklärte Zuständigkeiten der Leistungserbringer Staat, Markt, Familie und Zivilgesellschaft in der Debatte um den ‚richtigen' welfare-mix. So wird die Aufwertung von Subjektivität durch Engagement Teil der neuen wohlfahrtstaatlichen Arrangements und bezeichnet als solche eine erzwungene Selbstverpflichtung. Nicht als Bürger_in besitzt man ein Recht auf Teilhabe, sondern muss dieses Recht durch Engagement und Aktivität erst erwerben, oder anders formuliert: die Bürger_innen müssen individuell das Risiko verantworten, ihr Recht auf Teilhabe zu verwirken. Ob an dieser Stelle die etwas überraschende Forderung „Mehr Beteiligung! Engagementpolitik ist Demokratiepolitik!" (Embacher/Klein 2011: 266) weiter hilft, ist fraglich. Das grundlegende Dilemma des zivilgesellschaftlichen Engagements zwischen „radikaldemokratischer Perspektive und welfare-mix" (Munsch 2012) bleibt erhalten.

Sozial selektiv wirkt Engagement schließlich durch die den jeweiligen Tätigkeitsfeldern gesellschaftlich zugeschriebene Relevanz. Diese lässt sich in der Polarität von Selbsthilfegruppen einerseits und Engagement fürs Allgemeinwohl andererseits darstellen. Ausgrenzung vollzieht sich dabei durch die „Abdrängung ins Private" (Munsch 2012). Lebensweltliches Engagement gilt als nicht an Politik beteiligt, sondern schlicht als eines, das sich „im gegebenen Ordnungsrahmen Hilfsbereitschaft organisiert" (Evers 2011: 209). Evers beklagt diese gespaltene Perspektive: alltägliche Engagementformen seien in den Blick zu nehmen, um die gesellschaftlichen Problemlagen in den privaten Lebensbereichen öffentlich darstellen und sie als soziale Probleme konstruieren zu können. Andernfalls entstehe eine „doppelt gespaltene Aufmerksamkeit: Hier das Interesse an Engagement unter den Vorzeichen von Fragen der Macht und Demokratie, dort unter den Vorzeichen von sozialwirtschaftlichen Erträgen. Hier die Konzentration der Aufmerksamkeit auf Protestformen und advocacy, dort auf ehrenamtliches Engagement in der Pflege" (Evers 2011: 214).

Engagement ist in spezifische Kulturen und soziale Milieus eingebettet, es lassen sich daher „biografische Passungen des Engagements" (Jakob 2003: 79) rekonstruieren. Die Unterscheidung von gemeinwohlorientiertem Engagement und solchem in ‚eigener Sache' schafft die Voraussetzung für eine soziale Polarisierung durch Engagement. Ausgrenzung vollzieht sich hier in der gesellschaftlichen Nicht-Anerkennung von Engagement und damit auch in der Verunmöglichung, informelle Solidaritäten, alltägliche Widerständigkeiten, eben „den Alltag der Leute, ihre Arbeit an der Reproduktion und Partizipation" (Bareis 2012: 296) zum Ausdruck bringen zu können. Die im Dunkeln sieht man nicht.

3. Beteiligung als Alltagsbewältigung und (städtische) Lebensweise

Den primären Ort der Zivilgesellschaft markiert die lokale Ebene. In jeglicher Hinsicht ist Stadt verknüpft mit Beteiligung in einem umfassenden Sinn. Die Stadt selber ist Ausdruck und Gestalt der sich entwickelnden Zivilgesellschaft. Für die städtische Lebensweise ist Beteiligung konstitutiv. Die Polis ist das Projekt zur Vergemeinschaftung der Bürger, sie ist nicht einfach „gegeben, sondern muss immer weiter ankommen oder erfunden werden; sie ist nicht vollständig oder selbstgenügsam, sondern unvollendet, konfliktträchtig, dem Eindringen des Anderen ausgesetzt, das sie benötigt, um sich zu konstituieren" (Balibar 2012: 245). In seinem Plädoyer für die offene Stadt identifiziert Ipsen unter der Überschrift: *Städte: Ressource für Innovationen und Versprechen eines ‚guten Lebens'* das zentrale Projekt „Konflikte zu regulieren", das „auf gemeinsamen Überzeugungen sehr allgemeiner Art (fußt), insbesondere auch auf der Anerkennung der kulturellen Eigenständigkeit der pluralen Kulturen einer Stadt und der Herausbildung von Regeln und Routinen, die das Aushandeln von Konflikten ermöglichen" (Ipsen 2007: 91). Stadt ist demnach ein Beteiligungsprojekt zur Gemeinschaftsbildung. Soziale Bewegungen waren konstitutiver Bestandteil dieses Projektes. Erinnern wir uns an die Typisierung städtischer sozialer Bewegungen im fordistischen Regime gesellschaftlicher Regulation. Den Überlegungen Castells (1977) folgend unterscheiden Krämer und Neef einen gemeinschaftsorientierten Typ „lokale(r) Gemeinschaften mit eigenen sozialen Netzen und kulturellem Leben" (Krämer/ Neef 1985: 80), die um die Erhaltung ihrer Quartiere bemüht sind, einen syndikalistischen Typ, der im Kontext sozialer Konsumtion die Stadt als Gebrauchswert gegen die Bestrebungen ihrer Reprivatisierung zu erhalten sucht und schließlich einen bürgerschaftlich-partizipatorischen Typ, der Kontrolle und Mitsprache in politischen Entscheidungsprozessen einfordert (ebd.: 81) Aber schon zu dieser Zeit gibt es kritische Einschätzungen der Wirksamkeit von Beteiligung. Homuth spricht in der Analyse sozialräumlicher Verdrängungsprozesse im Rahmen der Berliner IBA von der „pädagogische(n) Regulierung des Betroffenenwiderstandes" (Homuth 1987: 92). Trotz kritisierter Beteiligungsillusionen, „dem Wunderglauben, dass formelle Beteiligungsrechte bereits eine inhaltliche Änderung der Geschäftspolitik der am lokalen Entwicklungsprozess beteiligten privaten und öffentlichen Träger herbeiführen könnten" (Krätke/Schmoll 1987:69), bleibt die Einschätzung erhalten, durch Beteiligung als lokale Gegenmacht auftreten zu können. „Gegen eine Vereinnahmung ursprünglich kritischer und oppositioneller Konzepte ist ein Rückbezug auf die zu verändernde herrschende Praxis und Politik hilfreich, indem z.B. gegen die Bürokratisierung des lokalen Staats nicht die Leerformel Dezentralisierung, sondern die Forderung nach Demokratisierung der Kommunen durch Betroffenenbeteiligung, und gegen die fortschreitende Durchkapitalisierung des lokalen Staats die Forderung nach Entkapitalisierung kommunaler Aufgabenerfüllung gesetzt wird" (ebd.: 68). Ein Vierteljahrhundert später in Zeiten der Postdemokratie erweist sich auch diese Hoffnung als illusionär. Heute scheinen soziale Bewegungen weniger eine Gegenmacht als vielmehr zivilgesellschaftliche Akteure im System des Regiert-Werdens vermittels Beteiligung darzustellen. Das gilt wahrscheinlich in unterschiedlichem Ausmaß für die drei Bewegungstypen nach Castells, sicher aber für den gemeinschaftsorientierten und den bürgerschaftlich-partizipatorischen Typ.

Zu den Strategien der Gouvernementalität gehört seit den 1990er Jahren entscheidend das „Regieren durch Community" (Rose 2000: 81). Städtische Räume, insbesondere sog. benachteiligte Quartiere, stehen seither im Fokus der raumbezogenen Politik. Hier „(verordnet) der Staat die Zivilgesellschaft" (Lanz 2000). Dabei geht es zunächst um eine neue Steuerung des effizienten Einsatzes öffentlicher Mittel. Gemäß einer Top-Down-Strategie sollen Nachbarschaftsnetze und Bewohnerorganisationen im Quartier durch Aktivierungs- und Beteiligungsprozesse etabliert werden. Mit dem Bedeutungszuwachs von Community und Quartier für die Regulation der neoliberalen Restrukturierung wird Beteiligung zum integralen Bestandteil der alltäglichen Lebensführung – in der Ambivalenz einer „Aufwertung von Subjektivität" (spaceLap 2000) durch Empowerment und Teilhabe in Beteiligungsprozessen und der Gefahr der „Identitätsfestlegung" (Marchart 2010: 349) im Prozess individueller Verantwortungsübernahme für gesellschaftliche Risiken. Insbesondere durch die Programme der Sozialen Stadt konnte ein lokales, stadtteilbezogenes Beteiligungsmanagement etabliert werden. Dabei sind „vor allem quartiersorientierte Bewegungsorganisationen (...) durch die Dezentralisierung von Ressourcen und Verantwortlichkeiten auf lokale Behörden und nichtstaatliche freie Träger zu Partnern in der Politikentwicklung und Umsetzung von Programmen geworden" (Mayer 2008: 316). Im Dreigestirn von Entwicklung sozialräumlicher Identität (Community, Subjektivierung), Bezugnahme auf zivilgesellschaftliche Interessen (Beteiligung) und die Aktivierung von Bewohner- und Betroffenengruppen konnten sich auch die Bewegungsorganisationen platzieren: „Ihre Verankerung in der lokalen Zivilgesellschaft und ihre auf Solidarität basierende Handlungslogik prädestinieren sie geradezu zur Ausführung dieser ‚Aktivierungs'- und Integrations-Programme gegenüber städtischen Armutspopulationen" (ebd.). Die Community-Orientierung der Politik hat demnach nicht nur die Vereinnahmung städtischer Bewegungen, sondern auch eine Stigmatisierung marginalisierter Bevölkerungsgruppen zur Folge (vgl. Neef/Keim 2007). Konstruiert wurden Sonder-Beteiligungszonen, die als partielle Artikulationsräume durch Soziale Arbeit (Gemeinwesenarbeit) aktivierend begleitet und entwickelt werden. Wie auch schon auf den Ebenen politischer und sozialer Beteiligung festzustellen war, dass Beteiligungsprozesse in der bestehenden Form sozial strukturiert sind und selektiv wirken, also gesellschaftliche Spaltungen vorantreiben, dass sie durch eine Hierarchisierung privater und öffentlicher Belange die lebensweltlichen Praxen der „Anteillosen" im Beteiligungsverfahren unbedeutsam machen, ihnen die gesellschaftliche Anerkennung verweigern und sie mit Zuschreibungen belegen, so steht auch auf Ebene der Community das Beteiligungsparadigma in dem Verdacht, das „Faktum sozialer Teilung zu überschreiben" (Marchart 2010: 335). Das Regieren über Gemeinschaften durch Beteiligung und Aktivierung schließt die Menschen gewissermaßen in ihren lebensweltlichen Bezügen und sozialen Lagen ein. Privilegierte und marginalisierte Bevölkerungsgruppen werden über Formen und Möglichkeiten des Beteiligt-Seins in spezifische Lebensgestaltungsverantwortungen gedrängt. So entstehen lokal spezifische Muster sozialen Zusammenhalts.

4. Beteiligung zwischen Konfliktfindung und Konsensorientierung

Die hegemoniale Macht des Beteiligungsdiskurses ist „gepanzert mit Zwang" (Gramsci 1992: 783): in der „Neuerfindung des Sozialen" (Lessenich 2008) gibt es kein Recht auf Nicht-Beteiligung und verpflichtend ist die Freiheit der Selbstregulierung. Dabei tritt „Disziplinierung (…) den Menschen als Freiraum gegenüber, in dem sie ihr Leben selbst entwerfen können" (Sauer 2008: 43) und zunehmend müssen! Auch kollektiv, in Initiativen und sozialen Bewegungen sind die Menschen eingebunden in die neue Form des Regierens und des Regiert-Werdens im Rahmen der neoliberalen Governance. In diesem Sinne stellen „Autonomie, Freiheit und Eigenverantwortung (…) also nicht die Antithese von äußeren Zwängen oder Herrschaft dar, sondern einen Modus ihrer Ausübung" (Lutz 2010: 202).

Das Mitmachen ist einfach, zumindest, wenn man seinen z. B. durch Aktivierung zugewiesenen Platz im jeweiligen Beteiligungsverfahren oder Engagementbereich nicht verlässt. Bürgerbeteiligung als praktische Mitgestaltung wird, so die überschäumenden Erwartungen an die Zivilgesellschaft, zur Koproduktion. „In den letzten Jahren werden gelingende Partizipationsprozesse in der Folge dieser Entwicklung zur Demokratie als Lebensform auch als Koproduktion beschrieben. Aus Betroffenheit kann und soll Beteiligtheit und Anteilseignerschaft entstehen" (Hummel 2011: 223). Hier wird das Bild einer Regulationsgesellschaft und Konsensdemokratie konstruiert, das wesentlich auf Expertenmacht und Partizipation beruht. Dabei sind zwei Beziehungen bedeutsam: zum einen wird die Beteiligung durch die Macht jeweiliger Experten reguliert – die parlamentarischen Gremien zunehmend durch die Vertreter_innen (wirtschaftlicher) Interessenverbände, die lokale Zivilgesellschaft durch privilegierte Bürger_innen, die Ehrenamtlichen und bürgerschaftlich Engagierten durch die institutionellen Anforderungen im welfare-mix, die Quartierbewohner_innen als Adressat_innen der Professionellen der Sozialen Arbeit. Expertentum und Zwang zum Selbstmanagement strukturieren so die Räume gemeinwohlorientierter oder partikularer Partizipation vor dem Hintergrund der sozial konstruierten Artikulationsfähigkeit der Individuen, Milieus und sozialen Bewegungen. Zum anderen zielt die Regulation auf Konsens: politischer und sozialer Konflikt wird verwandelt in Beteiligung und freiwilliges Engagement. Es gilt die Annahme, durch die Versammlung von Sachverstand (Experten) und ‚Betroffenheit' (Beteiligte) ließe sich unter Verwendung optimaler Partizipationstechniken eine ‚beste' und ‚legitime' Lösung für einen Konflikt finden, oder in den Worten Rancières: „Das Volk ist mit der Summe seiner Teile identisch; die Aufzählung der es ausdrückenden Meinungen ist gleich der Summe der es konstituierenden Teile. Seine Berechnung ist immer gerade und ohne Rest. (…) Dieser Abschaffung der Erscheinung des Volkes und seiner Differenz zu sich selbst entsprechen Prozeduren, die den Streithandel abschaffen, indem sie jedes Objekt des Streithandels, das den Namen des Volkes und die Erscheinungen seiner Teilung wiederaufleben lassen könnte, in ein Problem verwandeln" (2010: 140f). Vereinnahmung meint damit auch die Machtlosigkeit, einen sozialen Konflikt gesellschaftlich verhandlungsfähig zu machen. Es ist wie im Rennen von Hase (soziale Bewegungen) und Igel (Beteiligungsverfahren und Engagement): gesellschaftliche Themen bzw. Problemstellungen sind in der Regel schon ‚besetzt': das Thema ‚Armut' z. B. durch das Engagement der Tafeln. Beteiligung wird so vor allem zum Instrument der Durchsetzung ‚mächtiger' Interessen: auch unter dem Label ‚Recht auf Stadt' können Beteilungsverfahren die Verdrängung durchsetzungsschwacher Bewohnergruppen bewirken.

So bleibt das Spannungsverhältnis von Beteiligung als Vereinnahmung im Sinne der konsensualen Stabilisierung bestehender Ungleichheitsverhältnisse und der ungleichen Verteilung von Lebenschancen auf der einen und Beteiligung als emanzipatorisches Lern- und Handlungsfeld auf der anderen Seite erhalten. Im sog. Zeitalter der Partizipation muss es daher um die politische Rückeroberung der Befähigung und Ermöglichung von Beteiligung gehen. Dafür kann es notwendig sein, eine Gegenmacht zu setzen, „die zunächst in den Augen der legitimen Macht illegitim ist (…) Die demokratische Staatsbürgerschaft ist also konfliktgeladen oder sie ist nicht" (Balibar 2012: 236). Erst unter dieser Bedingung bezeichnet Beteiligung einen Prozess in dem die Menschen vom Objekt zum Subjekt der Geschichte werden, um mit Paulo Freire (1973) zu sprechen. Der Widerspruch, dass mit dem Paradigma der Beteiligung nicht nur ein gesellschaftliches Emanzipationsprojekt bezeichnet, sondern auch eine Form demokratischer Herrschaftsausübung verbunden ist, muss in den sozialen Bewegungen wirksam bleiben.

Literatur

Alemann, Ulrich von/Klewes, Joachim/Rauh, Christina (2011): Die Bürger sollen es richten. In: APuZ. Heft 44-45. S. 25-32.

Balibar, Étienne (2012): Gleichfreiheit. Berlin: Suhrkamp.

Bareis, Ellen (2012): Nutzbarmachung und ihre Grenzen – (Nicht-)Nutzungsforschung im Kontext von sozialer Ausschließung und der Arbeit an der Partizipation. In: Schimpf, Elke/Stehr, Johannes (Hg.): Kritisches Forschen in der Sozialen Arbeit. Gegenstandsbereiche – Kontextbedingungen – Positionierungen – Perspektiven. Wiesbaden: Springer VS. S. 291-314.

Beck, Ulrich (2011): Ohnmächtig, aber legitim. In: TAZ. Die Tageszeitung. 29./30.10.2011. S. 3.

Bödeker, Sebastian (2012): Soziale Ungleichheit und politische Partizipation in Deutschland. WZ-Brief Zivil-Engagement. Heft 05/2012. Berlin: WZB.

Bogumil, Jörg (2004): Bürgerkommunen als Perspektive der Demokratieförderung und Beteiligungsstärkung. In: Kessl, Fabian/Otto, Hans-Ulrich (Hg.): Soziale Arbeit und soziales Kapital. Zur Kritik lokaler Gemeinschaftlichkeit. Wiesbaden: VS. S. 11-31.

Böhnke, Petra (2011): Ungleiche Verteilung politischer und zivilgesellschaftlicher Partizipation. In: Aus Politik und Zeitgeschichte. Heft 1-2/2011. S. 18-25.

Boltanski, Luc/Chiapello, Ève (2003): Der neue Geist des Kapitalismus. Konstanz: UVK.

Crouch, Colin (2008): Postdemokratie. Frankfurt am Main: Suhrkamp.

Embacher, Serge/Klein, Ansgar (2011): Zur Bedeutung der Bürgergesellschaft. Mittel zum Zweck oder Eigensinn? In: Soziale Arbeit. Heft 7. S. 261-267.

Evers, Adalbert (2011): Der Bezugsrahmen Zivilgesellschaft. Definitionen und ihre Konsequenzen für die Engagementförderung. In: Soziale Arbeit. Heft 6. S. 207-219.

Foucault, Michel (2000): Die Gouvernementalität. In: Böckling, Ulrich/Krasmann, Susanne/Lemke, Thomas (Hg.): Gouvernementalität der Gegenwart. Studien zur Ökonomisierung des Sozialen. Frankfurt am Main: Suhrkamp. S. 41-67.

Freire, Paulo (1973): Pädagogik der Unterdrückten. Reinbek: Rowohlt.

Gramsci, Antonio (1992): Gefängnishefte. Hrsg. von Klaus Bochmann und Wolfgang Fritz Haug unter Mitwirkung von Peter Jehle. Band 4, Hefte 6 -7. Hamburg, Berlin: Argument.

Herrmann, Franz (1995): ,Gelingende Partizipation' als kollektiver Lernprozeß. Annäherungen an ein komplexes Thema. In: Bolay, Eberhard /Herrmann, Franz (Hg.): Jugendhilfeplanung als politischer Prozeß. Beiträge zu einer Theorie im kommunalen Raum. Neuwied, Kriftel, Berlin: Luchterhand. S. 143-191.

Herrmann, Franz (1998): Jugendhilfeplanung als Balanceakt. Umgang mit Widersprüchen, Konflikten und begrenzter Rationalität. Neuwied, Kriftel: Luchterhand. S. 119-152.

Hirsch, Joachim/Roth, Roland (1986): Das neue Gesicht des Kapitalismus. Vom Fordismus zum Post-Fordismus. Hamburg: VSA.

Homuth, Karl (1987): Identität und soziale Ordnung. Zum Verhältnis städtischer Kultur und gesellschaftlicher Hegemonie. In: PROKLA. Zeitschrift für politische Ökonomie und sozialistische Politik. Heft 68. S. 90-112.

Hummel, Konrad (2011): Neue Wege der Bürgerbeteiligung. Stadtentwicklung und Lebensstilbegleitung. In: Soziale Arbeit. Heft 6. S. 220-227.

Ipsen, Detlev (2007): Städte: Ressource für Innovationen und Versprechen eines ,guten Lebens'. In: Baum, Detlef: Die Stadt in der Sozialen Arbeit. Ein Handbuch für soziale und planende Berufe. Wiesbaden: VS. S. 80-92.

Jakob, Gisela (2003): Biografische Strukturen bürgerschaftlichen Engagements. Zur Bedeutung biografischer Ereignisse und Erfahrungen für ein gemeinwohlorientiertes Engagement. In: Munsch, Chantal (Hg.): Sozial Benachteiligte engagieren sich doch. Über lokales Engagement und soziale Ausgrenzung und die Schwierigkeiten der Gemeinwesenarbeit. Weinheim, München: Juventa. S. 79-96.

Jörke, Dirk (2011): Bürgerbeteiligung in der Postdemokratie. In: Aus Politik und Zeitgeschichte. Heft 1-2/2011. S. 13-18.

Kappeler, Manfred (2012): Die Asymmetrie der Macht am Runden Tisch Heimerziehung. In: Widersprüche. Zeitschrift für sozialistische Politik im Bildungs-, Gesundheits- und Sozialbereich. Jg. 32. (Heft 123). S. 83-104.

Kessl, Fabian (2006): Bürgerschaftliches/zivilgesellschaftliches Engagement. In: Dollinger, Bernd/Raithel, Jürgen (Hg.): Aktivierende Sozialpädagogik. Ein kritisches Glossar. Wiesbaden: VS. S. 65-77.

Klatt, Johanna (2012): Partizipation: Ein erstrebenswertes Ziel politischer Bildung? In: APuZ. Heft 46-47. S. 3-9.

Krämer, Jürgen/Neef, Rainer (Hg.) (1985): Krise und Konflikte in der Großstadt im entwickelten Kapitalismus. Basel, Boston, Stuttgart: Birkhäuser.

Krätke, Stefan/Schmoll, Fritz (1987): Der lokale Stadt – ‚Ausführungsorgan‘ oder ‚Gegenmacht‘. In: PROKLA. Zeitschrift für politische Ökonomie und sozialistische Politik. Heft 68. S. 30-72.

Krummenacher, Paul (2011): Partizipation als Gewinn für alle. In: Blätter der Wohlfahrtspflege. Heft 4. S. 133-135.

Lanz, Stephan (2000): Der Staat verordnet die Zivilgesellschaft. In: Widersprüche. Zeitschrift für sozialistische Politik im Bildungs-, Gesundheits- und Sozialbereich. Heft 78. S. 39-51.

Leggewie, Claus (2011): Mut statt Wut. Aufbruch in eine neue Demokratie. Edition Körber-Stiftung.

Lessenich, Stephan (2008): Die Neuerfindung des Sozialen. Der Sozialstaat im flexiblen Kapitalismus. Bielefeld: Transcript.

Lutz, Tilman (2010): Soziale Arbeit im Kontrolldiskurs: Jugendhilfe und ihre Akteure in postwohlfahrtstaatlichen Gesellschaften. Wiesbaden: Springer VS

Marchart, Oliver (2010): Die politische Differenz. Zum Denken des Politischen bei Nancy, Lefort, Badiou, Laclau und Agamben. Berlin: Suhrkamp.

Mayer, Margit (2008): Städtische soziale Bewegungen. In: Roth, Roland/Rucht, Dieter (HG.): Die sozialen Bewegungen in Deutschland seit 1945. Ein Handbuch. Frankfurt am Main, New York: Campus. S. 293-318.

Mouffe, Chantal (2007): Über das Politische. Wider die kosmopolitische Illusion. Frankfurt am Main: Suhrkamp.

Munsch, Chantal (2012): Engagement und Ausgrenzung – Theoretische Zugänge zur Klärung eines ambivalenten Verhältnisses. In: eNewsletter Wegweiser Bürgergesellschaft 22/2012 vom 23.11.2012.

Neef, Rainer/Keim, Rolf (2007): „Wir sind keine Sozialen" Marginalisierung und Ressourcen in deutschen und französischen Problemvierteln. Konstanz: UVK.

Rancière, Jacques (2002): Das Unvernehmen. Politik und Philosophie. Frankfurt am Main: Suhrkamp.

Rancière, Jacques (2010): Demokratie und Postdemokratie. In: Badiou, Alain /Rancière, Jacques: Politik der Wahrheit. Wien, Berlin: Turia+Kant. S. 119-156.

Rose, Nikolas (2000): Tod des Sozialen? Eine Neubestimmung der Grenzen des Regierens. In: Böckling, Ulrich/Krasmann, Susanne/Lemke, Thomas (Hg.): Gouvernementalität der Gegenwart. Studien zur Ökonomisierung des Sozialen. Frankfurt am Main: Suhrkamp. S. 72-109.

Roth, Roland (2011): Bürgermacht. Eine Streitschrift für mehr Partizipation. Hamburg: ed. Körber-Stiftung.

Sauer, Birgit (2008): Neoliberale Verhältnisse: Staatlichkeit und Geschlecht. In: Butterwegge, Christoph /Lösch, Bettina /Ptak, Ralf (Hg.) (2008): Neoliberalismus. Analysen und Alternativen. Wiesbaden: VS. S. 34-49.

Schnurr, Stefan 2005: Partizipation. In: Otto, Hans-Uwe /Thiersch, Hans (Hrsg.): Handbuch Sozialarbeit Sozialpädagogik. München, Basel: Reinhardt. S. 1330-1345.

spaceLap (2000): Auf der Suche nach dem Subjekt. In: Widersprüche. Zeitschrift für sozialistische Politik im Bildungs-, Gesundheits- und Sozialbereich. Heft 78. S. 5-12.

Stange, Waldemar (2007): Was ist Partizipation? Definitionen – Systematisierungen. http://www.kinderpolitik.de/beteiligungsbausteine/pdf/a/Baustein_A_1_1.pdf

Verba, Sidney/Nie, Norman (1972): Participation in America. New York: Harper and Row.

Wagner, Thomas (2012): „Und jetzt alle mitmachen!" Ein demokratie- und machttheoretischer Blick auf die Widersprüche und Voraussetzungen (politischer) Partizipation. In: Widersprüche. Zeitschrift für sozialistische Politik im Bildungs-, Gesundheits- und Sozialbereich. Jg. 32. (Heft 123). S. 15-38.

Van Dyk, Silke (2013): In guter Gesellschaft? Wandel in den Randzonen des Sozialen. In: Aus Politik und Zeitgeschichte. Heft 13-14/2013. S. 14-20.

Walter, Franz (Hg.) (2013): Die neue Macht der Bürger – Was motiviert die Protestbewegungen? Reinbek: Rowohlt.

Diesseits der Bewegungsforschung:
Das „Recht auf Stadt" als umkämpftes Verhältnis

Florian Hohenstatt / Moritz Rinn

1. Einleitung

Das von Henri Lefebvre Ende der 1960er Jahre in die Diskussion gebrachte „Recht auf Stadt" ist rund vier Jahrzehnte später auch in Deutschland zu einem zentralen Bezugspunkt stadt(teil)politischer Initiativen und einer interdisziplinären „kritischen Stadtforschung"[1] geworden. Konflikte um „die Stadt" werden verstärkt von „Aktivist_innen" aufgegriffen, medienöffentlich verhandelt und politisch-administrativ bearbeitet – und werden so auch für Sozialwissenschaftler_innen (wieder) zu einem interessanten Forschungsthema. Wir möchten uns in diesem Artikel mit dieser neuen Aufmerksamkeit näher auseinandersetzen und fragen, wie Politiken für ein „Recht auf Stadt" darin konzeptionell zugänglich gemacht werden. Ausgangspunkt dieser Frageperspektive ist unsere Beobachtung, dass nur sehr spezifische städtische Konfliktartikulationen in den (aktivistischen wie forschenden) Blick genommen werden – vornehmlich jene, die als Politiken „sozialer Bewegungen" lesbar sind – während bspw. die Riots in England im Sommer 2011 oder Revolten in den französischen Banlieues nicht als Kämpfe für ein „Recht auf Stadt" begriffen werden. Damit befindet sich kritische Stadtforschung in einer (möglicherweise ungewollten) Nähe zu der in der Bundesrepublik etablierten Bewegungsforschung mit ihren an Organisationsformen und Praktiken „neuer sozialer Bewegungen" orientierten Begrifflichkeiten. Sie übernimmt damit auch das entsprechende Sichtbarkeitsregime städtischer Kämpfe, das Alltagspraktiken und Riots nicht als Auseinandersetzungen um ein „Recht auf Stadt" begreifbar macht, und kann auf diese Weise deren Deutung als Kriminalitäts- und

---

[1] „Kritische Stadtforschung" ist ein gängiger Begriff um vor allem stadtsoziologische, politikwissenschaftliche und humangeographische Ansätze unter das Dach eines gemeinsamen Projekts zu stellen. Ein klar konturiertes und definiertes Forschungsparadigma verbirgt sich dahinter jedoch nicht. Verbindend für diese „kritischen" Perspektiven sind unterschiedlich gelagerte Auseinandersetzungen mit der „Neoliberalisierung des Städtischen" (vgl. Mayer/ Künkel 2012).

Desintegrationsphänomene in medialen wie sozialwissenschaftlichen Diskursen nichts entgegen setzen.

Um diese Einschränkung der Perspektive aufzubrechen, halten wir es in einem ersten Schritt für notwendig, den verwendeten Begriff der „sozialen Bewegung" explizit zu machen und in seinen Konsequenzen kritisch zu hinterfragen. Um die Potentiale auszuloten, die die Analyse des Rechts auf Stadt als umkämpftes Verhältnis bieten könnte, schlagen wir eine Perspektive auf gesellschaftliche Konflikte vor, die über eine Orientierung an „Protest" und „Öffentlichkeit" hinausgeht. Alltägliche Praktiken und kollektive Konfliktartikulationen, die nicht der engen Bewegungsdefinition zumindest der deutschsprachigen Bewegungsforschung entsprechen, bieten Ansatzpunkte für eine kritische Stadtforschung, die noch nicht annähernd ausgeschöpft sind. Um städtische Verhältnisse als umkämpft begreifen zu können, müsste Gesellschaft als durch Konflikte konstituiert und transformiert in den Blick genommen werden. Stadt und ihre Entwicklung kann dann als „Produkt" von Konflikten (um ihre Produktion und Aneignung) verstanden werden, die jedoch nicht allein im Raum politischer Repräsentation und Öffentlichkeit ausgetragen werden und sich auch nicht auf Stadtentwicklungspolitik im engeren Sinne beschränken. Mit anderen Worten: Das „Recht auf Stadt" wird nicht nur mittels Stadtteilversammlungen, Mieter_innen-Initiativen, Hausbesetzungen, Demonstrationen oder alternativen Planungsverfahren eingefordert und durchgesetzt, sondern ist zugleich ein in alltäglichen Auseinandersetzungen umkämpftes Verhältnis, das in Riots auch außeralltäglich artikuliert wird. Eine Forschungsperspektive, die auf das „Recht auf Stadt" fokussiert, sollte sich daher nicht auf die Angebote einer Bewegungsforschung einlassen, die den Alltag ebenso wie die Revolte als prä- oder nichtpolitisches Handeln systematisch abschneidet.

2. Neue Konfliktdynamiken als Herausforderung kritischer Stadtforschung

In den letzten Jahren werden städtische soziale Bewegungen in der deutschsprachigen Debatte kritischer Stadtforschung wieder vermehrt thematisiert (vgl. Kuhn 2012). Dabei spielt ein erstarkter Widerstand gegen Gentrifizierung eine nicht unbedeutende Rolle.[2] Während es nach der Hausbesetzer_innen-Bewegung eher still

---

2   In der städtischen Konfliktlandschaft im deutschsprachigen Raum stechen vor allem Hamburg (www.rechtaufstadt.net) und Berlin als „Hochburgen" stadtpolitischer Initiativen heraus – „Recht auf Stadt"-Vernetzungen und -Initiativen entstanden jedoch auch an anderen Orten, bspw. in Frankfurt (www.wemgehoertdiestadt.net), Freiburg (http://www.rechtaufstadt-freiburg.de), Düsseldorf (http://www.freiraum-bewegung.de) oder Potsdam (http://www.rechtaufstadt-potsdam.de/).

um „städtische soziale Bewegungen" geworden war, schien nun etwas Neues entstanden zu sein. Ein neuer „Bewegungszyklus", der sich explizit auf den Slogan
„Recht auf Stadt" bezog und sich damit in den Zusammenhang von weltweiten
urbanen Kämpfen stellte, neue Allianzen jenseits eingespielter „Szene-Politiken"
hervorbrachte, und auch erste politische „Erfolge" verzeichnen konnte. Auch For-
scher_innen aus dem deutschsprachigen Debattenzusammenhang kritischer Stadtforschung waren beeindruckt von dieser Entwicklung. Die oftmals spektakulären und eben auch „erfolgreichen" Aktionen und neuen Aktionsformen wurden
zunehmend Forschungsgegenstände und Publikationsthemen.[3]

Prozesse der Stadtentwicklung werden damit wieder stärker in ihrer politisch-
konfliktualen Dimension wahrgenommen. Dies sprengt nicht nur den Rahmen der
etablierten stadtsoziologischen Perspektiven auf städtische Transformationen und
Konflikte, aus der in den letzten Jahrzehnten vor allem der Strukturwandel von
der fordistischen zur postfordistischen Stadt, und dabei „Desintegration", „Exklu-
sion" und „Polarisierung" als Ende sozialer Stadtpolitik kritisch begutachtet und
deren Neuanfang (in Programmen wie „Soziale Stadt") konzeptionell-evaluativ
begleitet wurde.[4] Auch die kritische Stadtforschung selbst hatte hierzulande weniger Stadt als „umkämpften Raum" denn als Schauplatz von Ausschließungs-,
Vertreibungs- und Überwachungspolitiken unter dem Fokus auf die Neoliberalisierung des Städtischen analysiert.[5] Den theoretischen Rahmen der Analyse neoliberaler städtischer Umstrukturierungspolitiken bildeten dabei einerseits
Perspektiven, die sich an den von Foucault inspirierten *gouvernmentality studies*
orientierten, andererseits neo-marxistische, polit-ökonomische bzw. regulations-
theoretische Ansätze (vgl. in internationaler Perspektive Mayer/Künkel 2012a:
4). Beide Forschungsstränge haben dabei Tendenzen, widerspenstige Praktiken

---

3   Vgl. den von Gebhardt und Holm 2011 herausgegebenen Sammelband; Mayer (2010, 2011);
    Holm (2010), Birke (2010, 2011a); Vrenegor in diesem Band. Einen Überblick über „städtische
    soziale Bewegungen" in Deutschland gibt Mayer (2008).
4   Wie „von unten" artikulierte städtische Konflikte und soziale Bewegungen aus dem Fokus
    weiter Teile der deutschen Stadtsoziologie geraten sind, wird deutlich, wenn einschlägige
    Sammelbände der letzten dreißig Jahre miteinander verglichen werden. War bei Krämer/Neef
    (1985) die New Urban Sociology, und dementsprechend auch städtische soziale Bewegungen,
    zentraler Bezugspunkt, so kommen diese zwanzig Jahre später im Sammelband von Berking/
    Löw (2005) nicht mehr vor (ebenso im Eigenlogik-Ansatz, vgl. die Beiträge in Berking/Löw
    2008). Dagegen wurde von Keller/Ruhne in der Einleitung zum mit Herrmann und Neef
    herausgegebenen Band „Die Besonderheit des Städtischen" (2011) wieder konzeptionell die
    Frage nach Konflikten in Städten aufgeworfen, dabei aber vorgeschlagen, sich für die weitere
    Auseinandersetzung an der Bewegungsforschung zu orientieren.
5   Eine Ausnahme ist Lebuhns Arbeit (2008), die die Handlungsbedingungen von urban
    social movements in der unternehmerischen Stadt analysiert. Debatten um städtische
    Bewegungspolitiken in den 1990er Jahren sind u. a. im von „Stadtrat" herausgegebenen
    Sammelband „Umkämpfte Räume" (1998) dokumentiert.

zugunsten der Analyse von Akkumulationsregimes, Kapitalzyklen oder Regierungsprogrammatiken systematisch zu übersehen (vgl. Bareis/Bojadžijev 2012). Auch die zuletzt in der Bundesrepublik breiter und vermehrt in Anschluss an den internationalen Forschungsstand geführte Debatte um Gentrifizierung beschrieb seit den 1990er Jahren im Rahmen der Forschungen zu Stadterneuerung vor allem deren „Prozesse" und „Mechanismen", weniger Praktiken, mit denen sich von städtischer Aufwertung und Vertreibung betroffene Menschen zur Wehr setzten.[6]

Die neue Mobilisierungsdynamik – gegen „unternehmerische Stadtpolitik", Gentrifizierung, Mietsteigerungen und Vertreibungspolitiken – ab Ende der 2000er Jahre stieß somit gewissermaßen in eine Lücke. Diese spektakulären Politiken stadtpolitischer Initiativen brachten offensichtlich die Erkenntnis zurück, dass Städte nicht nur regiert, kontrolliert, gentrifiziert und durch Immobilien-Verwertungs-Koalitionen rekonfiguriert werden, sondern auch Schauplätze wie Gegenstände von Konflikten, Protest und Widerstand sind (vgl. Holm 2010). Wie aber werden städtische Auseinandersetzungen in diesem neuen Anlauf kritischer Stadtforschung konzeptualisiert?

3. Von den „städtischen sozialen Bewegungen" zum „Recht auf Stadt"? Auf der Suche nach den Konflikten in der Stadt.

Zunächst fällt auf, dass gegenwärtig kaum mehr auf die maßgeblich von Castells geprägte Perspektive auf „städtische soziale Bewegungen" zurückgegriffen wird, die für die „new urban sociology" von nicht geringer Bedeutung war. Die so bezeichnete „kritische" Stadtforschung war in ihrem Beginn eng mit der städtischen Revolte verbunden, die durch die Jahreszahl 1968 markiert wird (vgl. Birke 2011a, b; Häußermann/Kemper 2005: 30f.). Die Stadt wurde für Teile der marxistisch inspirierten Wissenschaft zum zentralen Ort sozialer Kämpfe – im Nachklang zu den neuen Bewegungen, die die Transformation des „verordneten Alltags" (Lefebvre), der sich in der spezifischen räumlichen Figuration der „fordistischen Stadt" materialisierte, auf die Tagesordnung radikaler Politik setzten. Sowohl Lefebvre, dessen im selben Jahr erschienener Aufsatz „Le droit a la ville" heute so prägend für die Debatte ist, als auch Castells bezogen sich auf diese neue Dynamik sozialer Kämpfe (vgl. Mayer 2008 sowie Holm in diesem Band).

---

6 Holm (2006) thematisiert die Konflikthaftigkeit von Stadtentwicklung durchaus, wenn er auf die ordnungspolitische Dimension von Stadterneuerung und deren historische Gründung in Strategien der Aufstandsbekämpfung und Sozialhygiene ebenso wie auf die bevölkerungspolitischen Strategien „sozialer Mischung" verweist (2006: 25ff). In Stadtpolitik sind somit soziale Konflikte konstitutiv eingeschrieben – die nicht notwendigerweise bewegungsförmig artikuliert sein müssen.

Die Produktion und Aneignung von Stadt wurden in beiden Perspektiven – allerdings doch recht unterschiedlich – als umkämpft konzeptionalisiert.[7] Castells theoretisierte die Entstehung „neuer" Bewegungen noch ganz im Debattenzusammenhang marxistischer Gesellschaftstheorie. Städtische Kämpfe werden als Klassenkampf in der Sphäre der Reproduktion, als Kämpfe um „kollektiven Konsum" begriffen. Diejenigen, die hier kämpften, waren nicht mehr Teil der „alten", in die Krise geratenen Arbeiterbewegung, und dennoch artikulieren sie – jedenfalls im Idealfall dieser Perspektive – die Widersprüche der kapitalistisch-fordistischen Gesellschaft (vgl. Mayer 2008). In „The City and the Grassroots" verwarf Castells zwar die erste enge Definition zugunsten der berühmten Fassung, städtische soziale Bewegungen müssten den Kampf um kollektiven Konsum mit auf Community Culture und politische Selbstorganisation gerichteten Praktiken verbinden. Nach diesem 1983 veröffentlichten Buch verebbte die Debatte um das „Städtische" sozialer Bewegungen jedoch zusehends. In der etwa zeitgleich entstehenden bundesrepublikanischen „Protestforschung" setzten sich andere Lesarten des „Neuen" durch, das im Anschluss an die Revolte von 1968 identifiziert wurde. Diese wurde vornehmlich als „Studentenbewegung" gelesen, und ihr wurde eine Art Brückenposition zwischen „alten" und „neuen" sozialen Bewegungen zugeschrieben. Das spezifisch Städtische der sich im Anschluss entwickelnden neuen Bewegungen, auf das Castells verwiesen hatte, kam in diesem Forschungsparadigma kaum in den Fokus (vgl. Roth 1990, kritisch Mayer 1990).

Insofern besteht ein Bruch in der deutschsprachigen Auseinandersetzung mit „städtischen" sozialen Bewegungen – ein eigenständiges theoretisches Paradigma steht nicht mehr zur Verfügung. Zwar schlägt bspw. Mayer durchaus vor, sich an Konfliktlinien, die Castells als spezifisch städtische definiert hatte – allen voran Auseinandersetzungen um „kollektiven Konsum" wie öffentlichen Nahverkehr, soziale Infrastruktur und Wohnraum – zu orientieren. Zugleich müsse aber dessen Einengungen der Bewegungsdefinition aufgebrochen werden (vgl. Mayer 2006: 205). In ihren neueren Beiträgen greift sie auf eine breite Definition zurück, die soziale Bewegungen als *städtische* begreift, „wenn ihre Ziele und ihre Aktionsbasis auf die Stadt und dort relevante Entscheidungsprozesse bezo-

---

7   Bareis (2012) skizziert die Differenzen zwischen Castells und Lefebvre wie folgt: „Castells begriff das Städtische [...] als Einheit der alltäglichen Reproduktion der Arbeitskraft. Seine politische Konzeption fokussierte auf organisierten [sic] Protestformen und nahm spontane Aktionen und Revolten nicht wahr [...]." (S.17). Lefebvre habe „das Städtische selbst zum kollektiven, aber entfremdeten und enteigneten ‚Produkt' [erklärt] und rief zur kollektiven Aneignung der Städte durch ihre BewohnerInnen auf. Welche Bedeutung er unterschiedlichen urbanen Handlungsformen, wie spontanen Erhebungen gegenüber *geordneteren* Formen der Aneignung und Organisierung, beimaß, musste bei Lefebvre offen bleiben" (ebd., Herv. i.O.). Vgl. auch Mayer (2008: 294 f.).

gen sind." (Mayer 2008: 295). Gleichzeitig wird die oppositionelle Positionierung zum Mainstream der Bewegungsforschung aufgegeben. Die Analyse städtischer sozialer Bewegungen findet sich so unter dem Dach der bundesrepublikanischen „Protestforschung" wieder.

Im Rahmen der gegenwärtigen gesteigerten Aufmerksamkeit für Auseinandersetzungen um die Stadt wird jedoch kaum *explizit* an dieses Paradigma angeknüpft. Bezugspunkt wird vielmehr – analog zu den beobachteten Bewegungen selbst – Lefebvres Konzept des „Rechts auf Stadt".[8] Lefebvre hatte in der historischen Situation der „Krise" der fordistischen Stadt und der von ihm beobachteten gemeinsamen Revolte von Student_innen, Arbeiter_innen und Intellektuellen im Pariser Mai 1968 *veränderte urbane Praktiken* beobachtet (vgl. Schmid 2011: 26, Birke 2011b). In ihnen materialisiere sich ein Aufschrei und Anspruch auf ein Recht auf die Stadt, jedoch nicht als Besuchs- oder Rückkehrrecht in die traditionelle Stadt, sondern „as a transformed and renewed *right to urban life*" (Lefebvre [1968] 1996: 158).

Dieses Konzept erweist sich auch unter den Bedingungen neoliberaler Stadtentwicklung offensichtlich als anschlussfähig: Als „Inspirationsquelle, Utopie und Slogan" (Gebhardt/Holm 2011: 10) ist es produktiv für kritische Stadtforschung *und* stadtpolitische Aktivist_innen.[9] „Recht auf Stadt" ist zu einem Sammelbegriff geworden, auf den sich weltweit stadtteilpolitische Initiativen und Basisorganisationen, aber auch NGOs sowie lokale und nationale Regierungen in sehr unterschiedlicher Weise beziehen. Es erhält seine Strahlkraft gerade aus der „Universalität" der Forderungen nach Zugehörigkeit und Teilhabe am (transformierten und erneuerten) städtischen Leben (vgl. ebd.). Ein sich durch die neueren Publikationen ziehender, übergreifender Befund zur gegenwärtigen Dynamik von „Recht auf Stadt"-Politiken ist dabei, dass die Aktivist_innen in Ländern des „globalen Nordens" im Vergleich zu jenen des „globalen Südens" aus relativ privilegierten sozialen Positionierungen heraus agierten (siehe auch Engels in diesem Band).[10] Aus dieser Position gelänge es ihnen vielfach nicht, Verbindungen mit den Kämpfen der „Marginalisierten" aufzubauen.[11] Mit Bezug auf Peter Marcu-

---

8   Vgl. zu dieser Wiederentdeckung Schmid 2005.
9   Diese beiden Sphären weisen zum Teil starke Überschneidungen auf.
10   Diese schematische Aufteilung wird den Machtbeziehungen in einer globalisierten Welt allerdings kaum gerecht. So weist Mayer in ihrer Übersicht zu Kämpfen um ein „Recht auf Stadt" bspw. darauf hin, dass urbane Kämpfe des Südens in den Metropolen des Nordens durch Migration ihre Fortsetzung finden (vgl. Mayer 2011: 74). Zu den Differenzen in der Bezugnahme auf das „Recht auf Stadt" vgl. Mayer 2010: 33 ff.
11   Diese Beobachtung findet sich bspw. bei Mayer/Künkel (2012); Holm/Gebhardt (2011); Füllner/Templin (2011), sie wird zudem vielfach als Kritik und Selbstkritik der Initiativen und Netzwerke selbst artikuliert.

se (2009) wird darauf hingewiesen, dass die spezifischen Potenziale des „Recht auf Stadt"-Ansatzes für stadtpolitische Mobilisierungen aber gerade in der Verbindung dieser Kämpfe lägen: Während die dringlichsten Forderungen von denen kämen, die basalen materiellen und sozialen Rechten beraubt seien, werde der Anspruch auf eine „andere Zukunft" von denen erhoben, die mit ihrem Leben unzufrieden seien, da sie es als Begrenzung ihrer kreativen Potentiale erfahren würden.[12] Marcuse identifiziert *unterschiedliche* Artikulationsweisen und Anliegen von „kulturell Entfremdeten" und „am stärksten Marginalisierten". Diese sollen nun kooperativ zusammengebracht werden:

> „Das gemeinsame Handeln der ihrer fundamentalen Rechte beraubten mit den Unzufriedenen und Entfremdeten bietet [...] die größte Chance für die Durchsetzung des Rechts auf die Stadt. Somit lässt es sich nicht auf einzelne Projekte, Forderungen und Kontexte beschränken, sondern es steht vielmehr für den Anspruch auf eine (Re)Politisierung der Stadtpolitik, verstanden als eine öffentliche Verhandlung über Dinge, von den[en] alle betroffen sind." (Gebhardt/Holm 2011: 12)

In dieser Formulierung eines recht klassischen, aber zugleich emphatischen Begriffs (basis-)demokratischer Stadtpolitik als Fluchtpunkt von „Recht auf Stadt"-Politiken wird nicht nur – so unsere Befürchtung – kritischen Intellektuellen eine spezifische Position (der Vermittlung, der Repräsentation) eingeräumt, sondern zugleich auch ein gezähmter Begriff des Rechts auf die Stadt eingeführt. Es scheint eine Tendenz auf, die auch im Mainstream der deutschsprachigen Bewegungsforschung virulent ist: Städtische Auseinandersetzungen kommen in der Regel erst dann in ihren Blick, wenn es sich dabei um auf Öffentlichkeit bezogene Proteste von „Aktivist_innen" handelt. Praktiken der „Marginalisierten" benötigen offensichtlich der Vermittlung durch „Aktivist_innen", um als Konfliktartikulationen wahrgenommen zu werden. Damit deutet sich eine Hierarchisierung unterschiedlicher Artikulationsweisen an. Zugleich sichern sich sowohl kritische Stadtforscher_innen, die sich mit dem „Recht auf Stadt" beschäftigen, als auch Aktivist_innen der stadtpolitischen Initiativen mittels einer Arbeitsteilung einen legitimen Ort in den Auseinandersetzungen um die Stadt. Die aus dieser Perspektive notwendige praktische Aufgabe für die kulturell entfremdeten, aber „artikulationsstarken" Aktivist_innen aus der „Mittelschicht" läge dann folgerichtig in der Repräsentation und Artikulation der Forderungen der Subalterne – jener, deren Praktiken und Kämpfe ohne diese Repräsentation nicht als „politische" Artikulation lesbar werden.

---

12   „Looked at from this point of view, the demand for the right to the city comes from the directly oppressed, the aspiration comes from the alienated. "(Marcuse 2009: 191)

Dabei skizzieren bspw. Gebhardt und Holm die analytische Perspektive des „Recht auf Stadt"-Ansatzes durchaus als konzeptionell offene Herangehensweise an „gegenwärtige Forderungen, Proteste und Alltagskämpfe" (Gebhardt/Holm 2011: 7). Doch trotz dieses erklärten Fokus *auch* auf „Alltagskämpfe", und damit auf nicht klassisch *politisch repräsentierte* Praktiken, werden diese weitgehend zugunsten von bewegungsförmigen Konfliktartikulationen ausgeblendet. So kommen eine Vielzahl von Akteur_innen in den Blick, die diverse politische Strategien und Praktiken zum Einsatz bringen: Sie stellen Forderungen, mobilisieren, organisieren Kampagnen oder führen Besetzungen durch. Auseinandersetzungen um ein „Recht auf Stadt", die auf der Ebene des Alltags stattfinden – bspw. alltägliche Aneignungspraktiken städtischen Raumes, die gegen Kontroll- und Vertreibungspolitiken durchgesetzt werden müssen –, werden auf diesem Wege kaum thematisiert.[13] Selbst dort, wo quasi-bewegungsförmige Artikulationsformen „jenseits von Forderungen" – wie die städtischen Aufstände in Frankreich oder England – Hinweise auf gesellschaftliche Konfliktaushandlungen bieten könnten, werden sie zugunsten bewegungs- und netzwerkförmiger Organisationsformen weniger genau in den Blick genommen. Dabei waren es konflikthafte Alltagssituationen wie repressive Kontrollen und alltägliche Rassismen, die von vielen der Akteur_innen der Riots in England im Sommer 2011 wie auch der zahlreichen wiederkehrenden Aufstände in französischen Banlieues als Begründungen ihres Agierens genannt wurden (vgl. Altenried 2012; The Guardian 2011, Kollektiv Rage 2009) – Alltagssituationen, die durchaus als Auseinandersetzungen um ein „Recht auf Stadt" lesbar sind. Und so könnten auch Straßenschlachten mit der Polizei als zugespitzte Dimension des Konflikts um Zugang zu städtischem Raum begriffen werden. Einer solchen Lesart folgend könnten die Praktiken urbaner Riots, bspw. auch das Plündern von Elektroabteilungen oder Bekleidungsmärkten, als Artikulationen eines Konflikts um Aneignung und gesellschaftliche Teilhabe gedeutet werden. Warum aber fehlen sie in den Veröffentlichungen kritischer Stadtforschung zum „Recht auf Stadt"?[14]

---

13   So bleiben es seltene Momente, wenn im Sammelband nicht-bewegungsförmige Konflikte behandelt werden, wie durch Buckel das „Recht auf Stadt für irreguläre MigrantInnen" oder Etzold, der zu „alltäglichen Aneignung öffentlicher Räume durch Straßenhändler" in Bangladesch schreibt. Im Rahmen stadtpolitischer Initiativen gibt es durchaus Ansätze, ähnlich gelagerte Konflikte aufzugreifen – in Hamburg bspw. jene um Aufenthaltsrechte auf dem Hauptbahnhofsvorplatz oder unter der Kersten-Miles-Brücke/St. Pauli, oder die Auseinandersetzungen um die Kriminalisierung von Sexarbeit am Hachmannplatz in St. Georg, die das Recht-auf-Straße-Bündnis aufgegriffen hat (vgl. http://rechtaufstrasse.blogsport.de/, vgl. zu diesem Konflikt auch Schrader 2011).

14   Uns ist jedenfalls bisher keine Deutung bekannt, die Aufstände als „Initiativen für ein Recht auf Stadt" begreifen. Explizit zum Thema werden sie in den Artikeln von Bareis und Bojadžijev

4. Wer macht Geschichte? Begriffe und Begrenzungen der Bewegungsforschung

Es gilt also die kritische Stadtforschung zu fragen, welche und wessen Praktiken in ihren Fokus kommen, wenn sie sich heute dem „Kampf in den Städten" mit der Perspektive auf das „Recht auf Stadt" widmet. Erfolgt bspw. die Beobachtung und Kritik daran, dass Recht-auf-Stadt-Proteste in Deutschland eine Mittelschichtsveranstaltung seien, aus einer Perspektive, die Konfliktartikulationen der „Marginalisierten" gar nicht erst wahrnimmt bzw. erst dann, wenn sie die organisatorische Form von Bewegungen" annehmen?[15] Gerade angesichts einer nicht sehr ausgeprägten begrifflichen Fassung dessen, was als städtische Proteste, Kämpfe, Bewegungen etc. untersucht werden soll, wird – so scheint es uns – implizit mit jenen Kategorien gearbeitet, die die in der Bundesrepublik dominante Bewegungsforschung an den „neuen sozialen Bewegungen" entwickelt hat.

Im Folgenden soll deren *begrifflichen Voraussetzungen* für die Definition spezifischer Praktiken als Protest bzw. als politisches Handeln sozialer Bewegungen genauer nachgegangen werden.[16] Rucht etwa definiert eine soziale Bewegung als

> „ein auf gewisse Dauer gestelltes und durch kollektive Identität abgestütztes Handlungssystem mobilisierter Netzwerke von Gruppen und Organisationen, welche sozialen Wandel mit Mitteln des Protests – notfalls bis hin zur Gewaltanwendung – herbeiführen, verhindern oder rückgängig machen wollen." (Rucht 1994: 76f)

Zentral für diese auch heute noch verwendete (vgl. Rucht/Roth 2008) Definition ist, dass soziale Bewegungen als „modernes" Phänomen begriffen werden. Damit ist hier gemeint, dass sie ein *Bewusstsein* davon haben müssen, dass „der Mensch seine Geschichte selbst macht", und damit auf die Veränderung der Gegenwart im Hinblick auf eine andere Zukunft zielen. Politiken sozialer Bewegungen müssen, so Rucht, immer Versuche sein, „einen auf eigenen Entwürfen beruhenden und sich nicht auf ‚altes Recht' berufenden gesellschaftlichen Wandel herbeizuführren" (ebd., 78).[17] Soziale Bewegungen werden zudem als „wirkmächtigster Fak-

---

(2012; 2010), vgl. auch das Argument-Schwerpunktheft „Die Stadt in der Revolte" (Bareis et al. 2010).

15   Es ist nicht unplausibel, hier einen produktiven Zusammenhang des Wissens der „Begleitforschung" von Bewegungen mit den Selbstwahrnehmungen und Politikkonzepten der „Aktivist_innen" anzunehmen, die ja durchaus ähnliche Selbstkritiken äußern.

16   Zu dieser Tradition deutschsprachiger bzw. „europäischer" Bewegungsforschung im Vergleich zu den US- und lateinamerikanischen Perspektiven vgl. Mayer/Boudreau 2012.

17   „Sozialer Wandel bedeutet in diesem Zusammenhang eine grundlegende Veränderung gesellschaftlicher Ordnung [...]. Die Bewegung bezieht sich in letzter Konsequenz [...] auf Grundstrukturen ökonomischer Regulierung, politischer Herrschaft und soziokultureller Normierung." (vgl. Rucht 1994: 77).

tor für den Entwurf und die Durchsetzung ‚hergestellter Wirklichkeit'" neben
„dem neuzeitlichen Staat" betrachtet. Da „sozialer Wandel" nicht ohne „politische Einflussnahme" erreichbar sei, seien soziale Bewegungen immer auch politisch, oder andersherum: erst wenn organisierter Protest „politisch" wird, wird er
zur Bewegung. Letztendlich ist dann nur jenes (kollektive) Handeln Bewegungs-
handeln, das sich selbst irgendwie auf den modernen Staat bezieht. Die neueren
Überlegungen, die aus diesem Paradigma heraus von einer „Bewegungsgesellschaft" sprechen, meinen damit, dass Bewegungspolitiken mittlerweile zu einer
allseits anerkannten Beteiligungsform im politischen System der Bundesrepublik geworden sind. Rucht und Roth identifizieren konsequenterweise „Demokratie" als das übergeordnete Thema sozialer Bewegungen (vgl. Rucht/Roth 2008).

So wird der „Bewegungssektor" auf seine Fähigkeit hin untersucht, über Protestmobilisierung in der Öffentlichkeit Druck auf politische Entscheidungsprozesse auszuüben. Die Bewegungsforschung konzentriert sich dabei auf die Artikulation von Protest, der als „urdemokratische" Handlungsweise beschrieben
wird (Rucht/Roth 2008). Träger_innen dieser immer auf eine Öffentlichkeit gerichteten Artikulationen müssen durch Stabilität und Identität gekennzeichnete
Gruppen und Organisationen sein. Der Ausschnitt von Praktiken, der mit dieser
Konzeption analytisch zugänglich wird, beschränkt sich auf ein spezifisch „or-
ganisiertes" Initiativenspektrum, das sich einem Ziel, und strategischen Mitteln
mehr oder weniger *bewusst* sein soll und dementsprechend als ein artikuliertes
„Wir" agiert (vgl. Rucht 1994: 79).[18] Auch die Analyse der Erfolgsbedingungen
von Bewegungen schneidet alle nicht diskursiv auf „die Öffentlichkeit" bezoge-
nen Praktiken weitestgehend ab. Erfolge beziehen sich auf öffentliche (Medien)
präsenz und werden entlang von Kategorien wie Mobilisierungsfähigkeit, Wirksamkeit auf politische Willensbildung, Fähigkeit zum agenda setting bzw. zur
„Problemproduktion" oder Einfluss auf politische Entscheidungen gemessen. Bewegungen sind dann erfolgreich, wenn sie anschlussfähig an die Problembear-
beitungsweisen des politischen Normalbetriebs werden. Ihr Protest wird zugleich
zum Indikator für gesellschaftliche Probleme, die die eigentlichen Repräsentant_
innen offensichtlich nicht ausreichend wahrnehmen.

Wenn die Bewegungsforschung zunächst gerade als offen für die Berücksichtigung sozialer Konflikte in der Analyse gesellschaftlicher Transformations-
prozesse erscheint – und damit gewissermaßen auch für eine Perspektive auf
„Demokratie von unten" (Roth 1994) – so fällt bei genauerem Hinsehen auf, dass

---

18   Die modernisierungs- und systemtheoretische Perspektive Ruchts hat zur Folge, dass
     der „Eigensinn" der „Anhängerschaft" nur als quasi-systemfremde Bedingung für die
     Handlungsfähigkeit einer Bewegung konzipiert werden kann, nicht aber als ihr zentraler
     Bestandteil (vgl. Rucht 1994: 80f.).

keine Konflikt-, sondern eine „Protestorientierung" ihre Perspektive leitet. Die enge Verknüpfung von Bewegung und Protest, die spezifische Fassung von Protest als „demokratische" Praxis, das funktionalistische und quasi-institutionalistische Verständnis von Bewegung als „organisierte" kollektive Akteurin mit Bewusstsein und Identität grenzt die „politischen" Konfliktartikulationen stark ein, die als relevant für gesellschaftliche Transformationen („Geschichte machen") erachtet werden.

5. Vorschläge für eine Verschiebung der Perspektive

Wenn „Politik von unten" untersucht werden soll, die auch städtische Revolten und Alltagskämpfe mit umfasst, bedarf es einer Verschiebung der Perspektive. Denn was hier für die Bewegungsforschung aufgezeigt wurde, zeigt sich durchaus auch im Rahmen der Diskussionen um ein „Recht auf Stadt". Mit einer Perspektive, die sich implizit an die Bewegungsbegriffe dieser an „neuen sozialen Bewegungen" orientierten Forschung anlehnt, ohne sie zu benennen, wird ein Fokus auf solche Organisationsformen und Konfliktpraktiken gerichtet, die „politisch" artikuliert und damit in „der Öffentlichkeit" repräsentiert werden. Im gleichen Atemzug wird dann die Abwesenheit der „Marginalisierten" in den Kämpfen um ein „Recht auf Stadt" bedauert. Will kritische Stadtforschung die Potentiale der Perspektive auf urbane Konflikte nutzen, die in Lefebvres „Recht auf Stadt" enthalten sind, tut sie gut daran, sich gerade *nicht* an den Fokussierungen der Bewegungsforschung auf Protest, Bewegung und Aktivismus zu orientieren.

Wir meinen, dass es einer kritischen Stadtforschung um die Analyse von gesellschaftlichen Konflikten gehen sollte, die sich in umkämpften urbanen Verhältnissen artikulieren. Für die Analyse solcher Konflikte um das „Recht auf Stadt" bedarf es eines konzeptionell möglichst offenen Zugangs, der von eben diesen Konflikten und ihren Artikulationen ausgeht. Angesichts gegenwärtiger Bewegungen und Proteste, die sich explizit auf den Slogan „Recht auf Stadt" beziehen, ist es naheliegend, dass sich kritische Stadtforschung diesen zuwendet und sie als *eine* Artikulation konflikthafter Verhältnisse in den Städten deutet. Jedoch sind (kollektive) städtische Konfliktpraktiken gerade dadurch gekennzeichnet, dass auch Politiken verfolgt werden, die die „Protestsubjekte" nicht auf die Rolle von Problemkonstrukteur_innen in *urban governance-arrangements* reduzieren: Vielmehr werden Forderungen gestellt, Bedürfnisse artikuliert und Strategien verfolgt, die am „integrativen" staatlichen Problemverarbeitungsbetrieb vorbei gehen und partiell auch über ihn hinausweisen, und unter anderem mit repressiven Maßnahmen bearbeitet werden. In Ansätzen werden solche Praktiken von der kritischen Stadtforschung durchaus als Kämpfe um das „Recht auf Stadt" begriffen. Dies gilt es auszuweiten und auch auf die bundesrepublikanischen Machtverhältnisse anzuwenden, die sich in der Produktion und Aneignung von Stadt konstituieren und artikulieren.

Wir meinen auch, dass es für eine kritische Stadtforschung wichtig ist, sich über die eigene Konzeption von gesellschaftlicher Transformation Klarheit zu verschaffen: Wie wird die Entwicklung und Veränderung von Städten und städtischen Machtverhältnissen gedacht, und welche Bedeutung kommt dabei unterschiedlichen Konfliktartikulationen zu? Orientierte sie sich auch hier an der Bewegungsforschung, wäre ein funktionalistisches Verständnis von Protest und Bewegung die Folge, das die Herbeiführung „sozialen Wandels" auf das öffentliche Einwirken auf politische Entscheidungen reduziert. Den einer solchen Konzeption zu Grunde liegenden Politikbegriff kritisieren bspw. Mayer und Boudreau, indem sie darauf verweisen, dass öffentliche Artikulation von Protest und Widerstand nur *eine* mögliche Umgangsweise mit staatlichen Autoritäten ist – andere wären bspw. sich zu entziehen, unsichtbar zu machen, oder politisch-administrative Akteur_innen zu bestechen (vgl. Mayer/Boudreau 2012: 283). Durch alle diese unterschiedlichen Konfliktpraktiken stellen sich städtische Wirklichkeiten her – auch durch solche, die im Außen der Repräsentation verbleiben.

Zu diesem Verhältnis repräsentierter und nicht-repräsentierter Praktiken haben Bareis und Bojadžijev (2012) einen grundlegenden Vorschlag gemacht, und dabei auch die Frage nach Transformation aufgeworfen:

> „Weder Migrationsbewegungen noch Aufstände noch das alltägliche Leben unter Ausschließungs- oder Armutsbedingungen, die paradigmatischen Situationen des Nichtrepräsentierten und Nichtorganisierten, wälzen im direkten Sinn die bestehenden ökonomischen und politischen Verhältnisse um – und wälzen sie doch täglich um. Sie schillern zwischen Reproduktion des Bestehenden und ‚kleinen Sprüngen‘. Um die Antinomie zwischen der politischen Form des Staates und den *Bewegungen,* zwischen Machtinstrumenten und den alltäglichen Praktiken zu überwinden, haben wir […] vorgeschlagen, Macht sowohl in Richtung Organisation zu verstehen, da sie strategische Ziele verfolgt, wie in Richtung Assoziation, da das Ziel der Assoziation die Transformation des alltäglichen Lebens ist. Aus unserer Perspektive liegt in den assoziierenden Praktiken erst die Kapazität zur Organisierung." (Bareis 2012: 20)

Sie warnen zugleich davor, nicht-repräsentierte Konfliktpraktiken als „Fetisch und Ideal" zu verklären. Im Anschluss daran muss es darum gehen, die Machtverhältnisse, die Repräsentation ermöglichen und Subalternität produzieren, nicht bloß als Kontextbedingungen, sondern als Terrain der spezifischen Konfliktkonstellationen, -akteur_innen und -praktiken zu verstehen. Eine kritische Stadtforschung, die Auseinandersetzungen um ein „Recht auf Stadt" analysieren will, muss nach dem Verhältnis von „sichtbaren", politisch repräsentierten Konfliktartikulationen und den Praktiken dieser Repräsentation (etwa der Frage, wer repräsentiert, und wer repräsentiert wird), und solchen Praktiken, die im Raum politischer Repräsentation „unsichtbar" bleiben, fragen. Sie würde auf diesem Wege nicht nur einiges über ihre eigene Position in diesem Verhältnis erfahren, sondern könnte Konfliktartikulation des Alltags aufspüren und in ihrer Bedeutung bestimmen: Ereignisse wie die Revolten in England 2011 und in Frankreich 2005 könnten dann als Streiflichter gedeutet werden, in denen Alltagskonflikte – um gesellschaftliche Teilhabe und ein möglichst kontrollfreies Leben, bzw. um ein „Recht auf Stadt", das gegen alltägliche polizeiliche Repression (racial profiling und „stop and search"-Kontrollpraktiken) durchgesetzt werden muss – kollektiv artikuliert wurden.

Wir plädieren dafür, zum einen die Machtstrukturen des Sichtbarkeitsregimes städtischer Kämpfe aufzuzeigen, die die Entpolitisierung des Alltags – als Individualisierung dieser „privaten Praktiken", denen eine kollektive, öffentliche politische Praxis entgegengesetzt wird – hervorbringen. Zugleich geht es aber darum, die Konfliktbearbeitungen des Alltags als gesellschaftlich hervorgebrachte und Gesellschaft hervorbringende Praxis in den Blick zu nehmen. Auseinandersetzungen um ein „Recht auf Stadt" können dann als weit über das Feld jener öffentlich repräsentierten Konflikte um Prozesse und Politiken der Stadtentwicklung hinausgehend begriffen werden, die gegenwärtig im Fokus der Aufmerksamkeit stehen. Kritische Stadtforschung könnte so das „Recht auf Stadt" – verstanden als Recht auf die Transformation und Erneuerung städtischen Lebens und damit als Recht auf Teilhabe an Gesellschaft – als umkämpftes Verhältnis sichtbar machen und grundlegende Konflikte, die dieses Verhältnis praktisch hervorbringen, analysieren. In diesem Sinne ist es Zeit für eine Erweiterung der Perspektive.

Literatur

Altenried, Moritz (2012): Aufstände, Rassismus und die Krise des Kapitalismus; England im Ausnahmezustand. Münster: Edition Assemblage.

Bareis, Ellen (2012): Die Stadt in der Revolte revisited. In: dérive – Zeitschrift für Stadtforschung. Jg. 13. (49) S. 15-22.

Bareis, Ellen/Bojadžijev, Manuela (2012): Grounding Social Struggles in the Age of ‚Empire". In: Künkel, Jenny/Mayer, Margit (Hg.): Neoliberal Urbanism and its Contestations. Crossing Theoretical Boundaries. London: Palgrave Publishers. S. 63-79.

Bareis, Ellen/Bojadžijev, Manuela (2010) Jenseits von Forderungen und Organisierung – Revolten in den französischen Vorstädten. In: Das Argument. Jg. 52. (289) S. 839-848.

Bareis, Ellen/Bescher, Peter/Grell, Britta/Kuhn, Armin/Riedmann, Erwin (2010): Die Stadt in der Revolte. In: Das Argument. Jg. 52. (289) S. 795-805.

Berking, Helmut/Löw, Martina (Hg.) (2005): Die Wirklichkeit der Städte. Soziale Welt Sonderband 16, Baden-Baden: Nomos Verlagsgesellschaft.

Berking, Helmut/Löw, Martina (Hg.) (2008): Die Eigenlogik der Städte. Neue Wege für die Stadtforschung. Frankfurt/New York: Campus Verlag

Birke, Peter (2010): Herrscht hier Banko? Die aktuellen Proteste gegen das Unternehmen Hamburg. In: Sozial.Geschichte Online. Jg. 2. (3). S. 148-191.

Birke, Peter (2011a): Zurück zur Sozialkritik. Von der „urbanen sozialen Bewegung" zum „Recht auf Stadt". In: Holm, Andrej/Lederer, Klaus/Naumann, Matthias (Hg.): Linke Metropolenpolitik. Erfahrungen und Perspektiven am Beispiel Berlin. Münster: Verlag Westfälisches Dampfboot. S. 34-49.

Birke, Peter (2011b): Diese merkwürdige, zerklüftete Landschaft: Anmerkungen zur Stadt in der Revolte". In: Sozial.Geschichte Online. Jg. 3. (6). S. 28-62.

Füllner, Jonas/Templin, David (2011): Stadtplanung von unten. Die „Recht auf Stadt"-Bewegung in Hamburg. In: Holm, Andrej/Gebhard, Dirk (Hg.): Initiativen für ein Recht auf Stadt. Theorie und Praxis städtischer Aneignung. Hamburg: VSA Verlag. S. 79-104.

Gebhardt, Dirk/Holm, Andrej (2011): Initiativen für ein Recht auf Stadt. In: Dies. (Hg.): Initiativen für ein Recht auf Stadt. Theorie und Praxis städtischer Aneignung. Hamburg: VSA Verlag. S. 7-23.

Häußermann, Hartmut/Kemper, Jan (2005): Die soziologische Theoretisierung der Stadt und die „New Urban Sociology". In: Berking, Helmut/Löw, Martina (Hg.): Die Wirklichkeit der Städte; Soziale Welt Sonderband 16, Baden-Baden: Nomos Verlagsgesellschaft. S. 25-53.

Holm, Andrej (2010): Wir bleiben Alle! Gentrifizierung – Städtische Konflikte um Aufwertung und Verdrängung. Münster: Unrast Verlag.

Holm, Andrej (2006): Die Restrukturierung des Raumes. Stadterneuerung der 90er Jahre in Ostberlin: Interessen und Machtverhältnisse. Bielefeld: transcript Verlag.

Keller, Carsten/Ruhne, Renate (2011): Die Besonderheit des Städtischen. Entwicklungslinien der Stadt(soziologie) – Einleitung. In: Herrmann, Heike/Keller, Carsten/Neef, Rainer/Ruhne, Renate (Hg.): Die Besonderheit des Städtischen. Entwicklungslinien der Stadt(soziologie). Wiesbaden: VS Verlag für Sozialwissenschaften. S. 7-30.

Kollektiv Rage (2009) (Hg.): Banlieus. Die Zeit der Forderungen ist vorbei. Hamburg: Assoziation A.

Künkel, Jenny/Mayer, Margit (Hg.) (2012): Neoliberal Urbanism and its contestations. Crossing Theoretical Boundaries; London: Palgrave Publishers.

Krämer, Jürgen/Neef, Rainer (Hg.) (1985): Krise und Konflikt in der Großstadt im entwickelten Kapitalismus. Texte zu einer ‚New Urban Sociology'. Basel/Boston/Berlin: Birkhäuser Verlag.

Kuhn, Armin (2012): Sammelrezension zu Mayer/Künkel (2012) und Holm/Gebhardt (2011). In: Das Argument. Jg. 54. (299) S. 768-769.

Lebuhn, Henrik (2008): Stadt in Bewegung. Mikrokonflikte um den öffentlichen Raum in Berlin und Los Angeles. Münster: Verlag Westfälisches Dampfboot.

Lefebvre, Henri (1996): Writings on Cities. Oxford: Blackwell Publishers.

Marcuse, Peter (2009): From critical urban theory to the right to the city. In: City. Jg. 13. (2-3) S.185-197.

Mayer, Margit (2011): Recht auf die Stadt-Bewegungen in historisch und räumlich vergleichender Perspektive. In: Holm, Andrej/Gebhard, Dirk (Hg.): Initiativen für ein Recht auf Stadt. Theorie und Praxis städtischer Aneignung. Hamburg: VSA Verlag, S. 53-78.

Mayer, Margit (2010): Social Movements in the (Post-) Neoliberal City. London: Bedford Press.

Mayer, Margit (2008): Städtische soziale Bewegungen; in: Rucht, Dieter; Roth, Roland (Hrsg.): Die sozialen Bewegungen in Deutschland seit 1945. Ein Handbuch; Frankfurt/New York: Campus Verlag. S. 293-318.

Mayer, Margit (2006): Manuel Castells' The City and the Grassroots. In: International Journal of Urban and Regional Research. Jg. 30 (1). S. 202-206.

Mayer, Margit (1990): Großstadt und neue soziale Bewegungen – Eine Einführung. In: Forschungsjournal Neue Soziale Bewegungen. Jg. 3. (4) S.11-19.

Mayer, Margit/Boudreau, Julie-Ann (2012): Social Movements in Urban Politics: Trends in Research and Practice. In: Oxford Handbook on Urban Politics. Oxford: University Press. S.208-224.

Mayer, Margit/Künkel, Jenny (2012a): Introduction: Neoliberal Urbanism and its Contestations – Crossing Theoretical Boundaries. In: Dies. (ed.): Neoliberal Urbanism and its contestations. Crossing Theoretical Boundaries. London: Palgrave Publishers. S.3-26.

Roth, Roland (1994): Demokratie von unten. Neue soziale Bewegungen auf dem Wege zur politischen Institution. Köln: Bund-Verlag.

Roth, Roland (1990): Stadtentwicklung und soziale Bewegungen in der Bundesrepublik. In: Borst, Renate/Krätke, Stefan/Mayer, Margit/Roth, Roland/Schmoll, Fritz (Hg.): Das neue Gesicht der Städte. Theoretische Ansätze und empirische Befunde aus der internationalen Debatte. Basel/Boston/Berlin: Birkhäuser Verlag.

Rucht, Dieter (1994): Modernisierung und neue soziale Bewegungen. Frankfurt/New York: Campus Verlag.

Rucht, Dieter/Roth, Roland (2008): Soziale Bewegungen und Protest – eine theoretische und empirische Bilanz. In: Dies. (Hg.): Die sozialen Bewegungen in Deutschland seit 1945. Ein Handbuch. Frankfurt/New York: Campus Verlag.

Schmid, Christian (2011): Henri Lefebvre und das Recht auf die Stadt. In: Holm, Andrej/Gebhard, Dirk (Hg.): Initiativen für ein Recht auf Stadt. Theorie und Praxis städtischer Aneignung. Hamburg: VSA Verlag. S. 25-51.

Schmid, Christian (2005): Stadt, Raum und Gesellschaft. Henri Lefebvre und die Theorie der Produktion des Raumes. Stuttgart: Franz Steiner Verlag.

Schrader, Kathrin (2011): Biopolitischer Rassismus der bürgerlichen Mitte im Hamburger Stadtteil St. Georg. http://www.feministisches-institut.de/biopolitischer-rassismus-der-buergerlichen-mitte-im-hamburger-stadtteil-st-georg-2/Zugriffsdatum: 28.5.2013

Stadtrat (Hg.) (1998): Umkämpfte Räume. Hamburg/Berlin/Göttingen: Verlag Libertäre Assoziation und Verlag der Buchläden Schwarze Risse – Rote Strasse.

The Guardian (2011): Reading the riots; Investigating England's summer of disorder; http://www.guardian.co.uk/uk/series/reading-the-riots Zugriffsdatum: 28.5.2013

AutorInnen

Peter Birke, Dr., Soziologisches Forschungsinstitut an der Universität Göttingen, Arbeitsschwerpunkte: urbane soziale Bewegungen, Arbeitskämpfe, Arbeitssoziologie; Peter.Birke@sofi.uni-goettingen.de

Lisa Doppler, MA, Doktorandin an der Universität Gießen mit einer Arbeit zur Kritischen Theorie Herbert Marcuses und aktuellen Flüchtlingsprotesten. Ihr Arbeitsschwerpunkt liegt auf kritischen Perspektiven auf Migration und Migrationsforschung; ldoppler@uos.de

Bettina Engels, Dr. phil, Otto-Suhr-Institut für Politikwissenschaft der Freien Universität Berlin, Arbeitsschwerpunkte: Soziale Konflikte und widerständige Politik in Subsahara-Afrika, Konflikte um Land, raum- und handlungstheoretische Zugänge, transregionale Studien; bettina@fu-berlin.de

Norbert Gestring, Dr., Stadtsoziologe, Institut für Sozialwissenschaften, Carl von Ossietzky Universität Oldenburg, Arbeitsschwerpunkte: Stadtentwicklung, Migration und Integration, soziale Ausgrenzung. norbert.gestring@uni-oldenburg.de

Florian Hohenstatt, Promovend an der Goethe Universität Frankfurt/M zum Thema „Städtische Räume zwischen Aufwertung und Ausschließung" am Beispiel Hamburg-Wilhelmsburg; florian.hohenstatt@gmx.net

Andrej Holm, Dr., Arbeitsbereich Stadt- und Regionalsoziologe am Institut für Sozialwissenschaften an der Humboldt-Universität zu Berlin. Arbeitsschwerpunkte: Gentrification, Wohnungspolitik, Recht auf Stadt. Kontakt: gentrificationblog. wordpress.de; a.holm@sowi.hu-berlin.de; twitter (@AndrejHolm)

Rolf Keim, Professor für Soziologie am Fachbereich Gesellschaftswissenschaften und Soziale Arbeit der Hochschule Darmstadt; rolf.keim@h-da.de

Margit Mayer, Professorin am Fachbereich Politik- und Sozialwissenschaften der Freien Universität Berlin, lehrt vergleichende und nordamerikanische Politik, forscht zu Stadt- und Sozialpolitik sowie sozialen Bewegungen im transatlantischen Vergleich. Jüngste Publikation: *Cities for People, Not for Profit. Critical Urban Theory and the Right to the City* (2012) hg. mit Neil Brenner und Peter Marcuse; mayer@zedat.fu-berlin.de

Marcus Menzl, Dr. rer. pol., Mitarbeiter der HafenCity Hamburg GmbH, verantwortlich für die sozialen Entwicklungsprozesse in der HafenCity, speziell die Themen Wohnen, Nachbarschaft und soziale Infrastruktur. Forschungsschwerpunkte: Sub- und Reurbanisierungsprozesse, Strategien sozialer Mischung, Soziologie des Wohnens, Quartiersentwicklung; menzl@hafencity.com

Alexander Neupert, Dr. 2013 erschien seine Dissertation zum Begriff des Staatsfetischismus. Forschungsschwerpunkte: Staats- und Demokratietheorie, Politische Philosophie, Kritische Theorie und Utopieforschung. Neupert ist zurzeit Lehrbeauftragter für Politische Theorie in Osnabrück; aneupert@uos.de

Annette Ohme-Reinicke, Dr. phil., Dozentin im EPG-Programm der Universität Stuttgart. Letzte Buchveröffentlichung: Das große Unbehagen. Die Protestbewegung gegen „Stuttgart 21". Stuttgart, 2012; ohme-reinicke@uni-stuttgart.de

Moritz Rinn, M.A., Stipendiat am Hamburger Institut für Sozialforschung, gegenwärtige Arbeitsschwerpunkte: Konflikte und Politiken der Stadtentwicklung, Politiken des Sozialen und Sozialstaatlichkeit; moritz.rinn@his-online.de

Renate Ruhne, PD Dr., Vertretungsprofessorin für Kulturgeographie an der Universität Bern. Arbeitsschwerpunkte: Stadt- und Raumforschung, Geschlechterforschung, (Un)Sicherheit und soziale Kontrolle, Prostitution. Veröffentlichung u. a.: Die Besonderheit des Städtischen (2011) hg. mit Heike Herrmann, Carsten Keller und Rainer Neef; ruhne@giub.unibe.ch

Christian Schröder, Dipl. Pol., Wissenschaftlicher Referent bei der Piratenfraktion im Abgeordnetenhaus von Berlin, Arbeitsschwerpunkte: Arbeitsmarkt- und Sozialpolitik, soziale Bewegungen und politischer Protest, Migration und Flucht; christian.schroeder@fu-berlin.de

Nicole Vrenegor, Politologin, aktiv im Hamburger Netzwerk Recht auf Stadt sowie im selbstverwalteten Nachbarschaftszentrum Centro Sociale; Vrenegor@gmx.net

Jan Wehrheim, Professor für Soziologie am Institut für Soziale Arbeit und Sozialpolitik der Universität Duisburg-Essen. Arbeitsschwerpunkte: Stadt- und Devianzsoziologie. Jüngste Buchveröffentlichung: Die überwachte Stadt (3. Aufl. 2012); jan.wehrheim@uni-due.de

Reihe „Stadt Raum Gesellschaft" -- Bisher erschienene Bände:

1. Häußermann, Hartmut; Ipsen, Detlef; Krämer-Badoni, Thomas; Läpple, Dieter; Rodenstein, Marianne und Walter Siebel 1991: *Stadt und Raum - Soziologische Analysen*. Bd.1. Pfaffenweiler: Centaurus (4. Aufl. 2000).

2. Schneider, Ulrike 1992: *Neues Wohnen - Alte Rollen? Der Wandel des Wohnens aus der Sicht von Frauen*. Bd. 2. Pfaffenweiler: Centaurus

3. Hillmann, Felicitas 1996: *Jenseits der Kontinente. Migrationsstrategien von Frauen nach Europa*. Bd. 3. Pfaffenweiler: Centaurus

4. Fuchs, Thomas 1996: *Macht euch die Stadt zum Bilde! Über die Modernisierung des ländlichen Raumes*. Bd. 4. Pfaffenweiler: Centaurus

6. Sackmann, Rosemarie 1997: *Regionale Kultur und Frauenerwerbsbeteiligung*. Bd. 6. Opladen: Leske + Budrich Verlag

7. Bauhardt, Christine und Becker, Ruth (Hrsg.) 1997: *Durch die Wand! : feministische Konzepte zur Raumentwicklung*. Bd. 7. Pfaffenweiler: Centaurus Verlag (2. Auflage 2000)

8. Ipsen, Detlev: *Raumbilder 1999. Kultur und Ökonomie räumlicher Entwicklung*. Bd. 8. Pfaffenweiler: Centaurus Verlag

9. Kuhm, Klaus 1997: *Moderne und Asphalt. Die Automobilisierung als Prozeß technologischer Integration und sozialer Vernetzung*. Bd. 9. Pfaffenweiler: Centaurus

10. Pichierri, Angelo 2000: *Die Hanse - Staat der Städte. Ein ökonomisches und politisches Modell der Städtevernetzung*. Bd. 10. Wiesbaden: VS-Verlag für Sozialwissenschaften

11. Bremer, Peter 2000: *Ausgrenzungsprozesse und die Spaltung der Städte. Zur Lebenssituation von Migranten*. Bd. 11. Opladen: Leske + Budrich

12. Reimann, Bettina 2000: *Städtische Wohnquartiere. Der Einfluss der Eigentümerstruktur. Eine Fallstudie aus Berlin Prenzlauer Berg*. Bd. 12. Opladen: Leske + Budrich

13. Roost, Frank 2000: *Die Disneyfizierung der Städte. Großprojekte der Entertainmentindustrie am Beispiel des New Yorker Times Square und der Siedlung Celebration in Florida*. Bd. 13. Opladen: Leske + Budrich

14. Farwick, Andreas 2001: *Segregierte Armut in der Stadt. Ursachen und soziale Folgen der räumlichern Konzentration von Sozialhilfeempfängern*. Bd. 14. Leverkusen: Leske + Budrich

15. Löw, Martina (Hg.) 2002: *Differenzierungen des Städtischen*. Bd. 15. Wiesbaden: VS-Verlag für Sozialwissenschaften

16. Häußermann, Hartmut, Andrej Holm und Daniela Zunzer 2002: *Stadterneuerung in der Berliner Republik. Modernisierung in Berlin Prenzlauer Berg*. Bd. 16. Opladen: Leske + Budrich

17. Wehrheim, Jan 2002: *Die überwachte Stadt. Sicherheit, Segregation und Ausgrenzung*. Bd. 17. Opladen: Leske + Budrich

18. Kapphan, Andreas 2002: *Das arme Berlin. Sozialräumliche Polarisierung, Armutskonzentration und Ausgrenzung in den 1990er Jahren*. Bd. 18. Wiesbaden: VS-Verlag für Sozialwissenschaften

19. Ibert, Oliver 2003: *Innovationsorientierte Planung. Verfahren und Strategien zur Organisation von Innovation*. Bd. 19. Leverkusen: Leske + Budrich

20. Frank, Susanne 2002: *Stadtplanung im Geschlechterkampf. Stadt und Geschlecht in der Großstadtentwicklung des 19. und 20. Jahrhunderts*. Bd. 20. Opladen: Leske + Budrich

21. Krämer-Badoni, Thomas und Kuhm, Klaus 2003: *Die Gesellschaft und ihr Raum. Raum als Gegenstand der Soziologie*. Bd. 21. Wiesbaden: VS-Verlag für Sozialwissenschaften

22. Kaufmann, Stefan 2005: *Soziologie der Landschaft. Kulturtheoretische und empirische Grundlegung*. Bd. 22. Wiesbaden: VS-Verlag für Sozialwissenschaften

23. Glock, Birgit 2006: *Stadtpolitik in schrumpfenden Städten. Duisburg und Leipzig im Vergleich*. Bd. 23. Wiesbaden: VS-Verlag für Sozialwissenschaften

24. Wehrheim, Jan (Hg.) 2007: *Shopping Malls. Interdisziplinäre Betrachtungen eines neuen Raumtyps*. Bd. 24. Wiesbaden: VS-Verlag für Sozialwissenschaften

25. Wurtzbacher, Jens 2008: *Urbane Sicherheit und Partizipation. Stellenwert und Funktion bürgerschaftlicher Beteiligung an kommunaler Kriminalprävention*. Bd. 25. Wiesbaden: VS-Verlag für Sozialwissenschaften

26. Farwick, Andreas 2009: *Segregation und Eingliederung. Zum Einfluss der räumlichen Konzentration von Zuwanderern auf den Eingliederungsprozess*. Bd. 26. Wiesbaden: VS-Verlag für Sozialwissenschaften

27. Koch, Florian 2010: *Die europäische Stadt in Transformation. Stadtentwicklungspolitik und Stadtplanung in einer postsozialistischen Stadt*. Bd. 27. Wiesbaden: VS-Verlag für Sozialwissenschaften

28.   Herrmann, Heike / Carsten Keller / Reiner Neef / Renate Ruhne (Hg.) 2011: Die Besonderheit des Städtischen. Bd. 28. Wiesbaden: VS-Verlag für Sozialwissenschaften

29.   Hilti, Nicola 2012: Lebenswelten multilokal Wohnender. Bd. 29. Wiesbaden: Springer VS

30.   Klus, Sebastian 2013: Die europäische Stadt unter Privatisierungsdruck. Konflikte um den Verkauf kommunaler Wohnungsbestände in Freiburg. Bd. 30. Wiesbaden: Springer VS